交通版高等学校交通工程专业规划教材

Jiaotong Xinli ji Jiaotong Gongxiaoxue

交通心理及交通工效学

陈　丰　杜志刚　潘晓东　主　编
　　　　　马小翔　宋永朝　副主编
　　　　　张卫华　主　审

人民交通出版社股份有限公司
北　京

内 容 提 要

本书从人体基础知识、科学研究、实际应用等方面，多层次、多维度对交通心理的基础理论及交通工效学应用案例进行了多角度分析。全书共九章，主要涵盖了交通心理学及交通工效学概述、人体的生理特征、环境对驾驶员的影响、驾驶员行为特征、交通工效学与道路交通安全、交通工效学实验方法及应用、一般公路交通工效学应用实例、高速公路交通工效学应用实例、城市道路交通工效学应用实例内容。

本教材可作为高等院校土木工程、道路交通工程、道路与桥梁及渡河工程、交通工程等专业教学科研的使用教材，亦可供道路交通安全设计及道路交通设计人员借鉴参考。

图书在版编目(CIP)数据

交通心理及交通工效学／陈丰，杜志刚，潘晓东主编. — 北京：人民交通出版社股份有限公司，2020.11
ISBN 978-7-114-16438-5

Ⅰ. ①交… Ⅱ. ①陈… ②杜… ③潘… Ⅲ. ①交通运输—工效学 Ⅳ. ①U

中国版本图书馆 CIP 数据核字(2020)第 048272 号

交通版高等学校交通工程专业规划教材

书　　　名：	交通心理及交通工效学
著 作 者：	陈　丰　杜志刚　潘晓东
责任编辑：	郭晓旭
责任校对：	刘　芹
责任印制：	张　凯
出版发行：	人民交通出版社股份有限公司
地　　　址：	(100011)北京市朝阳区安定门外外馆斜街3号
网　　　址：	http://www.ccpcl.com.cn
销售电话：	(010)59757973
总 经 销：	人民交通出版社股份有限公司发行部
经　　　销：	各地新华书店
印　　　刷：	北京印匠彩色印刷有限公司
开　　　本：	787×1092　1/16
印　　　张：	16
字　　　数：	364 千
版　　　次：	2020 年 11 月　第 1 版
印　　　次：	2023 年 2 月　第 2 次印刷
书　　　号：	ISBN 978-7-114-16438-5
定　　　价：	48.00 元

(有印刷、装订质量问题的图书由本公司负责调换)

交通版高等学校交通工程专业规划教材编审委员会

主 任 委 员：徐建闽(华南理工大学)
副主任委员：马健霄(南京林业大学)
　　　　　　　王明生(石家庄铁道大学)
　　　　　　　王建军(长安大学)
　　　　　　　吴　芳(兰州交通大学)
　　　　　　　李淑庆(重庆交通大学)
　　　　　　　张卫华(合肥工业大学)
　　　　　　　陈　峻(东南大学)
委　　　员：马昌喜(兰州交通大学)
　　　　　　　王卫杰(南京工业大学)
　　　　　　　龙科军(长沙理工大学)
　　　　　　　朱成明(河南理工大学)
　　　　　　　刘廷新(山东交通学院)
　　　　　　　刘博航(石家庄铁道大学)
　　　　　　　杜胜品(武汉科技大学)
　　　　　　　郑长江(河海大学)
　　　　　　　胡启洲(南京理工大学)
　　　　　　　常玉林(江苏大学)
　　　　　　　梁国华(长安大学)
　　　　　　　蒋阳升(西南交通大学)
　　　　　　　蒋惠园(武汉理工大学)
　　　　　　　韩宝睿(南京林业大学)
　　　　　　　靳　露(山东科技大学)
秘　书　长：张征宇(人民交通出版社股份有限公司)

(按姓氏笔画排序)

本书编委会

主　编：陈　丰（同济大学）
　　　　杜志刚（武汉理工大学）
　　　　潘晓东（同济大学）
副主编：马小翔（同济大学）
　　　　宋永朝（重庆交通大学）
委　员：殷艳红（宁波大学）
　　　　隋永芹（苏州科技大学）
　　　　胡　朋（山东交通学院）
　　　　孟云伟（重庆交通大学）
　　　　杜文俊（浙江省交通规划设计研究院有限公司）
　　　　徐　萌（上海城投控股股份有限公司）

前　言

近年来，随着微电子学、24小时携带式心率血压测试、眼动测试技术及电子计算机等现代科技的迅速发展，交通心理学逐渐从理论研究走向了实际应用，相关理论在工程实践中已不断得到验证，交通工效学的概念也逐步被人们接受。交通工效学作为一门年轻的应用科学，随着其理论研究的进一步发展和完善，在实际工程中已得到了越来越多的应用。

本教材从基础理论、科学研究、实际应用等方面，多层次、多维度对交通心理的基础理论及交通工效学应用知识进行了论述，由分析至综合，做出了整体性的讲解。教材在编写过程中，认真吸收了相关教材、专著等的理论和经验，以及国内外交通心理、交通安全、交通工效学方面的研究成果，利用人类工效学的方法，从交通参与者的角度出发，尽可能细致地讲解人—车—路（环境）系统的安全性和协调性。其中为了非道路交通专业的学生选修本课程，作为基础知识的普及编入了部分道路工程基础内容。编制中引用了大量的国内外文献资料，所引用的文献尽量做到标注，但难免存在疏漏，引用与不当之处敬请谅解，在此感谢这些文献的作者。

本教材对生理学、心理学、人类工效学、交通工程学、道路工程学、社会学等多学科的相关理论进行了借鉴和分析，对从事交通心理、交通工效学及交通安全等专业的研究和应用具有借鉴意义。

全书的相关章节主要由以下编者完成：第二、四、九章由同济大学潘晓东和陈丰老师编写，第一章绪论由宁波大学殷艳红老师编写，第三章由同济大学马小翔和苏州科技大学隋永芹老师编写，第五章由重庆交通大学宋永朝和同济大学潘晓东老师及徐萌编写，第六、八章由同济大学陈丰和武汉理工大学杜志刚老师编写，第七章由武汉理工大学杜志刚和重庆交通大学宋永朝老师编写，山东交通学院胡朋老师对教材的初期资料收集整理做了大量的工作，全书由潘晓东老师统稿。特别感谢主审合肥工业大学张卫华教授对本教材编写提出的宝贵意见，其中教材的题目由"交通心理及工效学"改为定稿的"交通心理及交通工效学"的精确建言，使得教材核心内容与题目融会贯通，再次表示感谢。感谢在教材编写过程中提供资料收集、图文整理的在校博士硕士生邵晓君、丁文龙、涂志敏、张琳林等，感谢潘晓东研究团队历年毕业和在校博士生、硕士生的不懈努力以及研究成果的贡献。

编者团队汇集了多年的教学科研、实际工程应用等经验，把针对交通心理的基础研究及交通工效学实际应用经验汇集在一起，参照同济大学交通心理及工效学研究生课程讲义及授课经验，编写了本教材，为促进交通心理及交通工效学领域的发展略尽薄力，与读者共勉。

尽管本教材是多年来研究实践的成果，但是这对于一门年轻的应用科学来讲，很多问题的研究还有待深入，加之水平有限，难免存在一些缺点和不足。希望教材出版以后，相关领域专家、同行及广大读者不吝赐教。

潘晓东
2020年3月

目　　录

第一章　交通心理学及交通工效学概述 … 1
- 第一节　交通心理学概述 … 1
- 第二节　交通工效学概述 … 6

第二章　人体的生理特征 … 12
- 第一节　人体测量学 … 12
- 第二节　人体感知系统 … 13
- 第三节　神经系统 … 21
- 第四节　运动系统 … 23
- 第五节　信息接收与处理系统 … 26

第三章　环境对驾驶员的影响 … 33
- 第一节　道路与交通环境 … 33
- 第二节　气候环境 … 69
- 第三节　视觉环境 … 70
- 第四节　声环境 … 75
- 第五节　振动与加速环境 … 80
- 第六节　气味环境 … 85
- 第七节　人文交通环境 … 86

第四章　驾驶员行为特征 … 97
- 第一节　一般驾驶员行为特征 … 97
- 第二节　客货运驾驶员行为特征 … 106
- 第三节　危险品运输驾驶员行为特征 … 109
- 第四节　不良驾驶行为特征 … 111
- 第五节　违法后驾驶行为特征 … 117

第五章　交通工效学与道路交通安全 … 122
- 第一节　概述 … 122
- 第二节　我国道路交通事故特征 … 125
- 第三节　交通参与者与交通安全 … 132
- 第四节　车辆与交通安全 … 149
- 第五节　道路工程与交通安全 … 154
- 第六节　天气自然景观与交通安全 … 168
- 第七节　交通工效学在道路交通安全中的应用 … 174

第六章　交通工效学实验方法及应用　……………………………………………　180
　第一节　实验技术概述　………………………………………………………　180
　第二节　实车实验　……………………………………………………………　183
　第三节　驾驶模拟器　…………………………………………………………　186
　第四节　自然驾驶实验　………………………………………………………　189
　第五节　驾驶员生理状态及实验　……………………………………………　192

第七章　一般公路交通工效学应用实例　…………………………………………　204
　第一节　平原公路应用实例　…………………………………………………　204
　第二节　山区公路应用实例　…………………………………………………　210

第八章　高速公路交通工效学应用实例　…………………………………………　214
　第一节　高速公路隧道应用实例　……………………………………………　214
　第二节　桥梁应用实例　………………………………………………………　217
　第三节　桥隧连接段应用实例　………………………………………………　222

第九章　城市道路交通工效学应用实例　…………………………………………　228
　第一节　城市隧道应用实例　…………………………………………………　228
　第二节　大型停车场应用实例　………………………………………………　230
　第三节　慢行交通安全应用实例　……………………………………………　235

参考文献　………………………………………………………………………………　238

第一章　交通心理学及交通工效学概述

人类自出现以来,就以不同的形式追求着舒适和安全,从而创造了现代人类文明。随着科学技术与人类文明的不断发展,社会分工逐渐细化,机器设备越来越复杂化。在复杂的现代社会中,高度发展的文明在为人类提供舒适与便捷的同时也带来了许多负面效应。例如,高速化的现代交通工具缩短了人们的时空距离,提高了出行效率,但也导致了交通事故的增加和环境污染的加剧。在道路交通系统中,人—机—环境这三者之间的关系越发密切,也越来越受到人们的重视。

如何协调人—机—环境的关系,使三者组成的道路交通系统实现最佳匹配是现代科学技术发展中的重要课题。人机工程学正是针对这一课题开展的一门新兴的交叉学科,其作用越来越重要。交通心理及交通工效学是人机工程学在道路交通领域的实际应用,是将心理学理念及人机工程学方法应用到人—车—路(环境)关系的一门学科。

第一节　交通心理学概述

一、交通心理学的研究内容

交通心理学是一门将心理学知识应用于交通管理的新兴应用科学,属于应用心理学的范畴。主要研究道路交通环境中人的心理和意识,通过应用交通工程学、行为学、心理学、社会学、生理学等学科的原理,以交通参与者的交通行为和人际关系、心理活动为研究对象的一门综合性的学科,是一门边缘学科。

交通心理学将交通环境中的人即交通参与者作为主要研究对象,从人的心理、生理特性出发,研究交通参与者的不同心理、生理状态所产生的各种交通行为。交通心理学把交通参与者、交通工具、交通环境作为一个系统来研究。

车辆驾驶安全是由人、车、路三者共同交互作用决定的。车辆驾驶过程可以简化为信息输入、信息加工和决策以及信息输出这样一个不断往复进行的信息处理过程,如图1-1所示。

图1-1　人、车、路系统运行简图

从可靠性理论分析来看,任何综合系统的可靠性都取决于系统每一部分的完善程度。车辆驾驶交通系统的可靠性 P 可用式(1-1)表示:

$$P = P_v \cdot P_d \cdot P_r \tag{1-1}$$

式中: P_v ——车辆可靠性概率;

P_d ——驾驶员可靠性概率;

P_r ——道路可靠性概率。

随着科学技术的发展和进步, P_v 接近100%,而 P_r 也可以估计,但 P_d 则很难估计,这就更需要对其加以研究,它是交通心理学研究的主要内容。

总的来说,目前交通心理学的研究内容主要有以下两大方面。

(一)对驾驶员操纵车辆时静态和动态的特性研究

在道路交通要素中,驾驶员具有特别重要的地位。充分认识和掌握驾驶员操纵车辆时静态和动态特性,对于保证交通运输的正常运行、保障人员生命财产的安全十分重要。驾驶员驾驶车辆的过程就是感觉、知觉、判断和操纵等阶段不断循环的过程,驾驶员操纵车辆时静态和动态特性对这个过程有很大影响,其中视觉特性、反应特性和注意力特性更为重要。驾驶员在驾驶车辆过程中,首先通过自己的感官(主要是眼、耳)从外界环境接受信息,产生感觉(视觉和听觉),然后通过大脑一系列的综合反应产生知觉,以此判断物体的性质。在知觉的基础上,形成所谓"深度知觉",如目测距离、估计车速和时间等。最终,驾驶员凭借这种"深度知觉"形成判断,从而指挥操作。

(二)对交通参与者的特性研究

交通参与者,是指在交通工具中处于动态的人群或即将进入动态的人群,以及交通运输者和交通管理者,换言之就是驾车人、乘车人、出行人等与交通发生直接或间接关系的人群,都可称为交通参与者。虽然交通事故与人、车、路、环境四要素密切相关,但"人"是交通运行的主体,绝大多数交通事故的发生都包含"人"的因素,因此应该强调交通参与者的特性研究。驾驶员、乘客、骑车人、行人等交通参与者的特性、心理特征、行为模式等研究对于保障交通系统的安全高效运行非常重要,这也是交通心理学研究的另一方面要内容。

二、交通心理学的研究方法

人类行为产生的机制和表现非常复杂,在交通系统中影响交通行为的因素也是多方面的。因此交通心理学必须将一般心理学研究中的通用方法与道路交通系统的实际特点结合起来进行研究。常用研究方法有以下几种:

(一)观察法

观察法是指在实际道路交通情景中,研究者有目的、有计划地对道路使用者的行为表现进行观察和记录,从而分析其心理活动规律的研究方法。观察时可以利用各种声像仪器,如录音机、录像机、摄像机等。一般应用观察法来获取交通参与者对于交通环境变化的反应,分析交通参与者的行为特征。例如在交叉口对驾驶员行为的观察,以研究在红色信号灯和停车标志两种情况下哪一种对驾驶员行为影响效果更佳。观察法必须遵循以下原则:

（1）正确选定具有典型意义的观测样本。

（2）观察对象时，不能以任何方式去干扰观察对象，需保持被观察者行为表现的自然性和客观性。

（3）在分析结果时，要考虑因素的直接影响和间接影响以及多种因素的交互影响。

观察法的优点是：观察结果比较自然、真实、可靠；但其缺点也比较明显，在观察过程中，研究者处于被动地位，只能消极等待现象的出现，对于观察到的结果也不易做定量分析，具有一定的偶然性、片面性。

（二）实验法

实验法是人为地控制和创造条件，主动引起或改变被测试者的某种心理状态，进行有目的、有计划的科学研究方法。此方法是心理研究中的一种重要方法。实验法较观察法的优越性在于研究者可以主动地引起要研究的心理现象，而不是被动地等待某种现象的出现。研究者通过控制和改变条件，可以知道这些条件对被试者心理现象的影响；改变一些条件，保持另一些条件不变，可以揭露一定心理现象产生的原因；反复进行实验，积累一定数量的资料，可以作为判断被试者心理现象的典型性和偶然性的依据。道路实验和实验室实验是应用到交通心理学研究中的两种主要方法。

（1）道路实验是在实际道路环境中进行的，测试驾驶员或其他交通参与者的反应和行为特征。例如在实际隧道驾驶环境中测量驾驶员的眼动及视觉关注点信息。采用这种实验方法的基本要求如下：

①在道路条件比较复杂的情况下，应尽量控制某一种变量或分别控制几种变量，以观察记录其他因变量的变化。

②自变量或因变量的选择应来自实际。

③实验规模要比较广，否则结果不一定可靠。

④研究样本人数要多，以便在较短时间内取得大量资料。

⑤要取得受试人员的理解和支持配合，像平时一样地进行驾驶等活动，使所得结果更切合实际。

（2）实验室实验是在专门的实验室内借助各种仪器设备来研究驾驶员心理和行为，用各种仪器严格控制外部条件和行为的研究方法。例如测量驾驶员在室内模拟驾驶环境中的脑电波变化。

道路实验和实验室实验的区别主要在于实验环境不同。道路实验是在实际道路环境中与交通参与者打交道，其研究的结果有些可直接应用于道路交通中。但道路实验过程中对许多变量缺乏严格的控制，同时研究结果因受到混合变量的影响，往往仅实用于特定范围。在实验室中，环境因素受到严格控制，其研究结果比较真实地反映了自变量的影响。但实验室研究的结论不一定完全适用于道路实际环境，因为实际道路环境比实验室模拟的环境要复杂得多。综上，为了克服道路实验和实验室实验各自的局限性，交通心理学研究中应将两者相互配合使用。

（三）其他研究方法

研究交通心理学的方法还包括调查法、感觉评定法、测量法。

(1)调查法是通过搜集被试者的各种有关资料,进行分析、比较以了解其心理活动的方法。例如研究交通事故与心理活动的关系,多从研究过去的事故调查报告入手,进行多方面地统计和分析。调查法包括谈话法、问卷法、访问法等。调查法一般不需要特殊设备,比较容易进行,调查对象可以是个人,也可以是集体,被试人数也可根据目的进行选择,但精确性和可信程度略差。

(2)感觉评定法是以人的主观感觉和现象对研究对象做出判断。在车辆评价中有很多方面可以用感觉评定法,例如对座椅、仪器式样、后视镜的评价等。对一辆装配完工的车辆,由一些有经验的驾驶员进行综合评判也是一种感觉评定。常用的感觉评定法有两种,一种是相对评价法,是对几个评价对象加以比较,从中评出优劣;另一种是绝对评定法,这是依据某一标准对所要评定的对象直接做出判断,定出其等级或优劣来。在应用感觉评定法时要注意:①评定前要对评定的目的和方法加以明确;②根据具体情况对参加评定的人员加以挑选;③要组成评定小组,所用评定手段应该统一。

(3)测量法是采用标准的心理测验表或精密的测量仪器,测量被试者的有关心理特质,如能力测验、人格测验、驾驶员反应时间测验等。采用标准化测验工具时,应考虑测验的两个基本要素,即测验的信度和效度。信度是指测验本身内部的一贯性;效度是指测量的真实性、正确性,即一个测验或工具能够测量出所要测量的对象的程度。

交通心理学的研究方法很多,最基本的方法是观察法和实验法。需要注意的是每种研究方法都有各自的优点和局限性。因此在应用这些方法时,应根据具体的研究目的和任务,选择适合的方法,或以某种方法为主,其他方法为辅,取长补短,获得较好的预期效果。

三、交通心理学的相关学科

交通心理学作为应用心理学的一个分支,其研究目的最终可归结为对交通参与者的"认识"和"改造"两个方面。认识就是对交通参与者在交通环境中静态和动态特性进行分析研究。这部分涉及范围较广,包括生理学、心理学、物理学、人体工程学、交通工程学、汽车工程学、道路工程学等学科。改造则是在认识的基础上利用人的可塑性,对交通参与者进行宣传教育,引导其按理想的交通行为发展,与此有关的学科有法学、社会学、人类学、教育学和经济学等。交通心理学与其他学科的关系见图1-2。

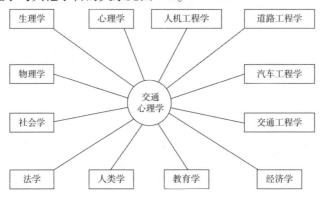

图1-2 交通心理学及其相关学科关系示意图

四、交通心理学的发展历程

交通心理学主要经历了萌芽期、发展期和成熟期三个发展过程。

(一)交通心理学的萌芽期

随着科学技术的进步,交通工具也有了很大的发展。20世纪初电车的出现,开启了人们对电车、马车等的交通工具的研究,研究的目的在于使这些交通工具的操纵可以更好地适应人的生理心理的要求。这是交通心理学的萌芽,为交通心理学的研究打开了大门。

(二)交通心理学的发展期

20世纪50年代后期,随着世界汽车保有量的迅速增加和人口的增长,人们从交通管理实践中逐渐认识到不能单靠车辆的改进、道路设施的增加来解决交通中日益增多的问题,而是必须重视对道路使用者的研究。同时人机工程学、认知心理学和系统工程学等相关学科的发展促进了交通心理学研究者应用系统理论、信息加工理论对驾驶员以及人与车辆、人与道路的全面协调研究。

(三)交通心理学的成熟期

20世纪90年代之后,微电子学、像模拟技术、眼动测试技术以及电子计算机技术的迅速发展为交通心理学的深入发展提供了良好的物质条件。微电子学的发展,使研究者能十分简便地设计、指导和使用有关仪器装备进行实车实验,对人体反应参数进行测量。常用皮肤电阻、心电图、肌电图及脑电图等生理技术测量人体有关指标,并依据指标值,分析和评价驾驶员的作业强度、情绪变化、疲劳等情况。自此,交通心理学逐渐形成了一门具有国际性研究组织的完整研究学科体系。

在我国,交通心理学作为一门学科虽然设立得比较晚,但经过学者们的共同努力,这一领域的研究取得了很大的进展。交通心理学主要从理论探讨、驾驶员生物节律、驾驶疲劳、驾驶员心理过程、驾驶员个性、驾驶员测验编制、驾驶员心理训练、道路交通标志等几个方面展开了研究。虽然在这些方面取得了较多的成果,并指导了实际的应用,但总的来说,我国在这方面的研究起步相对较晚,还需要在以下几方面加以改进:

1. 强化理论研究

我国交通心理学方面的研究成果众多,但比较零散,缺少系统集中的探讨。因此,加强交通心理学基本理论的研究已是刻不容缓,而提出适合我国国情的理论则显得尤为迫切。今后应在介绍国外交通心理学成熟理论的同时,还应该结合我国的实际情况,加强我国交通心理学的本土化建设。

2. 改进研究方法

一般来说,一门学科发展的程度如何,主要看它对应的研究方法达到了何种水平。目前交通心理学的研究主要是借用心理学的实验法和测验法,预计以后个案分析法和追踪调查法将会得到更为广泛的应用。因为从总体上讲,实验法和测验法都是一种群体水平上的研究,要完整地揭示事故中人的因素的作用,个体水平上的微观研究也是不容忽视的。对某起交通事故及驾驶员进行具体考察、追踪探讨,也不失为预防和控制交通事故的一种有意义的尝试。使用这些方法时需要注意:应结合交通心理学的基础知识,对这些方法加以改进,使之具有该学科的研究特色。无论是实验法、测验法,还是个案分析、追踪调查法,若能与安全性高、费用较低可进行分解式研究的计算机模拟联系起来,其研究前景将更为广阔。

3. 加强系统研究

我国目前的交通心理学研究基本上都停留在对心理现象的某一层次或某一侧面的探讨上,或是仅就注意广度,将反应时间等做单项考察,对个性加以简单测验,而缺乏对心理现象的系统性研究。例如,在对交通事故的原因分析时,即使已经断言了人的因素是事故发生的主要原因,但要确定是人的哪种心理因素造成了事故,如果仅从某一方面出发,得出的结论就有可能偏离实际,甚至是错误的。因此,今后在交通心理学的研究中,应从多层次、多侧面、多角度出发,做整体的系统性研究。

4. 拓展研究领域,加强学科间的联合研究

导致交通事故的原因众多,虽然人是其中主要的因素,但车、路、环境等因素不容忽视。因而在预防和控制交通事故上,不同专业的学者从不同的角度出发,采用不同的方法,都获得了一些有价值的研究成果,而交通心理学研究的仅仅是其中的一个方面。科学的历史告诉我们,面对重大问题,各学科各自为政是行不通的。为了更好地进行研究,遏止交通事故的频频发生,各学科的联合研究很有必要。在今后的研究中,大力加强交通心理学与计算机科学、工程学、交通管理学等学科的联系,从总体上构造出一个"人—车—路"系统模式,了解驾驶行为,对于分析交通事故将具有重要的意义。

第二节　交通工效学概述

一、交通工效学的命名与定义

交通工效学是人类工效学在交通领域中的具体应用,是人类工效学的一个分支。所以,在介绍交通工效学的定义前,有必要解释一下人类工效学的概念。

人类工效学是一门新兴的、涉及多领域的交叉学科。根据其发源学科和发源地域的不同,人类工效学的名称比较多样化:在英语中,主要有 Ergonomics(欧洲)、Human Engineering(美国)等;在汉语中,则有"人类工效学""人类工程学"和"人体工学"。随着1989年中国人类工效学学会的成立,"人类工效学"这一命名逐渐被大家所接受。

国际人类工效学协会(International Ergonomics Association,简称 IEA)的会章中对人类工效学定义如下:"这门学科是研究人在工作环境中的解剖学、生理学、心理学等诸多方面的因素,研究系统中各组成部分的交互作用(效率、健康、安全、舒适),研究在工作和家庭中,在休假的环境里,如何实现人—机—环境最优化的问题的学科。"定义中强调两点:①人类工效学的研究对象是人—机—环境的相互关系;②人类工效学研究的目的是如何达到安全、健康、舒适和工作效率的最优化。

人类工效学自从学科发源以来,在各个领域得到了广泛应用。交通工效学就是交通领域中运用人类工效学的相关知识,考虑交通参与者在交通环境中的心理学、生理学、医学、人体测量学、美学等方面的因素,以交通参与者、交通工具与交通环境的相互作用为主要研究

对象,通过三者的相互协调得到一个安全、快捷、畅通、舒适的交通系统。交通工效学研究的核心问题是不同的作业中或者不同的交通行为中交通参与者、交通工具及交通环境三者间的协调,它的研究方法和评价手段涉及工程技术的多个领域,研究的目的则是通过各学科知识的应用,来指导交通工具、驾驶行为方式以及设计和改造交通环境,使得交通活动在各个方面得到提高。

二、交通工效学的起源与发展

在交通运输发展过程中,人类一直运用着交通工效学的原理。但交通工效学作为一门学科还很年轻,人类开始有意识地进行实验,并研究交通工具与使用者之间的匹配关系,这只是近一个世纪以来的事。

人类工效学在人—机—环境系统的研究中,经历了人适应机、机适应人、人机相互适应等几个阶段,现在已深入到人、机、环境三者协调的人—机—环境系统。而交通工效学即为人—车—路三者的协调,其伴随着人类工效学的发展,形成与发展过程主要可以分为以下三个阶段。

(一) 交通工效学的萌芽期

萌芽期主要研究人如何更好地适应机器,以提高生产效率。泰勒(F. W. Taylor,1856—1915年)被认为是最早对人与工具匹配问题进行研究的学者。19世纪末,他在美国的伯利恒钢铁公司(Bethlehem Steel Corp)进行了一系列提高工作效率的试验,找到了一种能帮助工人最有效地铲运煤、铁矿石的铁铲形式。公司采用这种铁铲后,工人的劳动效率提高了好几倍。随后,泰勒开创的时间研究与吉尔布雷思(F. B. Gilbreth,1868—1924年)开创的动作研究被合称为动作时间研究。心理学家如闵斯特伯格(H. Münsterberg,1863—1916年)等用心理学的原理和方法为已经生产出来的机器选拔、训练操作人员,使操作人员适应已成型机器的性能。这一时期该领域更多关注的是人员选拔与培训问题,真正属于人类工效学范畴的研究还很少。虽然时间和动作研究本身并不是交通工效学,但其思想与交通工效学已非常接近。这些标志着交通工效学的萌芽,也为交通工效学的研究打开了大门。

(二) 交通工效学的发展及实际应用期

交通工效学最初应用到实践中始于第二次世界大战,主要研究如何使交通工具适应人的问题。在这个阶段中,由于战争的需要,许多国家大力发展效能高、威力大的新式武器和装备。但由于片面注重功能研究,忽视了其中人的因素,因而由于操作失误而导致失败的教训屡见不鲜。例如,由于战斗机中座舱及仪表位置设计不当,飞行员误读仪表和误用操作器而导致意外事故;或由于操作复杂,不灵活和不符合人的生理尺寸而造成战斗命中率低等现象经常发生。失败的教训逐渐引起了决策者和设计者的重视,通过研究与分析,他们认识到在人与武器的关系中,主要的限制因素不是武器而是人。因此,在第二次世界大战期间,首先在军事领域中进行了与设计相关学科的综合研究与应用。军事领域中对"人的因素"的研究与应用,一直延续到20世纪50年代末。在其发展的后一阶段,这种综合研究与应用逐渐从军事领域向非军事领域发展,并逐渐运用军事领域中的研究成果来解决工业与工程设计中的问题。如飞机、汽车设计中考虑人的因素,力求使交通工具适应于人。

(三) 交通工效学的飞速发展期

随着科学技术的进步,交通工效学获得了更多的发展机会。如新能源的利用、电子计算机的应用以及各种自动装置的广泛使用,使交通参与者与交通工具的关系更加复杂。同时,在科学领域中,控制论、信息论、系统论和人体科学等学科中新理论的建立,给人机系统的研究带来了新的研究方向。所有这一切,不仅给交通工效学提供了新的理论与新的试验场所,同时也给该学科的研究提出了新的要求和课题,促使交通工效学进入了系统的试验阶段。

随着交通工效学所涉及的研究和应用领域的不断扩大,从事本学科研究的专家所涉及的学科也越来越多,主要有交通工程学、生理学、解剖学、心理学、工业与工程设计、工作研究、美学、园林景观学、建筑工程、管理工程等专业领域。现代交通工效学发展有三个特点:

(1)现代交通工效学着眼于交通工具、设备的设计,使机器的操作不超出人类能力界限。

(2)密切与实际应用相结合,通过严密计划设定的广泛试验性研究,尽可能利用所掌握的基本原理,进行具体的机器与装备设计。

(3)力求使试验心理学、生理学、功能解剖学、美学等学科的专家与工程学、力学、数学方面的研究人员共同努力,密切合作。

交通工效学在国内起步较晚,但发展迅速。20世纪50年代以前,仅有少数人从事工程心理学的研究。到20世纪80年代,改革开放后,随着我国与外界学术交流的增加,许多外出留学或交流的学者带回了一股新的交通工效学研究之风,如1988年王健出版了《交通安全心理》,同年刘浩学出版了《交通心理学》等。这些著作给国内带来了新的交通理念,使人们开始注意到交通系统中人的因素,促进了交通工效学的发展。1989年,在安徽三联学院成立了中国人类工效学学会(Chinese Ergonomics Society,简称CES),并设立了交通工效学的分支。随着经济的发展和生活水平的提高,人们越来越重视交通的人性化设计、交通的安全,以及交通工效学更广更深入地发展。如今交通工效学已经广泛应用到以下领域:车辆与交通人机工程、航空人机工程、头盔显示、乘客环境、铁路车辆与系统、交通安全设计、交通事故黑点改善设计、交通工程设计、车辆设计、车辆人机工程、车辆安全性等。

三、交通工效学的研究意义及相关学科

(一) 研究意义

概括来说,交通工效学研究的目的主要有三个,即如何在交通系统中使人工作得更安全、更有效、更舒适,可简称为安全、效率、舒适。这三个目的有时是相一致的,例如一种新交通工具可能比旧交通工具的效率更高、更安全、更舒适。但是在许多情况下,这三个目标是相矛盾的。例如某一新交通设施可以使人工作的更舒适、更安全,但可能效率有所减少等。此矛盾能否解决显然取决于人与机器的相对重要性,取决于人所处的时代、环境等。在人—机—环境组成的系统中,人们对人机关系的认识随着科学的发展而变化:从"人适应机器"到"机器适应人"或"人机相互适应",人类对人机之间相互协调的认识正逐渐加深。

举例来说,飞机、汽车等交通工具发生事故的数量随着材料科学的发展和机器可靠性的改良而不断减少,但减少到一定程度后,事故率趋于稳定,但并没有降低到零。这说明还有其他因素影响事故率,即人的因素和人机相互匹配关系。要进一步减少事故,必须研究人的特性和人机系统匹配理论。近些年来,随着人员的选拔理论、培训理论和方法的研究与应用,交通事故率迅速地降低。可见,在交通设计之前,有必要充分研究人的特性,并根据人的特性设计最佳的机器参数和人机匹配关系,从而进一步减少交通事故数,建立一个安全、畅通、快捷、舒适的交通系统。

(二) 相关学科

交通工效学是研究交通参与者、交通设备、交通环境三者形成的系统的科学,根本目的是通过研究三者之间的关系确保交通系统整体性能达到最优化。它充分体现了人体科学、技术科学、环境科学的有机融合。更确切地说,交通工效学实际上是人体科学和环境科学不断向交通工程科学渗透和交叉的产物。它以人体科学中的人体解剖学、劳动生理学、人体测量学、人体力学和劳动心理学等学科为"一肢",以环境科学中的环境保护学、环境医学、环境卫生学、环境心理学和环境监测学等学科为"另一肢",以交通工程科学中的工程设计、安全工程、工业设计、系统工程、管理工程等学科为"躯干",形成一个完整的体系。图1-3 描绘了构成交通工效学的各个基础学科之间的相互关系。

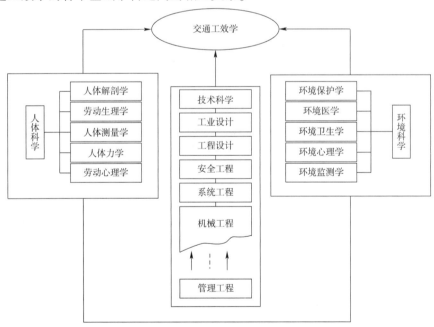

图1-3 交通工效学学科体系

四、交通工效学的研究方法

交通工效学的研究方法与交通心理学的研究方法类似,广泛采用了人体科学和生物科学等相关学科的研究方法与手段,主要包括交通心理学和人类工效学的研究方法,也借鉴了系统工程、控制理论、统计学等其他学科的一些研究理念,建立了一套独特的方法。

交通工效学主要在试验的基础上来探讨交通参与者、交通工具及交通环境三要素间复杂的关系。这些方法主要包括:测量人体各部分静态和动态数据;调查、询问或直接观察交通参与者在交通活动中的行为与反应特征;对反应时间与动作的分析研究;测量交通参与者在交通活动前后以及过程中的心理状态和各种生理指标的动态变化;分析差错和意外事故的原因;进行模型试验或用计算机进行模拟试验;运用数学或统计学的方法找出各变数之间的相互关系,从中得出正确的结论或发展成有关理论等。

(一)观察法

观察法是指在实际交通环境中,有目的、有计划地对交通系统中的各要素进行观察和记录,从而进行客观分析。为了研究交通系统中交通参与者与交通工具的状态,如人工操作动作分析、功能分析和工作流程分析等大都采用观察法。在现代研究中,常采用先进的视听设备(如摄像机)协助观察,以便于对观察结果进行客观地分析。

(二)实测法

实测法是一种借助于仪器设备进行数据测量的方法。例如:对人体静态或动态参数的测量,对人体生理、心理参数的测量或者对系统参数或交通环境参数的测量等。

(三)实验法

实验法是当实测法受到限制时采用的一种研究方法,一般是在实验室进行,也可到作业现场进行。在交通工效学研究中,一般有两种实验法:路上实验与实验室实验。例如要了解色彩环境对驾驶员的心理、生理和工作效率的影响,就需要在现场进行长时间和多人次的观测,才能获得比较真实的数据。图1-4是交通参与者眼动规律的实验装置。

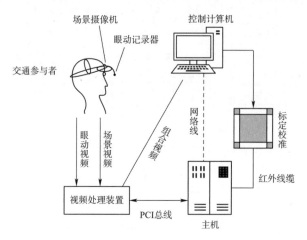

图1-4 交通参与者眼动规律的实验装置

(四)模拟和模型实验法

由于机器系统一般较复杂,在交通人机系统研究中时常采用模拟的方法。模拟的方法包括各种技术和装置的模拟,机器的模拟以及各种人体模拟等。通过这类模拟方法可以对某些操作系统进行仿真试验,得到从实验室研究外推所需的更符合实际的数据。图1-5为应用模拟和模拟试验法研究汽车自动驾驶员人机系统的典型实例。

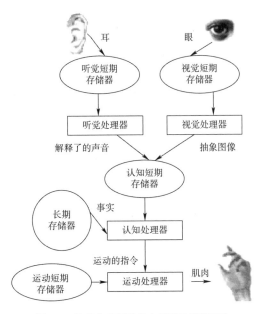

图 1-5　汽车自动驾驶员人机系统模拟试验

(五) 计算机数值仿真法

计算机数值仿真法是在计算机上利用系统的数学模型进行仿真性实验的研究。研究者对尚处于设计阶段的系统进行仿真,并就系统中的人、机、环境三要素的功能特点及其相互间的协调性进行分析,从而预知交通设计的性能,并通过仿真结果对设计进行相应的改进。应用数值仿真能大大缩短设计周期,降低成本。

(六) 分析法

分析法是通过上述各种方法中获得了一定的资料和数据后采用的一种研究方法。瞬间操作分析法、知觉与运动信息分析法、动作负荷分析法、频率分析法、相关分析法等都是研究交通工效学过程中常采用的分析方法。

(七) 调查研究法

有时还采用各种调查研究法来抽样分析交通参与者的意见和建议,这种方法包括简单的问卷调查、专门调查、非常精细的评分、心理和生理学分析判断以及间接意见和建议分析等。

第二章　人体的生理特征

交通工效学研究的主要对象是人,即交通参与者,因此,在研究交通工效学时,必须了解人体的特征,包括人体测量与人体机能。人体测量是现代工业设计中必不可少的环节,诸如交通工具、医疗器械等方面的设计,无不需要人体数据的参考。人体机能又分为植物性机能和动物性机能。前者包括生存所必需的营养吸收、排泄、生殖等相关机能,是人生存的基础,贯穿于整个人类活动过程中;后者则是动物所特有的感觉运动机能。在交通活动中,相对于植物性机能这类基本机能而言,动物性机能显得更为重要。因此,本章主要研究与交通活动密切相关的动物性机能。

第一节　人体测量学

人体测量学是人类工效学构成中人体科学的重要组成部分,通过测量人体各部位的尺寸来确定个体之间和群体之间在人体尺寸上的差别,用以研究人的形态特征、生理特征及心理特征,从而为工业设计、人机工程、工程设计、人类学研究、医学等提供人体基础资料。人体测量是协调人与环境之间关系、提高人类生产效率和生活效率中必不可少的一个重要环节。

一、人体测量的种类与内容

一般情况下,人都处于相对静止或运动状态之中,因而人体测量数据主要分为两类,一类为静态测量数据,一类为动态测量数据,动态人体测量数据具有连贯性和运动性。按照实际使用来分类,可以分为以下三种。

(一)形态的测量

它以检测人体形态的方式进行测量,可以得到人体的基本尺度、体型和其他数据。形态测量主要有人体长度测定(包括廓径)、人体体型测定、人体体积和重量的测定、人体表面积测定。人体形态测量数据分为两大类,一是人体构造上的静态尺寸,也叫人体构造尺寸;二是人体功能上的动态尺寸,即人体功能尺寸,它包括人在各种工作状态和运动状态下测量的尺寸。

(二)生理的测定

测量人体的主要生理指标,主要包括人体出力范围测定、人体感觉反应测定、人体疲劳测定等。

(三)运动的测定

在对人体静态形态测量的基础上,测量人体的活动过程和活动范围的大小,主要有动作范围测定、动作过程测定、形体变化测定、皮肤变化测定等。

二、影响人体测量数据的因素

人体测量数据随国家、地区、民族、性别、年龄、职业和生活状况等因素的不同而有差异，具体如下：

（1）种族：从人种学的角度来说，由于遗传等诸因素，不同种族的人在体格方面有明显的差异，人体比例和尺寸也随之不同。例如，日本男性与美国黑人、美国白人男性三者之间的比例关系就明显不同。

（2）地区：不同国家、不同地区的人，由于人类发展的历史不同，以及水土环境和气候的影响，无论在体形，还是身体各部分比例与尺寸上都有较大的差别。即使同一国家不同区域，也有所差异。

（3）性别：男性和女性在一周岁之前，身体尺度方面没有大的差异。但到了青春期之后，人体差异就非常明显，在人体尺寸、重量、躯干外形和比例关系上都有明显差异。

（4）年龄：人的体形随着年龄的增长而变化，不同年龄的人体尺寸个体差异很大。儿童、青少年、成年、老年的身体比例都不相同。

（5）职业：不同职业的人，在身体大小及比例上也存在着差异。如脑力劳动者和体力劳动者，运动员和教育工作者等不同职业群体的人体尺寸不同。

（6）年代和环境：随着人类社会的不断发展，医疗卫生、文化生活水平的不断提高以及体育运动的大力开展，人们生活环境和习惯有了很大的改变，导致人类的成长发育也发生了变化。目前全人类都处于增高期。

第二节　人体感知系统

一、感觉

（一）感觉、知觉与认知

来自体内外的环境刺激通过眼、耳、皮肤等感觉器官产生信号脉冲，通过神经系统传递到大脑中枢而产生感觉意识（图2-1）。感觉性质的识别称为知觉，识别出被知觉的事物称为认知。

感觉是人脑对直接作用于感觉器官的客观事物个别属性的反映，它可反映外界环境的刺激（如视觉、触觉、嗅觉、味觉等），也可以反映人体本身的活动状况（如正常的人能感觉到自身的姿势和运动，感觉到内部器官的工作情况、舒适、寒冷、饥饿等）。但是，感觉这种心理现象并不反映客观事物的全貌，而是一种最简单、最基本的心理过程，是人了解自身状态和认识客观世界的开端。

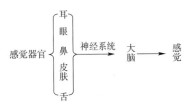

图2-1　感觉的产生

知觉是人脑对直接作用于感觉器官的客观事物和主观状况整体的反映。知觉是在感觉的基础上产生的，感觉的事物个别属性越丰富、越精确，对事物的知觉也就越完整、越正确。

所以在心理学中把感觉和知觉统称为感知觉。

认知是理解和识别出被知觉的事物,并根据人自身的理解和经验对知觉进行判断和分析,从而得出的人的主观判断和评价。

感觉、知觉、认知是人在不同层面上对事物的认识。以听觉为例,当听一首曲子时,在感觉层面上人听到的只是一个个高高低低的音阶;在知觉层面上,人听到是一首曲子或曲子的片段;在认知层面,人得到是对这首曲子的判断和评价,即有怎样的共鸣、喜欢与否等。

(二)感觉的性质

1. 适宜刺激

感觉器官只对相应的刺激起反应,这样的刺激叫作该感觉器官的适宜刺激。例如,眼对光以外的刺激不起反应,则光就是眼这一感觉器官的适宜刺激。各种感觉类型与对应的适宜刺激如表 2-1 所示。

感觉类型与适宜刺激 表 2-1

感觉类型	感觉器官	适宜刺激	识别特征
视觉	眼	一定频率范围的电磁波:光	形状,色彩,方向,大小,远近,明暗等
皮肤感觉	皮肤及皮下组织	物理化学作用	触压,温冷,痛
听觉	耳	一定频率范围的声波	声音强弱,方向,远近
嗅觉	鼻	挥发和飞散性物质	气味
味觉	舌	被唾液溶解物	酸甜苦咸辣
平衡(回转)	三半规管	运动位置变化	旋转运动
平衡(直线)	前庭系统	运动位置变化	直线运动

2. 适应

感觉器官接受刺激后,若刺激强度不变,则经过一段时间后,感觉会逐渐变弱,这种现象被称为适应。不同的感觉器官,其适应的速度和程度有所不同,以触觉和压觉适应最快。以对光的适应为例,它分为明适应和暗适应,明适应是指从暗处进入明处的适应过程,暗适应则是相反,明适应要快于暗适应。隧道效应、交通现象的"青蛙效应"都可以说明这点。

3. 特殊感觉和投射

各种感觉刺激所到达的感觉中枢部位都不同,因而能产生各种不同性质的感觉,称为特殊感觉。被认知的感觉虽然是在感觉中枢部位产生,但是意识却是在被刺激的部位出现,这种现象叫感觉的投射。正是由于人类有这一感觉特性,上肢被截肢的人也具有上肢的特殊感觉(幻肢觉)。

4. 余觉

刺激取消后,感觉可继续存在极短的时间,这种现象叫余觉。例如:荧光灯以每秒 100 次的频率闪烁,人无法察觉到的,而认为那是连续的光源,电影就是利用余觉这一生理现象实现的。

5. 韦伯—费克纳定律(Weber – Fechner Law)

刺激强度 I 发生极其微小变化时,人是感觉不到的,人所能感觉到其变化的最小变化量

ΔI 称为辨别阈。辨别阈随初始刺激强度 I 的大小而变化。但在相当宽的范围内 $\Delta I/I = K$（定值），这叫韦伯定理，K 称为韦伯比。设当人接受刺激强度 I 的信号时感觉强度为 E，而当 I 发生 ΔI 的变化时，感觉强度也相应地会发生 ΔE 的变化。$\Delta E = K \cdot \Delta I/I$。令 ΔI 为 dI，ΔE 为 dE，则有

$$E = K\ln I + C \tag{2-1}$$

式中：K、C——常数；
$\quad\quad\quad I$——刺激强度；
$\quad\quad\quad E$——感觉强度。

以上的等式关系称为韦伯—费克纳定律。它说明感觉的强度和刺激的强度成对数函数关系，通过某些实验证明它是正确的。研究人员通过大量实验研究得出了一些韦伯比。如：音强，0.0888；音高，0.003；压觉，0.136；照度，0.016。

(三) 知觉的性质

1. 整体性

在知觉时，需要把由许多部分或多种属性组成的对象看作具有一定结构的统一整体，这一特性称为知觉的整体性。应当注意的是，在感知熟悉对象时，只要感知到它的个别属性或主要特征，就可以根据累积的经验而知道它的其他属性和特征，从而整体地感知它。例如，有些艺术家绘画时故意留些缺笔，观赏家在心目中自然会把它弥补起来。在感知不熟悉的对象时，也倾向于把它感知为具有一定结构的有意义的整体。

2. 选择性

在知觉中把某些对象从某背景中优先地区分出来并予以清晰反映的特性，叫知觉选择性。能否从知觉背景区分出对象一般取决于下列条件：

(1) 对象和背景的差别。

对象和背景的差别越大(包括颜色、形态、刺激强度等方面)，对象越容易从背景中区分出来并优先突出给予清晰的反映；反之就难以区分。

(2) 对象的运动。

在固定不变的背景上，活动的刺激物容易成为知觉对象。例如，航道的航标用闪光作信号，更能引人注意，提高知觉效率。

(3) 主观因素。

人的主观因素对于选择知觉对象相当重要。当任务、目的、知识、经验、兴趣、情绪等因素不同时，选择的知觉对象便不同。例如情绪良好、兴致高涨时，知觉的选择面就广泛；而在抑郁的心境状态下知觉的选择面就狭窄，会出现视而不见、听而不闻的现象。

另外知觉对象和背景的关系不是固定不变的，而是可以互相转换的。如图 2-2 所示，这是一张双关图形，在知觉这种图形时，既可知觉为黑色背景上的白花瓶，又可知觉为白色背景上的两个黑色侧面人像。

图 2-2 双关图形示例

3. 理解性

用以往所获得的知识经验来理解当前的知识特性再现图形称为知觉的理解性。正因为知觉具有理解性，所以在知觉一个事物时，同这个事物有关的知识经验越丰富，对该事物的认识也越深刻。例如，同样一幅画，艺术欣赏水平高的人不但能了解画的内容和寓意，而且还能根据自己的知识经验感知到画的许多细节；而缺乏艺术欣赏能力的人，则无法知觉到画中的细节问题。

4. 恒常性

知觉的条件在一定范围内发生变化，而知觉的印象却保持相对不变的特性，叫知觉的恒常性。知觉恒常性是经验在知觉中起作用的结果，也就是说，人总是根据记忆中的印象、知识、经验去知觉事物的。在视知觉中，恒常性表现得特别明显。关于视知觉对象的大小、形状、亮度、颜色等的印象与客观刺激的关系并不完全服从物理学的规律，尽管外界条件发生了一定变化，但观察同一事物时，知觉的印象仍相当恒定。

5. 错觉

错觉是与客观事物不相符的错误知觉。人的外感官一般都会出现错觉现象，如错视觉、错听觉、错嗅觉等。在人的错觉现象中，错视觉最为明显。错视觉包括图形错觉、透视错觉、光影错觉、空间错觉等。当我们把注意只集中于线条图形的某一因素时(如图形的长度、弯曲度、面积或方向)，由于各种主客观因素的影响，有时感知到的结果与实际的刺激模式是不相符的。这些特殊的情况被称为"几何图形错觉"。多数情况下，错觉在有规则的图形中表现得最为明显，如图 2-3 所示。

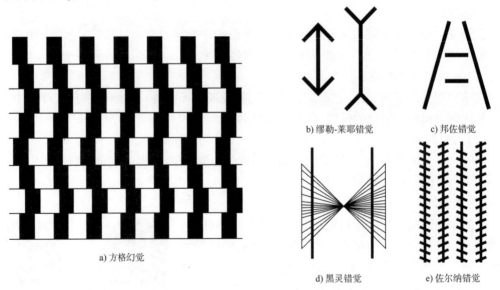

图 2-3　几何错觉图形

二、视觉系统

(一)视觉的生理构成

视觉是由眼睛、视觉神经及视觉中枢共同完成的。眼球的基本构造见图 2-4。

第二章 人体的生理特征

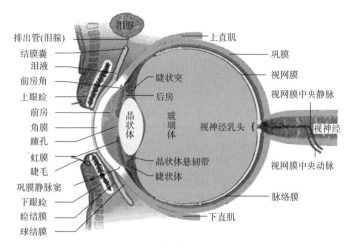

图 2-4 眼球的基本构造

人眼是视觉的感受器官,其基本原理与照相机类似。瞳孔的直径大小由有色的虹膜控制,使眼睛在更大范围内适应光强的变化,光线由瞳孔进入眼中,通过起"透镜"作用的晶状体聚焦在视网膜上。眼睛焦距的调整是依靠眼周肌肉来调整晶状体的曲率实现的,同时因视网膜感光层是个曲面,能用以补偿晶状体曲光率的调整,从而使聚焦更为迅速而有效。在眼球内约有三分之二的内表面覆盖着视网膜,它具有感光作用,接收信息并传至视觉神经,并由视觉神经再传至大脑皮层视觉中枢产生视觉。

(二) 主要视觉特征

1. 视角

视角是确定被看物体尺寸范围的两端点光线射入眼球的相交角度,其中临界视角是眼睛能分辨被看物体最近两点的视角。图 2-5 中的 α 角即为我们看到的树的视角。

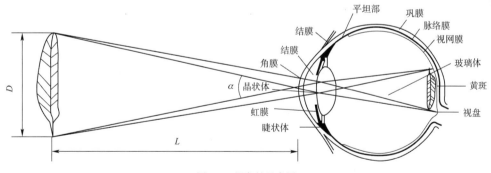

图 2-5 视角的示意图

2. 视力

视力是眼睛分辨物体细微结构能力的一个生理尺度,一般用能分辨的最小视角(分)的倒数(1/临界视角)表示,例如如果能分辨物体的最小视角为 1 分时,其视力为 1,最小视角为 0.5 分时,其视力为 2。视力可分成静视力、动视力、夜视力。

静视力是待检人员站在视力图表前面,距视力表 5m 依次辨认视标测定的视力,即在静止状态下进行检查的视力。动视力是指人们观察物体运动的视力,可用动态视力检查仪进行检查。对于驾驶员来说,动视力与车辆速度有关,随着车速的提高,驾驶员的动视力明显下降。此外,动视力随着驾驶员年龄的不同而有所差异,年龄越大动视力下降的幅度越大。因为在动态条件下,人眼对目标观察的时间缩短了,故动视力低于静视力。而在黑暗环境中的视力称为夜视力。夜视力受某些复杂因素的影响,位于明亮地方容易看见的物体,在暗处反而不易看见。对于以同一速度接近的物体,照度增加,人的夜视力也增大。经测试,在照度为 0.1~1000m 烛光范围内,照度与夜视力两者成直线正比关系。

视力与交通活动的关系十分密切,交通参与者 90% 以上的交通信息是通过视觉获得的。因此,很有必要讨论一下视觉与交通行车的关系,这部分内容具体在第三章第三节中详述。

三、听觉系统

(一)听觉系统的生理构成

严格来讲,人耳中只有内耳的耳蜗起到传导并感受声波的作用,外耳、中耳及内耳的其他部分都是听觉的辅助部分。人耳的基本构造见图 2-6。外界的声波通过外耳传至鼓膜引起鼓膜振动,然后通过杠杆系统(锤骨、砧骨、听小骨、听小肌)引起耳蜗中淋巴液及其底膜的振动,使基底膜中的毛细胞产生兴奋。在这里声波的机械能被转向为神经纤维的脉冲,然后再传至大脑皮层听觉中枢产生听觉。

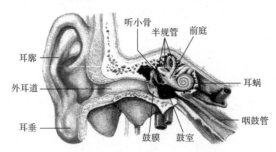

图 2-6 人耳的基本结构图

(二)主要听觉特征

1. 听觉频率

可听声主要取决于声音的频率。青少年(12~25 岁)可感知到的声音频率一般为 16~20000Hz,成年人则为 20~20000Hz。25 岁开始对频率大于 15000Hz 的灵敏度显著降低,而小于 1000Hz 的低频率范围灵敏度几乎不受年龄的影响。

2. 听力

听力是指启动听觉器官,接收语音信息的一种能力。人耳听到的声音的强弱常用声压级表示,单位是分贝(dB)。人的听力随年龄的增加而逐渐降低。

3. 方向敏感度

人耳具有立体声效应,或称双耳效应,在通常的声压级 50~70dB 时这种效应取决于下列条件:

(1)时差 Δt ($\Delta t = t_2 - t_1$):t_1、t_2 分别为声源声音传至两耳所需的时间,根据 Δt 和响度

差,人耳能正确的判断声源方向。

(2)头部掩蔽和反射效应:由于头部的阻挡和衰减,两耳声音频谱有所差异。

4. 掩蔽效应

声音的掩蔽是指一个声音被另一个声音所掩盖的现象。一个声音的听阈因另一个声音的掩蔽作用而提高的现象称为掩蔽效应。由于人的听阈的复原需要一定的时间,掩蔽声去掉后,掩蔽效应并不立即消除,这一现象称为残余掩蔽或听觉残留,其量值可表示为听觉疲劳。掩蔽声对人耳刺激的时间和强度直接影响人耳的疲劳持续时间和疲劳强度,刺激时间越长、刺激强度越大,则疲劳越严重。

5. 听觉敏感区

与视觉敏感区相似,当人特别地关注某种声音时,会对这些声音的分辨特别敏感。根据这一个特征,可以设想在某些危险的交通路段播放一些引起驾驶员听觉敏感的声音来刺激驾驶员的神经,以起到提醒的作用,从而降低事故发生的危险。

(三)听觉与行车的关系

在长期的驾驶工作中,驾驶员对机件运转的声音积累了丰富的经验,可以根据突发的异常声音判断机件出现的故障以及其所在位置。

驾驶室里设置的某些警告装置和信号反馈装置是由声音实现其功能的,这种信息传递的方式在某种程度上比视觉传递信息具有更高的可靠性。另外,车内装备的收音机、录音机以及无线电联络装置等,也都与听觉有关。实践证明,在单调的行车环境中放些背景音乐有助于缓解单调和疲劳的感觉,调节驾驶员的情绪,达到促进安全行车的目的。

在车速的判断中,听觉也起了一定的作用。据研究结果表明,在速度判断中,在一定的条件下,听觉比视觉的误差还小些。实验过程如下:在行车过程中,令坐在驾驶员旁的被试者进行速度主观判断,判断的方式有四种:①用耳塞堵住耳朵,只用眼看;②蒙住双眼,堵住耳朵;③闭目,只用耳听;④通常情况(近似正常驾驶)。结果发现,除第④种情况出现的误差小些外,听觉和视觉两者判断的误差有所差别,靠听觉判断的误差要稍许小些。实验结果如图2-7所示。

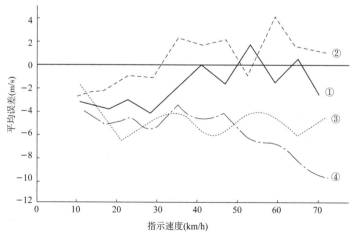

①-用耳塞堵住耳朵,只用眼看;②-将耳眼全蒙住;③-闭目,只用耳听;④-通常情况(近似正常驾驶)

图2-7 不同情况下对车速的判断

四、其他感觉机能及特征

(一)味觉

味觉器官主要是舌头上的味蕾,被唾液溶解的物质刺激味蕾而产生味觉。味觉有甜、酸、苦、咸,其余都是这四种混合而成。这是 Henning H.(1916)提出的学说。除了辛味和涩味外,其余味道用该学说基本可得到解释。

(二)嗅觉

嗅觉器官是鼻内的嗅觉细胞。人能分辨的气味达几千种,因为数量太多,一直没有一种理想的分类方法。长时间连续闻一种气味,人会逐渐感觉不到该气味,这种感觉器官适应的现象,叫嗅觉中枢"疲劳"。所谓"久而不闻其香"就是这个道理。因此要使人能长时间闻到香气,必须间断性地进行提示或改变其浓度。

(三)肤觉

肤觉也是人体很重要的一种感觉。人体有触觉、温度觉和痛觉三种肤觉。

(四)触觉

触觉是由微弱的机械刺激触及皮肤浅层的触觉感受器引起的,而压觉则是较强的机械刺激引起皮肤深层组织变形而导致的感觉,它们总称为触压觉。人能利用触觉来判断物体的形状、大小及硬度等。人的触觉敏感度因部位而异。

(五)痛觉

各组织器官内都有一些特殊的游离神经末梢,在一定刺激下产生痛觉。这样的神经末梢在皮肤中的分布部位叫作痛点。每平方厘米内约有 100~200 个痛点,整个人体皮肤表面可达 100 万个痛点。痛觉具有非常重要的生物学意义,因为它可以提示人避开刺激物,是人体防卫本能的体现。

(六)温度觉

分为冷觉和热觉两种,这两种温度觉是由不同的温度感受器引起的。热感受器在皮肤温度高于30℃时,开始发生兴奋冲动,47℃为最高。温度感受器分布在皮肤的不同部位,形成热点和冷点,冷点多于热点。每平方厘米内的冷点和热点数量因部位不同而异,热点一般约为 0~3 个/cm^2,冷点为 6~23 个/cm^2。在连续的温冷刺激下,温度觉会出现适应现象。

(七)本体感觉

人在进行各种操作活动时,不依靠视觉和触觉也能获得四肢所处位置的信息,这种特性叫本体感觉。本体感觉系统主要有两个,一是耳前庭系统,其作用是保持身体姿势平衡;另一个是运动感觉系统,通过该系统得到四肢及身体不同部位的相对位置。其中运动感受器有三类:

(1)纺锤体:给出肌肉拉伸程度及拉伸速度的信息。

(2)腱纺锤体:给出关节运动程度的信息,指示运动速度和方向。

(3)层板小体:埋藏在组织内部,对形变很敏感,给出深部组织中压力的信息。

这些感受器给出肌肉、肌腱的伸张程度,从而无需用眼就能感觉到身体四肢的相对位置。在研究操作系统时,这种本体感觉是非常重要的,位置编码就是利用了人体的这一特性。如汽车的换挡、制动都与之有密切关系。

感觉速度变化的能力对于驾驶员正确估计超车、通过交叉口、绕过障碍物的可能性以及转向时的极限速度是非常重要的。在车辆转向时,驾驶员如果错误地选择了转向的速度、对离心力的估计失误,都可能出现车辆侧滑和翻车。平衡感觉的不利方面表现在车辆速度和行驶方向频繁变化的山路上运行时,驾驶员会出现不适感,类似晕船的症状。对于这种情况,可通过专门的训练来加以克服。

第三节 神经系统

神经系统是人体最主要的机能调节系统,人体各器官、系统的活动,都是直接或间接地在神经系统的控制下进行的。人机系统中人的操作活动,也是通过神经系统的调节作用,使人体对外界环境的变化产生相应的反应,从而与周围环境之间达到协调统一,保证人的操作活动得以正常进行。神经系统分为中枢神经系统和周围神经系统。中枢神经系统主要由脑(最高中枢)和脊髓(初级中枢)组成,周围神经系统包括脑神经和脊神经。

一、中枢神经系统

中枢神经系统(Central Nervous System)由脑和脊髓组成(脑和脊髓是各种反射弧的中枢部分),是人体神经系统的最主体部分。中枢神经系统接受全身各处的传入信息,经它整合加工后成为协调的运动性传出,或者储存在中枢神经系统内成为学习、记忆的神经基础,人类的思维活动也是中枢神经系统的功能。人的中枢神经系统由以下三个调节系统组成。

(一)进行维持生命所必需的反射、机能调节的脑干—脊髓系统

脑干—脊髓系统的功能是动物神经的反射活动和自律神经的调节。反射活动大致分为姿势反射和防御反射。前者起主要作用的是深部组织(肌、腱等)和伸展肌;当骨骼肌被牵拉后,肌内的感受器受到刺激,反射性地引起该肌肉收缩。后者起主要作用的是痛觉和屈肌。当皮肤受到刺激时,被刺激的肢体的屈肌便发生反射性收缩。例如,当手触碰很烫的物体时,会自然往回缩,这就是痛觉和屈肌起作用的防御反射。当气管有异物时,会引起咳嗽运动,这也是防御反射的一种。

(二)进行本能、情感行为的大脑边缘系统

大脑边缘系统是指高等脊椎动物中枢神经系统中由古皮层、旧皮层演化成的大脑组织以及和这些组织有密切联系的神经结构和核团的总称。大脑边缘系统与本能性的冲动、欲求有密切的关系,如食欲、性欲、群体欲等都由该系统控制。这些欲求在下丘脑被感知后传递到大脑边缘系统,判断并决定冲动的开始和结束。例如,冲动性的大怒,一般是在下丘脑中产生的,但更高一层次的攻击和逃避行动则是整个边缘系统综合作用的结果。

(三)进行高级思维判断活动的大脑皮层

在形态上,人脑由大脑、间脑、延髓、中脑、脑桥和小脑组成。脑是整个人体神经系统的中枢,大脑皮层则是最高级控制中心。大脑皮层对各种感受器官所接受的信息有专用的加

工区。在这个区内进行综合、分析,做出决策控制调节人的机体。大脑半球的表面,由中央沟和外侧沟把大脑分为顶叶、额叶、颞叶和枕叶四部分(图2-8)。中央沟和外侧沟的前方部分是思维、判断和决策区,它属于输出部分;后方部分是信息输入部分。按功能,大脑半球分为感觉区、运动区和联合区。一般感觉区位于中央沟后方的顶叶;听觉区和视觉区分别位于颞叶和枕叶。额叶是高度思维和判断机能的联合区。记忆区位于颞叶。

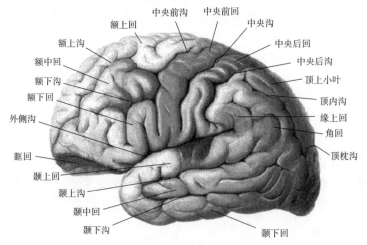

图2-8 人的大脑半球基本构造简图

二、周围神经系统

周围神经系统由核周体和神经纤维构成的神经干、神经丛、神经节及神经终末装置等组成。解剖学上,常将其分为三部分:脑神经、脊神经和自主神经。其功能是将外周感受器和中枢神经系统相连接。

(一)脑神经

脑神经与脑相连,共12对,按出入颅腔的前后顺序分为嗅神经、视神经、动眼神经、滑车神经、三叉神经、外展神经、面神经、前庭蜗神经、舌咽神经、迷走神经、副神经和舌下神经。除嗅神经连接大脑的嗅球、视神经连接间脑视交叉外,其余10对均与脑干相连。12对脑神经中,嗅神经、视神经和前庭蜗神经是纯感觉神经,其功能是将嗅觉、视觉、听觉冲动传给中枢。动眼神经、滑车神经、外展神经、副神经、舌下神经是运动性神经,其功能是把中枢的信息传给感受器。三叉神经、面神经、舌咽神经、迷走神经既有感觉神经,又有运动神经,属于混合性神经。其中运动性神经支配眼肌、舌肌、咀嚼肌、表情肌、咽喉肌,也有支配平滑肌、心肌和腺体的。脑神经损害以后,会产生许多的病症。

(二)脊神经

脊神经共有31对,每对脊神经均由与脊髓相连的前根和后根在椎间孔汇合而成。分为颈神经8对,胸神经12对,腰神经5对,骶神经5对以及尾神经1对。脊神经经过椎间孔穿出椎管,其中上7对颈神经从相应的颈椎上方穿出,第8对颈神经从第7颈椎和第1胸椎之间穿出。以下的脊神经皆按此顺序,分别从该节和下一节椎骨之间的椎间孔穿出。脊神经在椎孔内的位置:前方同椎间盘与椎体相邻,后方有关节突关节与韧带。当这些结构发生运动损伤时,常常累及脊神经。

(三)自主神经

自主神经包括交感神经和副交感神经。

1. 交感神经

交感神经是植物性神经系统的一部分。交感神经元位于脊髓胸腰段的侧角内,其纤维由相应脊段发出,终止于椎旁神经节或椎前神经节,称为节前纤维。节前纤维较粗,有髓鞘,进入神经节更换神经元后发出较长的节后纤维到达效应器官。椎旁神经节在脊柱两侧联合成两条交感神经链。节前纤维在离开脊髓后可能在交感链内上行或下行数节段,然后终止于神经节。一根节前纤维往往有许多分支,分别与不同节后神经元联系,产生"分散"兴奋的效果。同样,节后纤维也有许多分支分别支配效应器的不同细胞。在消化管中亦有一部分交感节后纤维并不直接支配效应器官,而是和消化管壁的神经丛中的节细胞发生联系。

交感神经系统的活动比较广泛,刺激交感神经能引起腹腔内脏及皮肤末梢血管收缩、心搏加强和加速、瞳孔散大、消化腺分泌减少、疲乏的肌肉工作能力增加等。交感神经的活动保证了人体紧张状态时的生理需要。人体在正常情况下,功能相反的交感和副交感神经处于相互平衡制约中。当机体处于紧张活动状态时,交感神经活动则起着主要作用。

2. 副交感神经

副交感神经是自主神经系统的一部分。由脑干的某些核团及脊髓骶段的灰质中间外侧柱发出节前神经元,混合于脑神经(主要为面神经、舌咽神经及迷走神经)或脊神经中,然后到达器官内或器官旁,与副交感神经节中的节后神经元发生突触联系,随后节后神经元分布于内脏器官、平滑肌和腺体之中。刺激副交感神经可引起心跳减慢、胃肠蠕动增强、括约肌松弛、瞳孔缩小、腺体分泌增加等症状。人体内大多数组织器官均受到交感神经与副交感神经的双重支配,交感神经和副交感神经在功能上起拮抗作用。

第四节 运 动 系 统

运动系统是人体完成各种动作的器官系统,由骨、关节和肌肉组成。全身的骨头通过关节相连接构成骨骼系统。骨头在肌肉收缩或舒张力的作用下,绕关节做旋转运动而完成各项动作。因此在运动过程中,骨是运动杠杆,关节是枢纽,而肌肉提供动力。

一、骨骼系统

骨是以骨组织为主体构成的器官,是在结缔组织或软骨基础上经过较长时间发育(骨化)形成的,成人共有骨206块,每块骨都有一定的形态、结构、功能、神经和血管。依其存在部位可分为躯干骨、四肢骨和颅骨3部分。骨骼系统除了具有完成动作的功能外,还有支持身体,保护内脏、脑及骨髓造血的功能。人体表面能触摸到的骨的突出点,在人体测量中,常作为测量基准点。

脊柱在骨骼系统中非常重要,它由32～39个脊椎骨构成,其中颈椎骨7块,胸椎骨7块,腰椎5块,骶椎5块及尾椎3～6块。在交通工效学领域内,作业的姿势与脊柱运动的关系直接影响生理负荷和作业效率,车辆的设计与脊柱的姿势有非常密切的关系,在这方面的研究也比较多。例如,前倾坐姿与倚靠坐姿相比,前者脊柱椎间内压要大,因而不正确的姿势常导致腰痛。

骨杠杆在肌肉与关节的相互作用下而形成,与机械杠杆具有相同的参数和原理。主要有以下三种形式。

(一)平衡杠杆

支点位于重点和力点之间,类似天平的原理。例如,通过寰枕关节调整头的姿势的运动就是平衡杠杆的作用,见图2-9a)。

(二)省力杠杆

重点位于力点与支点之间(力臂大于阻力臂),类似撬棒撬重物的原理,如支撑腿起步抬足跟时踝关节的运动就是省力杠杆的作用,见图2-9b)。

(三)速度杠杆

力点在重点和支点之间,阻力臂大于力臂。如手投掷物体时肘部的运动属于速度杠杆的作用,见图2-9人体骨骼杠杆c),这类杠杆的运动在人体中较为普遍,用力大运动速度较快。

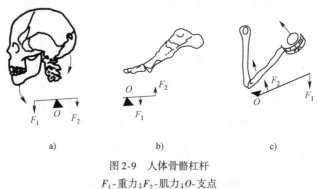

图2-9 人体骨骼杠杆
F_1-重力;F_2-肌力;O-支点

在设计操作时,必须考虑到骨杠杆的这些性质。利用等功原理(功率=力×速度)进行设计考虑。功率相等,追求力度大则速度小,追求速度大则力度小。

二、肌肉系统

肌肉是完成各种作业、保持人体各种姿势的能量源。交通设计要尽量减少人体肌肉疲劳,要在了解人体肌肉和骨骼系统的前提下,设计适合人体解剖学特性的交通工具尺寸。下面简单介绍肌肉系统的相关知识。

(一)骨骼肌

肌肉组织分为横纹肌(骨骼肌、心肌)和平滑肌,人类工效学研究的对象一般为骨骼肌。人体全身共有骨骼肌434块,成年男子骨骼肌重量约占人体体重的40%,成年女子骨骼肌重量约为人体体重的35%。骨骼肌有4种物理特性:收缩性、伸展性、弹性、黏滞性。

收缩性表现为肌肉纤维长度的缩短和张力的变化。而骨骼肌与弹性橡皮相似,在受外力作用时可被拉长,这种特性叫伸展性。黏滞性是原生质(细胞质和细胞间质)的普遍特性,主要是由于其内部含有胶状物质的缘故。肌纤维的这种特性在肌肉收缩时产生阻力,为此需要消耗一定的能量。气候寒冷时,肌肉的黏滞性增加;气温升高后可减少肌肉的黏滞阻力。这可保证人动作的灵活性,避免肌肉拉伤。

由于骨骼肌的收缩与舒张能随人的意识随意进行,故又将其称为随意肌。骨骼两端通过肌腱越过关节与骨相连。肌肉的收缩与舒张引起骨骼绕关节运动。引起骨骼伸、屈运动的肌肉分别叫伸肌和屈肌。肌肉运动的指令是由脊髓里的神经细胞和相关的 α 纤维进行传递的。

肌肉从机能上分为快肌(FT)和慢肌(ST)。快肌收缩快、易疲劳;慢肌则相反。肌肉有白色和赤色两种颜色,白肌含 FT 多;而赤肌含 ST 多。所以白肌往往也称快肌;赤肌称慢肌。赤肌在肌肉深层主要起保持姿势等作用;而白肌在表层起微妙的快速灵巧动作的作用。

肌收缩的机理有许多说法,其中滑行学说是较普遍的看法。即肌肉纤维在由神经传递束的电信号刺激后产生滑行引起机械式的收缩,放出能量。肌肉收缩的方式有等张收缩和等长收缩。等张收缩是收缩时张力不变、长度变化;等长收缩是长度不变、张力变化。实际上一个动作往往是二者组合完成的。在肌肉内或表皮上可测得收缩时的放电现象,称为肌电图(EMG)。在人类工效学上,肌电图常被用于评价作业姿势、劳动强度、家具的尺度设计好坏等。

(二)肌力

肌力是由肌肉收缩而产生的。它的大小取决于肌纤维的数量、体积、性质、收缩前的长度及中枢神经的兴奋状态。人的肌肉纤维每平方厘米能产生 60~100N 的力。

肌力是人体各种动作和维持人体各种姿势的动力源。人能够发挥出的力的大小,取决于人体的姿势、着力部位以及力的作用方向。在设计设备时,必须考虑人体能用力的限度,从而避免操作困难。图 2-10 是立姿时,力量与臂角度之间的关系,可以看出 70°左右时力量最大。

人用力的一般原则:所有动作应该是有节律的,各个关节要保持协调,则可减轻疲劳;在操作时,各关节的协同肌群(起相同作用、互相配合增强力量的肌肉群)与拮抗肌群(起反作用、互相阻抑的肌肉群)的活动要保持平衡才能使动作获得最大的准确性;瞬时用力要充分利用人体的质量作尽可能快的运动;大而稳定的力量取决于肌体的稳定性,而不是肌肉的收缩;任何动作必须符合解剖学、生理学和力学的原理,才可提高效率。

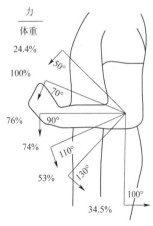

图 2-10 立姿力量与臂角度关系

(三)身体的动作速度与频率

人体的四肢在不断运动,但其动作速度是有限的。作业设计必须考虑人的这种特性,不能超过人体的极限值。肢体肌肉收缩的速度不同,因此不同肢体的动作速度和频率也不同。操作动作速度还取决于动作方向和动作轨迹等特征。另外,动作特点对动作速度的影响也十分显著,操作动作的合理设计,可明显提高工效。表 2-2 是设计操作动作时,人体各部位的动作速度与频率的推荐参考值。

人体各部位的动作速度与频率限度　　　　　　　　　表 2-2

身体动作部位	速度及频率设计极限值	备注
手的运动(cm/s)	35	
控制操纵杆位移(cm/s)	8.8~17	
手指敲击最大频率(次/s)	3~5	
脚敲击最大频率(次/s)	0.36~0.72	脚掌与脚一起运动
手的伸屈(次/s)	1~1.2	
旋转把手或转向盘(r/s)	9.42~29.46	r 为转数
身体转动(次/s)	0.72~1.62	
手控制的最大谐振截止频率(Hz)	0.8	

注：以上数据是设计时不应超过的值，并非人体动作的生理极限值。

第五节　信息接收与处理系统

人与外界之间的联系有 3 种基本形式：物质、能量和信息的传递。信息传递往往是随着物质和能量的传递进行的，即物质和能量是信息传递的载体。为了系统的正常运行并实现高效率，必须管理和控制物质与能量的流动，而管理和控制的本质就是信息。

一、信息的接收

在人和机器发生关系和相互作用的过程中，两者最本质的联系是信息交换。人在人机系统中的作用，在一定意义上说即传递与加工信息。了解和提高人的信息传递能力，对人机系统设计和提高效率是很重要的。人在操作机器时，信息交换通过人机界面实现，具体地说，人要进行有目的的操作行为，必须依赖于人体的感觉器官接受外界信息，即通过人机界面的刺激。感觉器官在接受外界条件的刺激（如声、光、电等）时，会把这种刺激通过神经系统传递给大脑，并在大脑中分析、判断和决策，然后发出指令，通过输出神经纤维的神经末梢传给运动器官，转化为操作者的行动，这就是人机传递与处理信息的整个过程。

工作效率在很大程度上取决于人体接受信息的能力、反应速度以及反应的准确性，而这些与感觉器官的机能状态有密切联系。人具有多种感觉通道，每种感觉通道传递信息的能力均有一定的限度。在工作中，由于各种条件的不断变化，人的感觉能力受到一定的影响。当变化超过一定限度时，人的感觉系统就会出现差错。各种感觉通道在交通活动中的功能如表 2-3 所示。

感觉通道的物性比较　　　　　　　　　　　　　表 2-3

比较项目	视觉	听觉	嗅觉	触觉	味觉
反应时间(s)	0.188~0.206	0.115~0.182	0.200~0.370	0.117~0.201	0.308~1.082
刺激种类	光	声	挥发性物质	冷、热、触、压	物质刺激
刺激情况	瞬间	瞬间	一定时间	瞬间	一定时间
感知范围	有局限性	无局限性	受风向影响	无局限性	无局限性
知觉难易	容易	最容易	容易	稍困难	困难
作用	鉴别	报警，联络	报警	报警	报警
实用性	大	大	较小	较大	很小

二、信息的处理与输出

在人机系统中,操作者接受系统的信息并经中枢系统加工后,便依据加工的结果对系统做出反应。系统中的这一环节称为操作者的信息输出。信息输出是人对系统进行有效控制并使系统能正常运转的必要环节。

对于常见的人机系统,人的信息输出有语言输出、运动输出等多种形式。随着智能型人机系统研究的进一步深入,人将可能会更多地通过语言输出控制更复杂的人机系统。但信息输出最重要方式还是运动输出。运动输出是指人可以通过身体的某个部位对系统施加影响。如:人可以通过手脚运动和姿势的变换以及面部表情输出信息。运动输出的质量指标是反应时间、运动速度和准确性。

(一)反应时间

反应时间是指外界刺激通过人体感觉器官、神经系统传至大脑中枢加工处理后,大脑发出指令再由神经系统传至效应器,使肌肉收缩发出动作所需的时间之总和。反应时间受许多因素的影响,如人体姿势状态、人体健康状态、反应对象的性质、所处环境(光、声等环境)等。以下简单地介绍几个影响反应时间的因素。

1. 感觉器官

同一感觉器官接受的刺激不同,其反应时间也不同,例如,味觉对咸的刺激反应时间最短(308ms),甜、酸次之,对苦的刺激反应时间最长(1082ms)。另外,相同的感觉器官,刺激部位不同,反应时间也会不同。其中以触觉的反应时间随部位的变化最明显,例如,对手和脸部的刺激反应时间最短,小腿的刺激反应时间最长。

由表2-4可知,感觉器官对反应时间差异十分明显,其中以触觉和听觉的反应时间最短,其次是视觉。听觉的简单反应时间比视觉快约30ms。据此特点,在报警信号设计中,常以听觉刺激作为报警信号形式;在常用的交通信号设计中,则多以视觉刺激作为主要信号形式。

各种感觉器官的简单反应时间　　　　　　　表2-4

感觉器官	反应时间(ms)	备注
触觉	110~160	受疲劳程度影响大
听觉	120~160	100Hz纯音时约140ms
视觉	150~200	
冷觉	150~230	
湿觉	180~240	
嗅觉	210~390	
痛觉	400~1000	
味觉	330~1100	甜味的知觉时间最短,苦味最长

2. 刺激信号的强度

人对各种不同性质刺激的反应时间是不同的,而对于同一种性质的刺激,其刺激强度和刺激方式的不同,反应时间也有显著的差异(表2-5)。

不同强度刺激的反应时间 表2-5

刺激		对刺激开始的反应时间(ms)	对中间的反应时间(ms)
声	中强度	119	121
	弱强度	184	183
	阈限	779	745
光	强	162	167
	弱	205	203

由人的感觉特征可知,刺激强度必须达至一定的物理量(即感觉阈值)才能使感觉器官形成感觉。但是,当各种刺激的刺激强度在等于或略大于人对该刺激的感觉阈值时,其反应时间较长。当刺激强度明显增加时,反应时间便缩短了。当刺激强度每增加一个对数单位,反应时间便出现一定的减少,但其减少的量却越来越少。说明刺激反应时间是有极限的,此极限称为"不可减的最少限"。

3. 刺激的清晰度和可辨性

刺激信号的清晰度包括两方面含义:一是刺激信号本身的清晰度,二是刺激信号与背景的对比度,这两方面共同影响着反应时间的长短。例如,在重要的控制室里要求有一定的隔光、隔声措施,就是为了保证操作者的反应速度。因此,在设计灯光信号时,要考虑信号与背景的亮度比;设计交通标志信号时,要考虑信号与背景的颜色对比;设计声音信号时,要考虑信号与背景的信噪比及频率的不同等。

当刺激信号的持续时间不同时,反应时间随刺激时间的增加而减少。由表2-6数据可知,刺激信号的持续时间越长,反应时间越短。但这种影响关系也有一定的限度,当刺激持续时间达到某一界限时,再增加刺激时间,反应时间却不再减少。

光刺激时间对反应时间的影响(反比关系) 表2-6

光刺激持续时间(ms)	3	6	12	24	48
反应时间(ms)	191	189	187	184	184

刺激信号的数目对反应时间的影响最为明显,即反应时间随刺激信号数的增加而明显的延长(表2-7)。对于需要辨别两种刺激信号时,若两刺激信号的差异越大,则其可辨性越好,即反应时间越短;反之,其反应时间越长(表2-8)。

可选择的刺激数目对反应时间的影响 表2-7

刺激选择数目	1	2	3	4	5	6	7	8	9	10
反应时间(ms)	187	316	364	434	485	532	570	603	619	622

对比清晰度对反应时间的影响 表2-8

辨别对象	白/黑	红/绿	红/蓝	红/橙	10mm线段/12mm线段	10mm线段/11mm线段
反应时间(ms)	197	208	217	246	305	324

在实际操作中,反应时间还与操纵器、显示器的设计有关,操纵器与显示器的形状、位置、大小、操纵器的用力方向、大小等因素都会影响反应时间。例如,线条运动能在视觉中枢引起有效的冲动发放,视觉显示中大量运用线条和指针是有根据的。如果用数字进行姿态显示,效果将很差。又如红光、绿光和蓝光在神经系统引起完全不同的反应,即不同

颜色的照明有质的不同。因此,研究人类工效学因素就成为提高系统工效的重要途径之一。

4. 人的主体因素

人的主体因素的影响主要指人们遵照的习俗、个体差异、疲劳等方面因素对个人反应能力造成影响。

练习可提高人的反应速度、准确度和耐久力。例如,根据显示数字作相应的按钮反应,由最初只能反应1.5个/s,经过几个月训练后提高至3个/s,即反应速度提高了1倍。又如辨认熟悉的图形信号或训练有素的打字员,与辨认不熟悉的图形信号或不熟练的打字员相比,前者的反应速度比后者高10~30倍。

操作者的主体由于存在着智力、素质、个性、品格、年龄、兴趣、动机、性别、教育、经验、健康等多方面的差异,在反应时间方面也有所不同。例如老年人的反应时间大于年轻人,特别是随着每个信号信息量的增加,其反应时间的差距也越来越大。此外,机体疲劳以后,注意力、肌肉工作能力、动作准确性和协调性降低,从而导致反应时间变长。所以,在疲劳研究中,往往把反应时间作为测定疲劳程度的一项指标。

人的反应速度是有限的,一般条件反射反应时间为0.1~0.15s,听觉反应时间稍长。当连续工作时,由于人的神经传递存在着0.5s左右的不应期,所以需要感觉指导的间断操作的间隙期一般应大于0.5s;复杂的选择反应时间达1~3s,要进行复杂判断和认知反应的时间平均达3~5s。因此,在人机系统设计中,必须考虑人的反应能力的限度。

影响反应时间的因素比较多,很难测得反应时间的一个准确值。在交通工效学领域内,设计时应参考其平均值或最大值再加上一定的安全系数。反应时间在交通安全工程学方面也非常重要,如高速公路上的车间距离计算。行驶车间距必须满足式(2-2),否则容易发生追尾事故。

$$RT \cdot V + D_1 < D \tag{2-2}$$

式中：RT——反应时间；

V——车速；

D_1——刹车后惯性行走距离；

D——车间距。

国内外学者就向左转向和向右转向时间进行了大量研究,以便确定转向方向对动作时间的影响,此对于室内避难通道等的设计具有指导意义。

(二)运动速度

运动速度可用完成运动的时间表示,人的运动时间与动作特点、目标距离、动作方向、动作轨迹特征、负荷重量等因素有密切关系。

1. 动作特点

人体各部位动作一次的最少平均时间见表2-9。由表2-9可知,即使同一部位,如果动作特点不同,其所需的最少平均时间也不同。

2. 目标距离

有人对定位运动时间与目标距离及目标宽度的关系进行过试验研究。该研究设定目标距离为 7.6cm、15.2cm、30.5cm 3 个等级；目标宽度为 2.5cm、1.3cm、0.6cm、0.3cm 4 个等级。要求被试验者尽可能快地将铁笔从起点移向目标区，测定其相应的运动时间。试验结果发现随着目标距离增加，定位运动时间增长；随着目标宽度增加，定位运动时间缩短。

人体各部位动作一次的最少平均时间 表 2-9

动作部位	动作特点		最少动作时间(s)
手	抓取	直线	0.07
		曲线	0.22
	旋转	克服阻力	0.72
		不克服阻力	0.22
脚	曲线		0.36
	克服阻力		0.72
腿	直线		0.36
	脚向侧面		0.72~1.46
躯干	弯曲		0.72~1.62
	倾斜		1.26

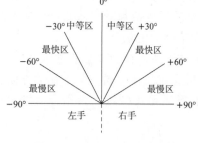

图 2-11　手向各个方向运动时间

3. 运动方向

运动方向对定位运动时间的影响如图 2-11（手向各个方向运动时间差异）所示。被试者在坐姿平面向 0°、±30°、±60°、±90°七个不同方位进行重复敲击运动，其测试结果（不同区域内手指敲击运动速度差异）如下：人的左手分别自 0°转至 -30°和 +30°区域内，其敲击速度居中；自 ±30°转至 ±60°区域内，敲击速度最高；而自 ±60°转至 ±90°区域内，敲击速度最低。

4. 动作轨迹特征

按人体生物力学特性对人体惯性特点进行分析，其结果表明动作轨迹特征对运动速度的影响极为明显，并获得下述几个基本结论：

（1）连续改变和突然改变的曲线式运动：前者速度快，后者速度慢。

（2）水平动作比垂直动作的速度快。

（3）一直向前的动作速度比旋转时的动作速度快 1.5~2 倍。

（4）圆形轨迹的动作比直线轨迹动作灵活。

（5）顺时针动作比逆时针动作灵活。

（6）手向着身体的动作比离开身体的动作灵活；向前后的往复动作比左右的往复动作速度快。

5. 负荷重量

从运动速度与负荷重量的关系分析可知：最大运动速度与被移动的负荷重量成反比，而达到最大速度所需的时间与负荷重量成正比。

（三）运动的准确性

准确性是运动输出质量高低的另一个重要指标。在人机系统中，如果操作者发生反应错误或准确性不高,即使其反应时间和运动时间都极短也不能实现系统目标,甚至会导致事故发生。影响运动准确性的主要因素有运动速度的准确性、盲目定位运动的准确性、运动方向的准确性、操作方式的准确性等。

1. 运动速度的准确性

运动速度与准确性两者间存在着互相补偿关系,描述其关系的曲线称为速度—准确性特性曲线(图2-12)。该曲线表示速度越慢,准确性越高。但速度降到一定程度后,曲线渐趋平坦。说明在人机系统设计中,过分强调速度而降低准确性,或过分强调准确性而降低速度都是不利的。

曲线的拐点处(A)为最佳工作点。该点表示运动时间较短,但准确性较高。随着系统安全性要求的提高,常将实际的工作点(A')选在最佳工作点右侧的某一位置上。

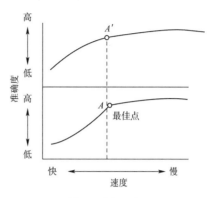

图2-12 动作的速度与准确性关系图

2. 盲目定位运动的准确性

在实际操作中,当视觉负荷很重时,往往需要人在没有视觉帮助的条件下,根据对运动轨迹记忆和动觉反馈进行盲目定位运动。有人曾研究了手的盲目定位运动准确性。其方法是在被试的左、前、右共270°范围内选定7个方位,相邻方位间相距45°。每个方位又分上、中、下3种位置,采用20个实验点。每点上悬有类似射击用的靶子。被试在遮掉视线后作盲目定位运动,实验结果见图2-13。图中每个圆表示击中相应位置靶子的准确性,圆越小表示准确性越高;图中的黑圆点代表击中相应象限的准确性,黑圆点越小,准确性越高。

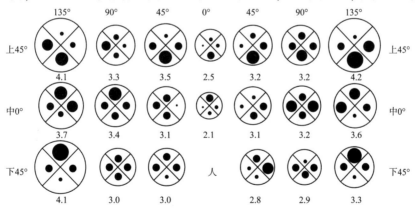

图2-13 盲目定位结果图

研究结果表明,正前方盲目定位准确性最高,右方稍优于左方;在同一方位,下方和中间均优于上方。

3. 运动方向的准确性

做手臂运动方向对准确性影响的实验:当被试者握尖笔沿狭窄的槽运动时,笔尖碰到槽壁即为一次错误,此错误可作为手臂颤抖的指标。结果表明:在垂直面上,手臂做前后运动时颤抖最大,其颤抖是上下方向的;在水平面上,做左右运动的颤抖最小,颤抖方向是前后的。

4. 操作方式的准确性

手的解剖学特点和手的不同部位随意控制能力的不同,从而手在对不同装置进行操作时的准确性会有所差异。研究结果表明:向下的按钮比向前的按钮操作准确,水平安装比垂直安装的按钮操作准确;手操纵旋钮、滑块、指轮的准确度,以旋钮最佳,指轮次之,滑块最差;圆柱状手柄,直径10mm左右比30mm以上的操作准确。该研究结果为人机系统中控制装置的设计提供了有益的思路。

第三章　环境对驾驶员的影响

在人、车、路交通系统三要素中,驾驶员是交通环境的理解者,驾驶员只有根据环境信息正确操作,才能保证安全行车。因此交通工效学的任务之一就是使驾驶员与环境协调,使人机环境系统达到一个合理的状态。

人与环境的交互作用主要表现为环境刺激和相应的人体效应。人体内感官与环境也会有交互作用,如环境刺激可改变人的心跳速度和血压等。同时环境的刺激会导致人的心理效应。因此掌握驾驶员与环境的交互作用关系,对于合理设计道路交通系统和利用环境具有指导意义。

第一节　道路与交通环境

道路是供各种车辆和行人等通行的工程设施,是一种带状的三维空间人工构造物,该实体表面的中心线为中线,道路中线的空间位置称为路线。道路线形主要包括平面、纵断面和横断面,如图3-1所示。道路中线在水平面上的投影称为平面图,其反映的是道路的平面线形;道路中线的竖向剖面图为纵断面图,反映出道路的纵断面线形;道路中线上任一点法线方向的切面是道路在该点的横断面。

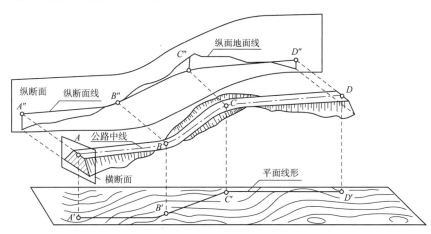

图3-1　道路立体线形示意图

道路因受自然条件或地形的限制,在平面上有转折,在纵断面上有起伏。在平面线形的转折点和纵断面的起伏处(变坡点)两侧相邻直线处,为了满足车辆行驶顺畅、安全和速度的要求,必须用合适的曲线连接,因此,道路平面和纵断面均由直线和曲线组成。

由于道路形态的复杂性和状态的动态性,道路因素对交通安全的影响呈多样化趋势,主要反映在是否能满足正常行驶时驾驶员视觉、心理、生理反应等方面的需求。因此,道路线形的舒适程度与交通安全运营有着极其密切的关系。

道路设计车速是线形设计的重要指标,一般由道路等级及其所处的地形决定。在我国《公路路线设计规范》(JTG D20—2017)(简称《公路路线规范》)中规定,公路根据交通量、使用任务和性质划分为高速公路、一级公路、二级公路、三级公路和四级公路5个等级。我国《城市道路路线设计规范》(CJJ 193—2012)(简称《城市路线规范》)按照道路在城市路网中的地位、交通功能以及对沿线建筑物的服务功能,将我国城市道路分为快速路、主干路、次干路和支路4类。我国公路和城市道路等级及其设计速度,如表3-1和表3-2所示。

表3-1 公路等级及设计速度

公路等级	高速公路			一级公路			二级公路		三级公路		四级公路	
设计速度(km/h)	120	100	80	100	80	60	80	60	40	30	30	20

表3-2 城市道路等级及设计速度

公路等级	快速路			主干路			次干路			支路		
设计速度(km/h)	100	80	60	60	50	40	50	40	30	40	30	20

一、道路平面线形

道路平面线形是根据规划确定的路线大致走向,在满足车辆行驶技术要求的前提下,结合地形、地质、水文等条件,确定其具体方向。平面线形可分为直线和平曲线,其中平曲线包括圆曲线和缓和曲线。因此,直线、圆曲线和缓和曲线是平面线形的3种要素,如图3-2所示。

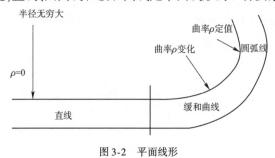

图3-2 平面线形

(一)直线

1. 长直线

直线是平面线形设计的基本要素之一,具有现场勘测简单、前进方向明确、距离短等优点。但直线线形缺乏灵活性,不易于与地形、地物等自然环境相协调,应用受到限制。直线的最大长度(以m计)不宜过长,一般情况下,在景色单调的地点最好控制在$20V$(V为设计速度,以km/h计)以内。

2. 短直线

平曲线之间一般以直线过渡,当直线过短时,驾驶员在短时间内会频繁转动转向盘。当车辆行驶状态与转向盘转向协调性不良时,发生交通事故的潜在可能性将明显提高。

同向曲线是指两个转向相同的圆曲线中间以直线和缓和曲线或径相连接而成的平面线

形,如图 3-3a)所示。图 3-3 中的 a 表示圆曲线转角,M 为同向曲线间交点的距离,m 表示两个曲线间直线的长度,是前一曲线终点到后一曲线起点之间的距离,T 表示曲线的切线长,O 为圆心。同向曲线间直线较短时,在视觉上容易形成直线与两端曲线构成反弯的错觉,甚至把两个曲线看成是一个曲线,破坏了线形的连续性,形成了所谓的"断背曲线",对车辆运行安全十分不利。

反向曲线是指两个转向方向相反的圆曲线之间以直线和缓和曲线或径相连接而成的平面线形,如图 3-3b)所示。反向曲线之间直线段过短,将不能提供足够的时间使驾驶员调整转向盘,使驾驶员在进入下一个反向曲线时不能及时把握车辆方向,从而会产生反应不及时、车辆轨迹突变等现象,危及行车安全。

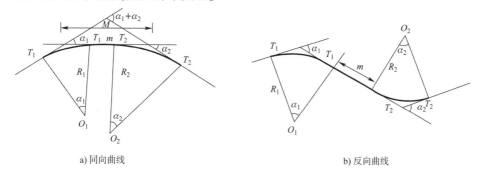

a) 同向曲线　　　　　　　　　　b) 反向曲线

图 3-3　曲线间的直线

《公路路线规范》规定:当设计速度大于或等于 60km/h 时,同向圆曲线间最小直线长度(以 m 计)以不小于设计速度的 6 倍为宜;反向圆曲线间最小直线长度(以 m 计)以不小于设计速度的 2 倍为宜。对于低速道路(设计速度小于或等于 40km/h),也可参考执行。

(二)圆曲线

车辆在圆曲线上行驶会受到离心力的作用,如果车速很快且弯道半径较小时,易使驾驶员疏忽,以致不能及时地转动转向盘,行驶的车辆就有可能发生危险,导致横向翻车或滑移。

根据车辆的横向稳定性,在某一设计速度 V(km/h)下,曲线半径可按关系式(3-1)求算:

$$R = \frac{V^2}{127(\mu \pm i)} \quad (3-1)$$

式中:μ——横向力系数;

i——道路横坡度,当车辆在曲线内侧或超高段行驶时,采用"+"号,当车辆在不设超高的曲线外侧行驶时,采用"-"号。

为保证行车安全,《公路路线设计规范》(JTG D20—2017)中对不同设计速度规定了圆曲线半径的最小值,如表 3-3、表 3-4 所示。

横向力系数对行车安全有一定的影响。横向力系数 μ 是指单位车重所受的横向力,μ 值越大,车辆在曲线上行驶的稳定性就越差。一般情况下只要保证横向力系数 μ 小于横向摩擦因数 f,就保证了车辆在曲线上行驶的横向稳定性。μ 值过大,不仅增加了驾驶操纵的困难,还会影响行车的舒适性甚至危及行车安全。据试验,乘客随 μ 的变化其心理反应如表 3-5 所示。

公路圆曲线最小半径　　　　　　　　　　　　　　表3-3

设计速度(km/h)			120	100	80	60	40	30	20
圆曲线最小半径(一般值)(m)			1000	700	400	200	100	65	30
圆曲线最小半径（极限值）(m)	最大超高值 I_{max}	4%	810	500	300	150	65	40	20
		6%	710	440	270	135	60	35	15
		8%	650	400	250	125	60	30	15
		10%	570	360	220	115	—	—	—
不设超高最小半径（m）	$i \leq 2\%$		5500	4000	2500	1500	600	350	150
	$i > 2\%$		7500	5250	3350	1900	800	450	200

注："一般值"为正常情况下的采用值；"极限值"为条件受限制时可采用的值；I_{max}为采用的最大超高值；"—"为不考虑采用对应最大超高值的情况。

城市道路圆曲线最小半径　　　　　　　　　　　　　　表3-4

设计速度(km/h)		100	80	60	50	40	30	20
不设超高最小半径(m)		1600	1000	600	400	300	150	70
设超高最小半径（m）	一般值	650	400	300	200	150	85	40
	极限值	400	250	150	100	70	40	20

横向力系数μ对车辆稳定性、乘员舒适感的影响　　　　　　表3-5

横向力系数μ	车辆稳定性和乘员舒适感
$\mu \leq 0.10$	不感到有曲线的存在,很平稳,不紧张
$\mu = 0.15$	略感到有曲线存在,但尚平稳,不太紧张
$\mu = 0.20$	已感到有曲线存在,略感不平稳,感到明显紧张
$\mu = 0.35$	感觉到有曲线存在,不稳定,非常不舒适,很紧张
$\mu \geq 0.40$	站不住,非常不稳定,有车倾覆的危险感

因此,μ值的采用关系到行车安全、经济与舒适。为计算最小平曲线半径,应考虑各方面因素采用一个舒适的μ值。一般情况下μ的舒适界限为0.11~0.16,随行车速度而变化,设计中对高、低速道路可取不同的数值。

(三)缓和曲线

缓和曲线是设置在直线与圆曲线之间或圆曲线与圆曲线之间的一种曲率连续变化的曲线。车辆由直线驶向曲线段时,其曲线半径由无限大变为某一定值,驾驶员突然受到离心力的影响而产生不舒适感和危险感,为了缓和这种曲率的突然变化,保证行车安全平顺,需要在其间设置缓和曲线,增强行车的安全性。图3-4为缓和曲线示意图。

此外,在路线的曲线段存在超高或加宽时,都应将其设置在缓和曲线段上。这种情况下,由直线的路拱、定宽路面改变为超高、加宽路面也需要缓和段来实现其间的过渡。

驾驶员以不变的角速度转动转向盘等速行驶时,曲率半径按曲线长度缓和地增大或减少,轮迹顺滑的轨迹刚好符合回旋曲线,因而回旋曲线是适合车辆行驶的良好曲线形式。因此,我国公路设计中,缓和曲线多采用回旋线。

回旋曲线就是曲率ρ按曲线长度L_s成相同比例增大的曲线,其关系为:

$$\rho = \frac{1}{R} = A^2 \cdot L_s \tag{3-2}$$

式中:A——表征回旋线曲率变化的缓急程度。

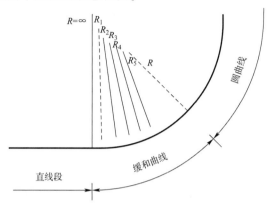

图 3-4　缓和曲线

按回旋线敷设缓和曲线的基本图示(图 3-5),其几何元素的计算公式如下:

缓和曲线角

$$\beta_0 = \frac{L_s}{2R} \frac{180°}{\pi} = 28.6479 \frac{L_s}{R} (°) \tag{3-3}$$

内移值

$$p = \frac{L_s^2}{24R} - \frac{L_s^4}{2688R^3} \text{ (m)} \tag{3-4}$$

切线增长值

$$q = \frac{L_s}{2} - \frac{L_s^3}{240R^2} (\text{m}) \tag{3-5}$$

切线长

$$T = (R+p)\tan\frac{\alpha}{2} + q(\text{m}) \tag{3-6}$$

平曲线长

$$L = R\frac{\pi}{180}(\alpha - 2\beta_0) + 2L_s = \frac{\pi}{180}R\alpha + L_s(\text{m}) \tag{3-7}$$

切曲差

$$D = 2T - L(\text{m}) \tag{3-8}$$

外距

$$E = (R+p)\sec\frac{\alpha}{2} - R(\text{m}) \tag{3-9}$$

全部曲线共有 5 个主点里程桩号:

ZH——第一缓和曲线起点(直缓点);

HY——第一缓和曲线终点(缓圆点);

QZ——曲线中间点(曲中点);

YH——第二缓和曲线起点(圆缓点);
HZ——第二缓和曲线终点(缓直点)。

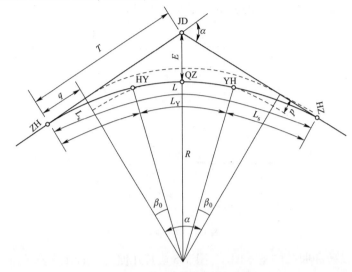

图3-5 按回旋线敷设缓和曲线

(四)平面线形的组合设计

由直线、圆曲线、缓和曲线3个几何要素可得到多种平面线形的组合形式,为保证车辆安全、舒适地行驶,应使路线线形圆滑、顺适,各线形要素之间要有连续、均衡性,直线段与曲线段应彼此协调、成比例地敷设。

在地势平坦开阔的平原微丘区,路线直达、舒顺,在平面线形三要素中直线所占比例较大;随着车辆速度的不断提高,对线形流畅性的要求在增加,曲线在整个道路平面线形中所占的比例越来越大,道路线形设计也逐渐趋向于以曲线为主。特别是在地势有很大起伏的山岭和重丘区,路线多弯曲,曲线所占比例较大。

道路平面线形主要有简单型、基本型、凸形、S形、C形、复合型、卵形和回头曲线等。

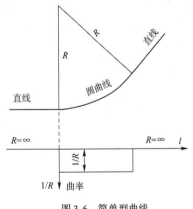

图3-6 简单型曲线

1. 简单型曲线

当一个弯道由直线与圆曲线组合时为简单型曲线,即按直线—圆曲线—直线的顺序组合,如图3-6所示。

我国《公路路线规范》规定:三级以上公路,当平曲线半径大于或等于不设超高的最小半径时,缓和曲线可以省略,路线组合采用简单型曲线。四级公路全线不设置缓和曲线,采用直线与圆曲线直接相连的线形。简单型组合曲线在直线与圆曲线衔接处有曲率突变点,是对驾驶员行车安全不利的组合形式。

2. 基本型曲线

按直线—回旋线—圆曲线—回旋线—直线的顺序组合的曲线称为基本型曲线,如图3-7所示。

基本型曲线可以设计成对称基本型和非对称基本型两种,当 $A_1 = A_2$ 时为对称基本型,这是经常采用的形式。非对称型是根据线形、地形变化的需要在圆曲线两侧采用 $A_1 \neq A_2$ 的回旋线。为使线形连续协调,回旋线—圆曲线—回旋线的长度之比宜为 1∶1∶1,并注意满足如图 3-7 设置。

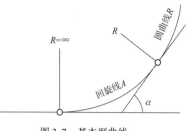

图 3-7　基本型曲线

3. 凸形曲线

两同向回旋曲线间不插入圆曲线而径相连接的组合形式称为凸形曲线,如图 3-8 所示。

凸形曲线在两回旋曲线衔接处曲率发生突变,对驾驶员驾驶操作不利,所以只有在地形、地物受限制的路段方可考虑。

4. S 形曲线

两个反向圆曲线间用两个反向回旋线连接的组合形式,称为 S 形曲线,如图 3-9 所示。

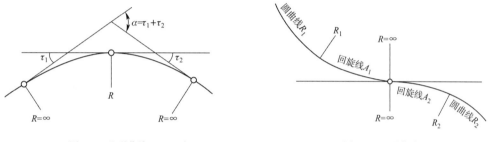

图 3-8　凸形曲线　　　　　　　图 3-9　S 形曲线

从行驶力学和线形协调,以及超高缓和上考虑,S 形曲线相邻两个回旋线参数 A_1 和 A_2 之比应小于 2.0,有条件时以小于 1.5 为宜。

S 形的两个反向回旋线以径相衔接为宜。当由于地形条件限制必须插入短直线或当两个圆曲线的回旋线相互重合时,短直线或重合段的长度都应符合式(3-10)规定:

$$l \leqslant \frac{A_1 + A_2}{40} \tag{3-10}$$

如果中间直线长度超过上述长度很多,则认为是两个基本型的曲线,而不是 S 形曲线了。

5. C 形曲线

同向曲线的两回旋线在曲率为零处径相衔接的形式称为 C 形曲线,如图 3-10 所示。

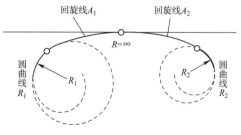

图 3-10　C 形曲线

C 形曲线连接处的曲率为 0,即 $R = \infty$,相当于两个基本型的同向曲线中间直线长度为 0,对行车和视觉均不利,易形成视觉上的"断背曲线",即当车辆驶入不同半径的下一个同曲线时,由于视觉上的原因驾驶员会错误地认为还行驶在先前的曲线上或短直线上,容易采取不当的驾驶操作行为或反应不及时。所以 C 形曲线只有在特殊地形条件下方可采用。两个回旋线参数可相等,也可不相等。

6. 复合型曲线

两个及两个以上的同向回旋曲线,在曲率相等处径相衔接的组合形式称为复合型曲线,如图 3-11 所示。

复合型曲线的两个回旋线参数之比一般以小于 1∶1.5 为宜。这种形式很少采用,仅在受地形或其他特殊原因限制时采用(互通式立交除外)。

7. 卵形曲线

用一个回旋线连接两个同向圆曲线的组合形式称为卵形曲线,如图 3-12 所示。

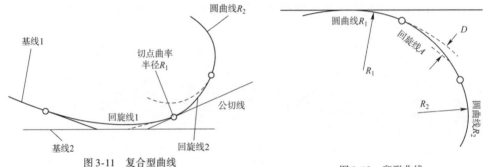

图 3-11　复合型曲线　　　　　图 3-12　卵形曲线

卵形曲线要求大圆能完全包住小圆,如果大圆半径为无穷大,那么它就是直线,即成为基本型。所以,卵形曲线可以认为是具有基本形式的一般线形。不过卵形曲线中的回旋线的曲率不是从零开始,应是回旋线的首尾曲率与其衔接圆曲线的曲率相当。在图 3-12 中,D 为两圆曲线的最小间距。

8. 回头曲线

回头曲线指在山区公路为克服高差在同一坡面上展线时所采用的、其圆心角一般接近或大于 180°的圆曲线,一般由主曲线和辅曲线相组合,如图 3-13 所示。

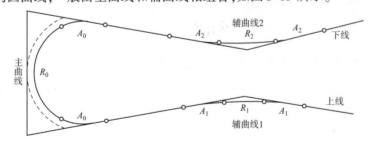

图 3-13　回头曲线

三、四级公路在自然展线无法争取需要的距离以克服高差,或因地形、地质条件所限不能采取自然展线而必须在同一山坡采取回头展线时,才采用回头曲线。回头曲线的前后线形应有连续性,两头宜布设过渡性曲线,此外还应设置限速标志,并采取保证通视良好的技术措施。

(五)超高

1. 超高定义

为抵消车辆在曲线路段上行驶时所产生的离心力,将路面做成外侧高于内侧的单向横坡的形式,即为曲线上的超高,如图3-14所示。合理地设置超高,可以部分或全部抵消离心力,提高车辆行驶在曲线上的稳定性与舒适性。当车辆等速行驶时,圆曲线上所产生的离心力是常数;而在回旋线上行驶时,因回旋线曲率是变化的,其离心力也是变化的。因此,超高横坡度在圆曲线上应是与圆曲线半径相适应的全超高,在缓和曲线上应是逐渐变化的超高。这段从直线上的双向横坡渐变到圆曲线上的单向横坡的路段,称作超高缓和段或超高过渡段。

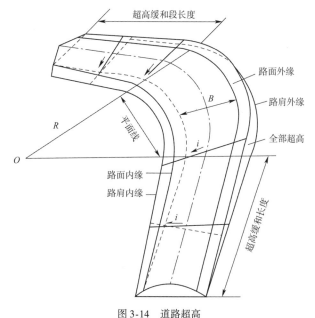

图3-14 道路超高

在曲线部分,除曲率半径非常大和有特殊理由等情况外,都要根据道路的类别和所在地区的寒冷积雪程度,以及设计速度、曲率半径、地形情况等设置适当的超高。实际设计中还应考虑到驾驶员和乘客心理上的安全感。

2. 最大超高 I_{max}

在车速较高的情况下为了平衡离心力要用较大的超高,但道路上行驶车辆的速度并不一致,特别是在混合交通的道路上,不仅要照顾快车,也要考虑到慢车的安全。对于慢车,乃至因故暂停在弯道上的车辆,其离心力接近于0或等于0。如超高率过大,超出轮胎与路面间的横向摩擦因数,车辆有沿着路面最大合成坡度下滑的危险,因此最大超坡度必须满足式(3-1):

$$I_{max} \leqslant f_w \tag{3-11}$$

式中: f_w ——一年中气候恶劣季节路面的横向摩擦因数。

制定最大超高坡度 I_{max},除根据道路所在地区的气候条件外,还必须给予驾驶者和乘客以心理上的安全感。对重山区、城市附近、交叉口以及有相当数量非机动车行驶的道路,最大超高比一般道路的超高小。

各级公路最大超高的规定见表 3-6,城市道路最大超高的规定见表 3-7。

各级公路最大超高横坡度　　　　表 3-6

公路等级	高速公路	一级	二级	三级	四级
一般地区(%)	8(10)		8		
积雪冰冻区(%)	6				
城镇区域(%)	4				

注:括号内数字表示高速公路和一级公路以中、小型客车通行为主时规定的最大值。

城市道路最大超高横坡度　　　　表 3-7

设计速度(km/h)	100,80	60,50	40,30,20
最大超高横坡度(%)	6	4	2

（六）加宽

车辆在曲线路段上行驶时,靠近曲线内侧后轮行驶的曲线半径最小,靠近曲线外侧的前轮行驶的曲线半径最大。为适应车辆在平曲线上行驶时后轮轨迹偏向曲线内侧的需要,平曲线内侧应相应增加的宽度称为曲线加宽,如图 3-15 所示。

一般情况下,当圆曲线的半径 R 小于或等于 250m 时,应在曲线的内侧设置加宽。设加宽值为 b,则内侧车道的加宽值为 $(1/2 \sim 2/3)b$。若受地形条件限制,方可在曲线两侧加宽。

直线路段上的不加宽到圆曲线路段上的全加宽,需要有一个逐渐变化的过程,这一过渡段称为加宽缓和段。加宽可以采用比例过渡、抛物线过渡和回旋线过渡的方式来处理,如图 3-16 所示,具体可分为不设缓和曲线和设置缓和曲线两种情况,图中 L_x 为任一点距过渡段起点的距离,b_x 为该处的加宽值。根据不同的情况,采用合适的方式进行过渡,使其既符合车辆的行驶轨迹、保证行车的顺适与线形的美观、有利于车辆平顺行驶,又改善了路容。

图 3-15 弯道加宽

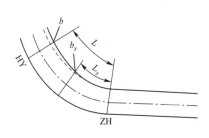
a) 设缓和曲线的弯道比例过渡

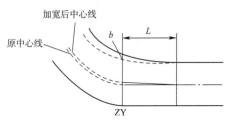
b) 不设缓和曲线的弯道比例过渡

图 3-16 加宽的过渡

二、道路纵断面线形

由于道路经过的地形是起伏不平的,纵断面线形反映了道路中线地面起伏和设计路线的坡度情况。纵断面线形要素主要包括表示道路前进方向上坡、下坡的纵向坡度和在两个坡段的转折处插入的两类竖曲线类型,纵断面线形要素构成见图3-17。

纵坡与竖曲线的设计,既要满足车辆行驶力学和安全的需要,又要满足驾驶员和乘客视觉上的舒适性,因此,纵断面线形的连续性非常重要。

(一)最大纵坡

车辆的爬坡能力是限定纵坡大小的主要因素之一。由于车辆的构造、性能、功率不同,其爬坡能力也不一样,在陡坡上行驶,必然导致车速降低,纵坡大小对载货汽车的影响比小轿车显著得多。若陡坡太长,车辆在爬坡上行时,水箱出现沸

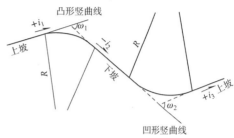

图3-17 纵断面线形要素
$+i$-上坡;$-i$-下坡;ω-纵断面的变坡角;
R-竖曲线半径

腾、汽阻现象,以致行车缓慢无力,机件磨损增大,甚至导致发动机熄火;或由于车辆轮胎与道路表面摩擦力不够而引起空转打滑,甚至有向后滑溜的危险。另外,车辆沿长陡坡下行时,由于需长时间减速、制动,制动器发热失效或烧坏,从而导致交通事故。因此,对于较大纵坡的坡度及坡长必须加以必要的限制和改造。

纵向坡度的标准值,要在经济容许的范围内,按尽可能较少地降低车辆速度的原则来确定。具体地说,纵向坡度的一般值,按小型客车大致以平均行车速度可以爬坡、普通载货汽车大致按设计速度的1/2速度能够爬坡的原则来确定。我国规定各级公路和城市道路的最大纵坡如表3-8、表3-9所示。

各级公路最大纵坡 表3-8

设计速度(km/h)	120	100	80	60	40	30	20
最大纵坡(%)	3	4	5	6	7	8	9

注:高速公路受地形条件或其他特殊情况限制时,经技术经济认证合理,最大纵坡可增加1%。

城市道路机动车道最大纵坡 表3-9

设计速度(km/h)		100	80	60	50	40	30	20
最大纵坡(%)	一般值	3	4	5	5.5	6	7	8
	极限值	4	5	6		7		8

(二)坡长限制

1. 最大坡长

在高速道路以及快慢车混合行驶的道路上坡度大、坡长过长会影响行车速度和通行能力,因此对纵坡长度也必须加以限制。各级公路和城市道路的最大纵坡限制的坡长见表3-10和表3-11。

各级公路纵坡最大坡长(m) 表3-10

设计速度(km/h)		120	100	80	60	40	30	20
纵坡坡度(%)	3	900	1000	1100	1200			
	4	700	800	900	1000	1100	1100	1200
	5		600	700	800	900	900	1000
	6			500	600	700	700	800
	7					500	500	600
	8					300	300	400
	9						200	300
	10							200

机动车道最大坡长 表3-11

设计速度(km/h)	100	80	60	60	60	50	50	50	40	40	40
纵坡坡度(%)	4	5	6	6.5	7	6	6.5	7	6.5	7	8
最大坡长(m)	700	600	400	350	300	350	300	250	300	250	200

2. 最小坡长

最小坡长的限制主要是从车辆行驶平顺性的要求考虑的。各级公路和城市道路的最小坡长见表3-12和表3-13。

各级公路纵坡最小坡长 表3-12

设计速度(km/h)	120	100	80	60	40	30	20
最小坡长(m)	300	250	200	150	120	100	60

城市道路机动车最小坡长 表3-13

设计速度(km/h)	100	80	60	50	40	30	20
最小坡长(m)	250	200	150	130	110	85	60

(三) 竖曲线

车辆在纵坡发生转折的地方行驶时,为了缓和在转为凹曲线行驶时的冲击,或在凸曲线处要保证一定的视距,必须在两个坡段之间插入一段曲线,这种曲线称为竖曲线,通常采用二次抛物线。

1. 竖曲线要素计算

图3-18为竖曲线要素示意图,ω 为纵断面的变坡角,L 为竖曲线长度,T 为竖曲线切线长度,E 为外距。

竖曲线要素计算公式:

竖曲线长

$$L = R\omega \quad (3-12)$$

切线长

$$T = \frac{L}{2} \quad (3-13)$$

外距

$$E = \frac{T^2}{2R} \tag{3-14}$$

竖距

$$h = \frac{x^2}{2R} \tag{3-15}$$

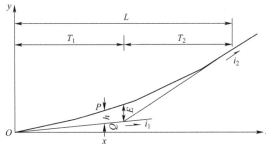

图 3-18　竖曲线要素示意图

2. 竖曲线最小半径

在纵断面设计中,竖曲线的设计受众多因素的限制,其中有 3 个限制因素决定着竖曲线的最小半径或最小长度。

1) 缓和冲击

车辆行驶在竖曲线上时,会产生径向离心力。此力在凹形竖曲线上是超重,在凸形竖曲线上是失重。这种超重与失重达到某种程度时,乘客就有不舒适的感觉,同时对车辆的悬挂系统也有不利影响,所以确定竖曲线半径时,对离心加速度要加以控制。

2) 时间行程不宜过短

车辆从直坡道行驶到竖曲线上,尽管竖曲线半径较大,如其长度过短,车辆会倏忽而过,乘客会感到不舒适。因此,应限制车辆在竖曲线上的行程时间,不宜过短,最短应满足 3s 行程。

3) 满足视距的要求

车辆行驶在凸形竖曲线上,如果半径太小,会阻挡驾驶员的视线。为了行车安全,对凸形竖曲线的最小半径或最小长度应加以限制。

当车辆行驶在凹形竖曲线上时,也同样存在视距问题。对地形起伏较大地区的道路,在夜间行车时,若竖曲线半径过小,前照灯照射距离近,影响行车速度和安全;在高速公路及城市道路上有许多跨线桥、门式交通标志及广告宣传牌等,如果它们正好处在凹形竖曲线上方,也会阻挡驾驶员的视线。

公路和城市机动车道竖曲线最小半径和最小长度见表 3-14 和表 3-15。

纵断面线形设计除考虑行车安全外,还应在视觉上获得圆顺的效果。视觉上的缺陷会给驾驶员的心理或知觉反应带来不利影响。如果纵坡坡度差相差过大,竖曲线半径较小,容易造成驾驶员视觉上的中断而无法预见来车,进而引起驾驶员心理紧张,甚至危及行车安全。因此,在纵坡设计中应综合考虑平纵曲线,避免纵断面凹凸反复、波浪起伏、中间暗凹的不利线形。一般小半径竖曲线的始末点不应设置在桥梁、立交、隧道的起终点以及较大的平面交叉口上,以利于行车安全。

公路竖曲线最小半径和最小长度　　　　表 3-14

设计速度(km/h)		120	100	80	60	40	30	20
凸形竖曲线半径(m)	一般值	17000	10000	4500	2000	700	400	200
	极限值	11000	6500	3000	1400	450	250	100
凹形竖曲线半径(m)	一般值	6000	4500	3000	1500	700	400	200
	极限值	4000	3000	2000	1000	450	250	100
竖曲线长度(m)	一般值	250	210	170	120	90	60	50
	极限值	100	85	70	50	35	25	20

机动车道竖曲线最小半径和最小长度　　　　表 3-15

设计速度(km/h)		100	80	60	50	40	30	20
凸形竖曲线半径(m)	一般值	10000	4500	1800	1350	600	400	150
	极限值	6500	3000	1200	900	400	250	100
凹形竖曲线半径(m)	一般值	4500	2700	1500	1050	700	400	150
	极限值	3000	1800	1000	700	450	250	100
竖曲线长度(m)	一般值	210	170	120	100	90	60	50
	极限值	85	70	50	40	35	25	20

（四）道路平、纵线形协调

道路线形是由直线和各种曲线连接而成的。在行车时，驾驶员需要观察前方的道路交通情况，以适应新的行车条件。由于驾驶员顺着直线或某种曲线扫视时，习惯使视线平顺地向前，因此，为保证行车安全，道路几何线形的组合应该自然流畅。如果道路几何线形组合部分的尺寸变化过大，驾驶员就会在驾驶车辆过程中缺乏足够的思想准备，容易造成交通事故。我国《公路路线设计规范》规定，设计速度大于或等于 60km/h 的公路线形设计，必须注重平、纵断面的合理组合，以及驾驶员对视觉和心理方面的要求。道路平、纵线形组合设计应遵循以下原则：

（1）在视觉上应能自然地引导驾驶员的视线，并保持视觉的连续性。任何使驾驶员感到茫然、迷惑和判断失误的线形，必须尽力避免。

（2）保持平、纵线形的技术指标均衡。这不仅影响线形的平顺性，而且与工程费用相关。对纵面线形反复起伏，在平面上采用高标准的线形是无意义的，反之亦然。

（3）选择组合得当的合成坡度，以利于路面排水和行车安全。

（4）注意与道路周围环境的配合，借以缓解驾驶员的疲劳和紧张程度。

三、视距

车辆运行时，应使驾驶员能够清楚地看到前方一定距离的道路，以便当发现路上的障碍物或迎面来车时，驾驶员能在一定车速下及时停止或避让，避免发生事故，这一段必需的行车最短距离称为行车视距。不良的视距是导致交通事故的一个因素，有足够的视距和清晰的视野,是保证车辆安全、快速的重要因素。

视距是道路几何设计的重要因素。路段的视距检查,应重点检查道路平面上的暗弯,即平曲线弯道内侧有无挖方边坡、树林、房屋、中央分隔带和隧道洞壁等阻碍驾驶员视线的平曲线,保证弯道内侧通视的区域,如图 3-19a)所示。

路段视距检查的方法是绘制包络线(或称"视距曲线"法),视距曲线是指驾驶员视点轨迹线每隔一定间隔绘出一系列与视线相切的外边缘线。如图 3-19b)所示,AB 是驾驶员试点轨迹线,从该轨迹上的不同位置引出一系列视线,其弧长等于视距 S,与这些视线相切的曲线(包络线)即为视距曲线。在视距曲线与轨迹线之间的空间范围内应保证通视,如有障碍物则要予以清除。

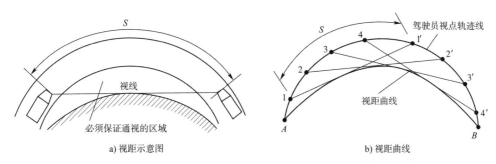

a) 视距示意图   b) 视距曲线

图 3-19 弯道内侧应保证通视的区域

道路平面上的视距可分为停车视距、会车视距、超车视距和错车视距。

(一)停车视距

停车视距是指驾驶员在离地面 1.2m 高处,看到前方路面上的障碍物开始制动至到达障碍物前完全停止所需的最短距离。一般在道路设计中,停车视距由 3 部分组成,即驾驶员在反应时间内行驶的距离 S_1、开始制动至停车的制动距离 S_2 和安全距离 S_0,如图 3-20 所示。

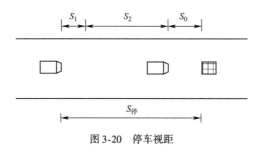

图 3-20 停车视距

反应距离是当驾驶员发现前方的阻碍物,经过判断决定采取制动措施的瞬间到制动器真正开始起作用的瞬间车辆所行驶的距离。在这段时间过程中,也可分为"感觉时间"和"反应时间"来分析并可用实验测定。感觉时间在很大程度上取决于物体的外形、颜色、驾驶员的视力和机敏度以及大气的可见度等。在高速行车时的感觉时间要比低速时短一些,这是由于高速行驶时警惕性会更高的缘故。根据测定的资料,公路设计上采用感觉时间为 1.5s,制动反应时间取 1.0s 是较适当的。感觉和制动反应的总时间一般在公路设计中取 $t=2.5s$。

设 v_0(km/h)为车辆的行驶速度,车轮在道路上的附着系数为 φ,则停车视距为:

$$S_T = S_1 + S_2 + S_0 = \frac{v_0}{3.6}t + \frac{\left(\frac{v_0}{3.6}\right)^2}{2g\phi} = \frac{v_0}{3.6} + \frac{v_0^2}{254\phi} + S_0 \tag{3-16}$$

式中:S_0——安全距离,一般取 5~10m。

我国《公路路线规范》和《城市路线规范》中对停车视距的规定见表3-16和表3-17。

公路停车视距　　　　　　　　　　　表3-16

设计速度(km/h)	120	100	80	60	40	30	20
停车视距(m)	210	160	110	75	40	30	20

注:积雪冰冻路段的停车视距宜适当增长。

城市道路停车视距　　　　　　　　表3-17

设计速度(km/h)	100	80	60	50	40	30	20
停车视距(m)	160	110	70	60	40	30	20

注:积雪冰冻路段的停车视距宜适当增长。

(二)会车视距

两辆车辆在同一车道上相向行驶,发现对向来车时无法避让或来不及错车,则只能采取制动使车辆在碰撞前完全停止的最短距离。会车视距一般为停车视距的两倍。会车视距由两相向行驶车辆的驾驶员反应距离(S_1、S_2)、制动距离($S_{制1}$、$S_{制2}$)和安全距离(S_0)组成,见图3-21。

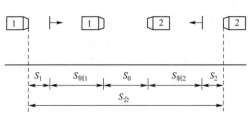

图3-21 会车视距

(三)超车视距

车辆越线到相邻车道超车时,驾驶员在开始离开原行车路线能看到相邻车道上对向驶来的车辆,以便在碰到对向驶来车辆之前能超越前车,并驶回原来车道所需的最短距离,称为超车视距,如图3-22所示。

超车视距由4个阶段组成,即后车加速进入对向车道的行驶距离 S_1;后车进入对向车道进行超车至超过前车又回到原车道上行驶的距离 S_2;超车完成后与对向来车的距离 S_3,一般取 30~100m;在超车过程中对向来车行驶的距离 S_4。

以上4个距离之和是比较理想的全超车过程,但距离较长,在地形比较复杂的地点很难实现。实际上所需的时间只考虑超车的车辆从完全进入对向车道,到超车结束所行驶的时间就可保证安全了。因为,尾随在慢车后面的快车驾驶员往往在未看到前面的安全区段就开始了超车操作,如果进入对向车道之后,发现迎面有车辆开来而超车距离不足时还来得及返回自己的车道。因此,对向车辆行驶时间大致为 t_2 的 2/3 即可。

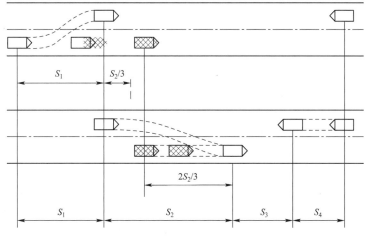

图 3-22 超车视距

(四)各级公路对视距的要求

在一条公路的车流中,经常会出现停车、会车和超车,特别是我国以混合交通为主的双车道公路上更是如此。在各种视距中,以超车视距为最长,如果所有暗弯和凸形变坡处都能保证超车视距的要求当然最好,但事实上是很难做到的,也是不经济的,故对于不同的公路按其实际需要作了不同的规定。

(1)各级公路的每条车道均应满足停车视距的要求。

(2)高速公路和一级公路应满足停车视距的要求。

(3)高速公路、一级公路以及大型车比例高的二、三级公路的下坡路段,应采用下坡段货车停车视距进行检验。

(4)具有干线功能的二级公路宜在 3min 的行车时间内,提供一次满足超车视距要求的路段,其他双车道公路要求,应根据需要并结合地形设置一定比例的路段保证超车视距。

四、平面交叉口

交叉口是道路网络中道路与道路、道路与铁路或道路与其他交通设施的交叉点,交叉路口和路段是道路的两个重要组成部分。由于相交道路上的各种车辆和行人均需汇集于交叉口后才能转向其他的道路,这时车辆和车辆之间、车辆和横过道路的行人之间相互干扰,降低行车速度,造成交通阻滞,容易产生交通事故。

在平面交叉口处,多个方向的交通流汇入,致使交通量大幅度增加,而且各方向行驶的车辆存在许多可能导致事故发生的潜在冲突点。在平面交叉口处,观察相交道路时,视线因建筑物遮挡等原因而受到影响,形成视线盲区;同样,相交道路上的车辆视线也受到阻碍,因此行车视距较低,这些原因都可能导致道路交通事故的增加。

(一)平面交叉的交通冲突

平面交叉路口的基本冲突可以分为交叉、合流与分流 3 种形式。

(1) 冲突点:交通流量从两个不同的方向进入交叉路口,然后按两个不同的方向离开交叉路口,这时一个方向的交通流与另一个方向的交通流产生一个交叉冲突点。

(2) 分流点:交通流由一个方向分成两个或两个以上不同方向的交通流。

(3) 合流点:两个或两个以上方向的交通流汇合成一个方向的交通流。

无交通管制时,3 路、4 路和 5 路交叉口的交错点分布情况如图 3-23 所示。

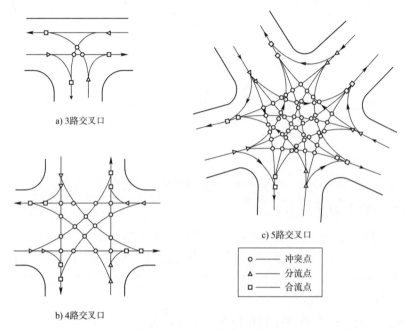

图 3-23 平面交叉口的交通特征点

在平面交叉路口,交通流的冲突点、合流点和分流点的数目随着交叉路口支数的增加而急剧增加,如表 3-18 所示。

平面交叉口交错点数量表　　　表 3-18

交叉口类型	交错点数量(个)			
	冲突点	分流点	合流点	总数
3 路交叉口	3	3	3	9
4 路交叉口	16	8	8	32
5 路交叉口	49	15	15	79
6 路交叉口	124	24	24	172

在表 3-18 中仅考虑了机动车交通流的交叉、合流与分流,未考虑非机动车与非机动车、非机动车与机动车以及非机动车与行人、机动车与行人的交叉、合流与分流。如考虑后者,则冲突点增多的幅度更大。

冲突车辆交通流的相对速度是引起冲突的主要因素。两个同方向、同速度的车辆,在交通流中发生冲突的可能性最小;两个反方向的车辆,在交通流中发生冲突的可能性最大。

(二)平面交叉口的类型及其适用条件

平面交叉口的形式取决于道路网的规划和周围建筑的情况,以及交通量、交通性质和交通组织。根据相交道路条件和交通管制方式的不同,有多种形式和不同分类:

1. 按相交道路条数分类

根据道路向交叉口汇集的条数划分为3路交叉、4路交叉和5路交叉等。一般称4条道路以上相交的交叉口为多路交叉,在设计和规划中应力求减少相交道路的条数,尽量避免5条或5条以上道路相交。

2. 按交叉口几何形状分类

根据交叉口的几何形状,常见的形式有十字形、T字形及其演变而来的X形、Y形、错位交叉和环形交叉等。

3. 按渠化交通的程度及类型分类

(1)加铺转角式:交叉口用适当半径的圆曲线平顺连接相交道路,如图3-24所示。

此类交叉口形式简单,占地少,造价低,设计方便,但行车速度低,通行能力小。适用于交通量小,车速低,转向车辆少的三、四级公路或地方道路,如果斜交不大时,也可用于转向交通量较小的主要道路与次要道路交叉。

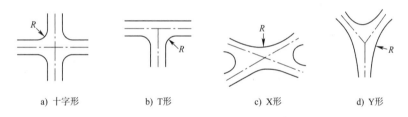

a) 十字形　　b) T形　　c) X形　　d) Y形

图3-24　加铺转角式交叉口

(2)扩宽路口式:为使转向车辆不影响其他车辆的正常行驶,在交叉口连接部增设加/减速车道和转向车道的平面交叉。

这种交叉可以单增右转或左转车道,也可以同时增设左、右转向车道,如图3-25所示。此类交叉口可减少转向交通对直行交通的干扰,车速较高,事故率低,通行能力大,但占地多,投资较大。适用于交通量较大、转向车辆较多的二级公路和城市主干路。

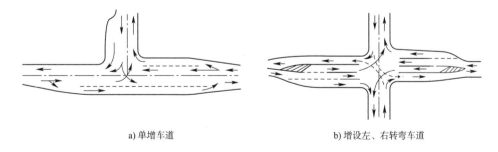

a) 单增车道　　　　　　　　b) 增设左、右转弯车道

图3-25　扩宽路口式交叉口

(3)分道转向式:通过设置分隔岛、导流岛、划分车道等措施,使单向右转或双向左、右转车流以较大半径分道行驶的平面交叉,如图3-26所示。

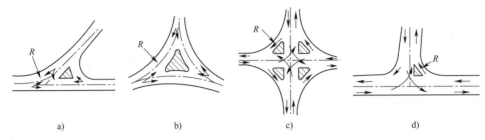

图 3-26 分道转向式交叉口

此类交叉口转向车辆,尤其是右转向车辆行驶速度和通行能力都较高。适用于车速较高,转向车辆较多的一般道路。

(4)环形交叉:环形交叉中央设置中心岛,用环道组织渠化交通,使进入环道的所有车辆都按逆时针方向绕岛单向行驶,直至所要去的路口离岛驶出的平面交叉,俗称"转盘"。

环形交叉适用于交通量适中,转向车辆较多且地形较平坦时的 3~5 路交叉。环形交叉的主要优点是驶入交叉口的各种车辆,按照逆时针方向环绕中心岛单向行驶,可连续不断地通行,避免了周期性的交叉阻滞。图 3-27 为环形交叉口示意图。

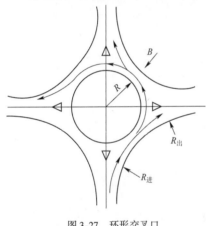

图 3-27 环形交叉口

环形交叉路口对左转向车辆不利,受环道上交织能力的限制,其通行能力不高。特别是具有大量非机动车交通和行人交通的交叉口不宜采用环形交叉。因为环形交叉不仅增加了大量非机动车和行人通过交叉口的行程,更重要的是,环道的外侧和进出口处将被大量车流和人流包围,使机动车进出环岛时遇到很大困难,影响车辆连续通过,造成交通阻塞,甚至发生交通事故。

4. 按交通控制方式分类

(1)无信号控制交叉:分为主路优先交叉和无优先交叉两类。主路优先交叉即当主次道路相交时,次要道路在交叉口入口处设置"让"或"停"交通标志;无优先交叉为当相同等级的道路相交时,在各路口均设置"让"或"停"交通标志。

(2)有信号控制交叉:一般当交叉口相交道路等级较高或交通量较大时,设置交通信号指挥车辆通过。

(三)交叉口的视距

为了保证交叉口上行车安全,驾驶员在进入交叉口前的一段距离内,应能看到相交道路上车辆的行驶情况,以便能及时采取措施顺利驶过交叉口或安全停车。这段必要的距离应该大于或等于停车视距 $S_{停}$。由相交道路上的停车视距所构成的三角形称为视距三角形或通视三角区。平面交叉口视距三角形范围内妨碍驾驶员视线的障碍物应清除,如图 3-28 所示的阴影部分。此时要移除影响视距的各种因素(包括树木、广告牌、交通标志灯),特别是对于不断生长的树木等植物要及时定期清理,保证视距三角形。

城郊公路,由于其两侧存在多个低等级道路(农耕道路)的接入口,农耕道路上的机动车和非机动车等交通行为多不规范,极易与城郊公路上的车辆发生冲突,因此,该交叉口也常是交通事故的多发点,各类车辆行驶到此处时,一定要注意观察。对于此类交叉口,要注意接入口的视距不良问题。同时,由于该交叉口处相交的低等级道路纵坡较大,为了保证交通安全,一般建议在临近交叉口的低等级道路设置变坡段(Lbp),变坡段长度一般为6~8m,该段纵坡设置为0~3%,如图3-29所示。

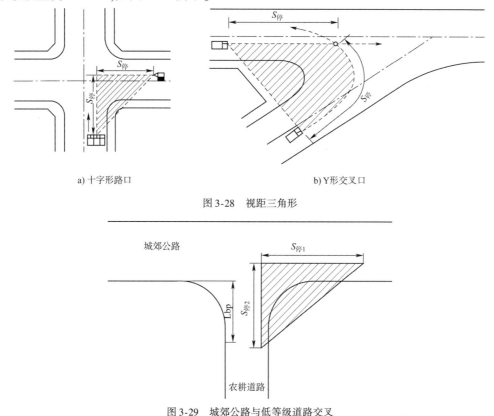

a) 十字形路口　　　　　　　　　b) Y形交叉口

图3-28　视距三角形

图3-29　城郊公路与低等级道路交叉

(四) 交叉口的渠化

通过在车道上划线,或利用绿化带和交通岛来分隔车流以及行人和非机动车,使各种不同类型和不同速度的车辆沿规定的方向互不干扰地行驶,这种交通组织称为渠化交通。渠化交通在一定条件下可以有效地提高道路通行能力,减少交通事故。

(1)利用分车线或分隔带、交通岛等,将不同方向和速度的车辆划分车道行驶,使行人和驾驶员容易看清互相行驶的方向,避免车辆相互侵占、抢占车道和干扰行车路线,减少车辆相互碰撞的机会,增加行车安全,如图3-30a)所示。

(2)利用交通岛,限制车辆行驶方向,使斜交对冲的车流为直角交叉或锐角交叉,如图3-30b)、c)所示。

(3)利用交通岛,限制车道宽度,控制车速,防止超车,如图3-30d)、e)所示。

(4)利用交通岛或分隔带,设置各种交通标志,并可作为行人过路时避让车辆的安全岛。

在交通量较大、车速较高的交叉口利用交通岛组织渠化交通,还需考虑设置变速车道和候驶车道,如图3-30f)所示,以利左转向车辆转向行驶的需要。

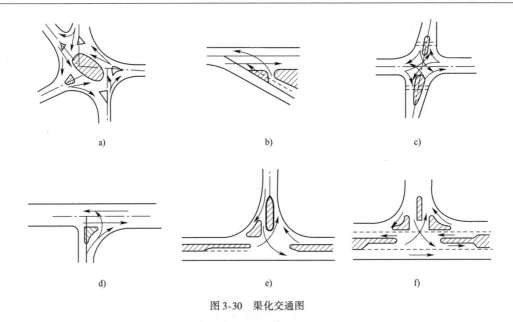

图 3-30 渠化交通图

五、横断面

道路的横断面是指沿道路宽度方向、垂直于道路中心线的断面。公路横断面一般包括行车道、路肩、分隔带、紧急停车带、爬坡车道、避险车道、变速车道等组成部分；城市道路横断面的组成包括道路建筑红线范围内的各种人工结构物，如机动车道、非机动车道、人行道、分隔带和绿化带等。道路横断面的有效设置，对于满足交通需要，保证交通运输的通畅和安全具有十分重要的意义。

（一）道路横断面形式

1. 公路横断面形式

公路横断面分为单幅双车道和双幅多车道两种类型。

1) 单幅双车道

单幅双车道公路是指整体式的供双向行车的双车道公路。这类公路在我国里程中占的比重最大，二级、三级和一部分四级公路均属这一类。在这种公路上行车，只要各行其道、视距良好，车速一般都不会受影响。但当交通量很大，非机动车混入率高、视距条件又差时，其车速和通行能力则大大降低。所以对混合行驶相互干扰较大的路段，可专设非机动车道和人行道，将机动车、非机动车及行人分开。

2) 双幅多车道

对于四车道、六车道和更多车道的公路，中间一般都设分隔带或做成分离式路基而构成"双幅"路，前者是用分隔带将上、下行车辆分开，后者是将上下行车道放在不同的平面上加以分隔。有些分离式路基为了利用地形或处于风景区等原因，可做成两条独立的单向双车道的道路，如图 3-31 所示。

双幅多车道公路的设计速度高、通行能力大，每条车道能担负的交通量比一条双车道公路的还多，而且行车舒适、事故率低。我国的高速公路和一级公路即属此种类型。高速公路和一级公路的主要差别在于是否全立交和全封闭,以及各种服务设施、安全设施、环境美化等方面的完备程度。图 3-32 为公路典型横断面布置图。

图 3-31 两条独立的单向行车的道路

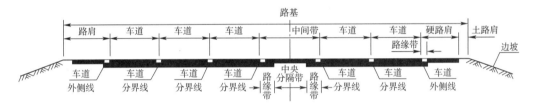

a) 高速公路、一级公路整体式横断面示意图

b) 二级公路、三级公路、四级公路横断面示意图

图 3-32 公路横断面布置图

3) 单车道

对交通量小、地形复杂、工程艰巨的山区公路或地方性道路,可采用单车道。此类公路虽然交通量很小,但仍然会出现错车和超车。为此,应在不大于 300m 的距离内选择有利地点设置错车道,使驾驶员能够看到相邻两错车道驶来的车辆。错车道处的路基宽度≥6.5m,有效长度≥20m,错车道的尺寸规定一般如图 3-33 所示。

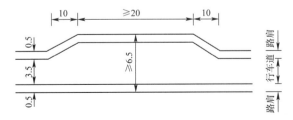

图 3-33 错车道布置(尺寸单位:m)

2. 城市道路横断面形式

城市道路的交通性质和组成比较复杂,突出表现为行人和各种非机动车较多。各种交通工具和行人的交通问题都需要在横断面设置中综合考虑予以解决。

城市道路横断面常见的形式有单幅路、双幅路、三幅路和四幅路等。

1)单幅路

该路俗称"一块板"断面,各种车辆在车道上混合行驶,其断面图如图 3-34 所示。在交通组织上可以有两种方式,一是具有快、慢车行驶分车线,快车和机动车辆在中间行驶,慢车和非机动车靠两侧行驶;二是不具有分车线,车道的使用可以在不影响安全的条件下予以调整。如只允许机动车辆沿同一方向行驶的"单行道";限制载货汽车和非机动车行驶,只允许小型客车和公共汽车通行的街道;限制各种机动车辆、只允许行人通行的"步行道"等。上述措施可以是相对不变的,也可以是按规定的周期进行变换。

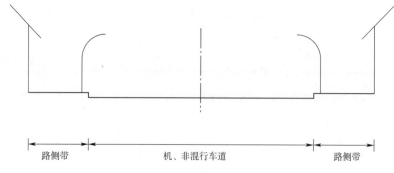

图 3-34 单幅路横断面图

单幅路占地少,投资省,但各种车辆混合行驶,对于交通安全不利,仅适用于机动车交通量不大且非机动车较少的次干路、支路以及用地不足、拆迁困难的旧城改建的城市道路。

2)双幅路

该路俗称"两块板"断面。在车道中心用分隔带或分隔墩将车行道分为两半,上、下行车辆分向行驶。各自再根据需要决定是否划分快、慢车道,如图 3-35 所示。

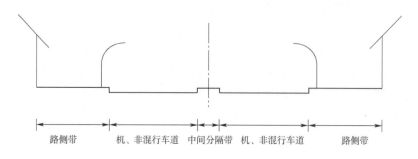

图 3-35 双幅路横断面图

双幅路断面将对向行驶的车辆分开,减少了行车干扰,提高了车速,分隔带上还可以用作绿化、布置照明和敷设管线等。双幅路主要用于各向两条机动车道以上,非机动车较少的道路。有平行道路可供非机动车通行的快速路和郊区道路以及横向高差大或地形特殊的路段亦在采用。

3) 三幅路

该路俗称"三块板"断面。中间为双向行驶的机动车道,两侧为靠右侧行驶的非机动车道,如图3-36所示。

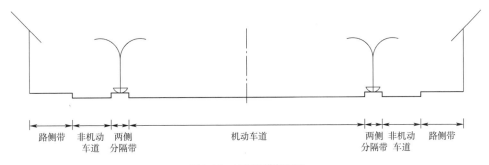

图 3-36　三幅路横断面图

三幅路将机动车与非机动车分开,对交通安全有利;在分隔带上布置绿化带,有利于夏天遮阴防晒,减少噪声和布置照明等。对于机动车交通量大、非机动车多的城市道路上一般优先考虑采用三幅路形式。但三幅式断面占地较多,一般只有当红线宽度等于或大于40m时才能满足车道布置的要求。

4) 四幅路

该路俗称"四块板"断面,在三幅路的基础上,再将中间机动车道分隔为二,分向行驶,如图3-37所示。

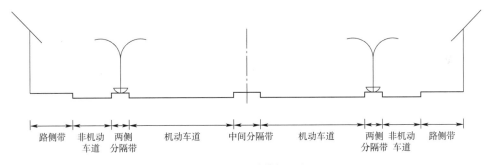

图 3-37　四幅路横断面图

四幅路不但将机动车和非机动车分开,还将对向行驶的机动车分开,从安全和车速方面比较,其比三幅路更为有利。常设置于机动车车速较快,各向两条机动车道以上,非机动车多的快速路与主干路。近年来因考虑沿线两侧进出交通的需求,在许多城市快速路或主干的两侧设置为"非机动车道 + 机动车道"的形式。

(二)路拱

为了利于路面横向排水,将路面做成由中央向两侧倾斜的拱形称为路拱。路拱对排水有利但对行车不利。路拱坡度所产生的水平分力增加了行车的不平稳性,同时也给乘客不舒适的感觉。当车辆在有水或者潮湿的路面上制动时还会增加侧向滑移的危险。对于不同类型的路面,由于其表面的平整度和透水性不同,再考虑当地的自然条件,须选用不同的路拱坡度,见表3-19。

路拱横坡度表(%)   表 3-19

路 面 类 型	路拱横坡度
水泥混凝土路面、沥青混凝土路面	1.0~2.0
其他黑色路面、整齐石块	1.5~2.5
半整齐石块、不整齐石块	2.0~3.0
碎、砾石等粒料路面	2.5~3.5
低级路面	3.0~4.0

  高速公路和一级公路由于其路面较宽,迅速排除路面积水尤为重要,所以当此种公路处于降雨强度较大的地区时,其路拱值应采用高值;而干旱、积雪、浮冰的地方,路拱坡度较小;纵坡大、路面宽、车速快、交通量大、拖挂车多的路面的路拱一般设计采用低值。

  分离式路基,每侧行车道可设置双向路拱,对排除路面积水有利。在降水量不大的地区也可采用单向横坡,并向路基外侧倾斜。但在积雪冻融地区,须设置有双向路拱。

  在小半径曲线设置有超高路段,路拱形式为外侧高、内侧低的单向横坡形式。

(三) 车道宽度与车道数

  我国《公路路线规范》规定,高速公路和一级公路车道数大于等于 4 条,二级公路和三级公路车道数为 2 条,四级公路分单车道和双车道,单车道为 1 条,双车道为 2 条。

  现行《公路路线规范》和《城市路线规范》规定的公路和城市道路车道宽度分别见表 3-20 和表 3-21。

各级公路车道宽度   表 3-20

设计速度(km/h)	120	100	80	60	40	30	20
车道宽度(m)	3.75	3.75	3.75	3.5	3.5	3.25	3.00(双车道)/3.50(单车道)

城市道路机动车道最小宽度   表 3-21

车型及车道类型	设计速度(km/h)	
	>60	≤60
大型车或混行车道(m)	3.75	3.50
小客车专用车道(m)	3.50	3.25

(四) 路肩

  路肩是指行车道外缘到路基边缘,具有一定宽度的带状部分。路肩既可起到保护路面的作用,又可作为行驶车辆的侧向余宽,也可供车辆临时停车,为公路其他设施提供场地。在我国混合交通条件下,路肩还可供行人、自行车、助力车等通行使用。

  路肩通常包括硬路肩、土路肩。硬路肩是指进行了铺装的路肩,常用于高速公路和一级公路,硬路肩宽度一般为 2.50m、3.00m 或 3.50m。土路肩是指不加铺装的路肩,宽度一般为 0.5m、0.75m,四级公路双车道土路肩宽度采用 0.25m。

(五) 分车带

  分车带是在道路上纵向分离不同类型、不同车速或不同行驶方向车辆的设施,以保证行车速度和行车安全,由分隔带和两侧路缘带组成,常用水泥混凝土路缘石围砌,也可用水泥混凝土隔离墩或铁栅栏,还可以在路面上划出白色或黄色标线。分车带对解决机动车与机动车、机动车与非机动车的分离,提高道路通行能力,保证交通安全具有十分重要的作用。按其在横断面上的不同位置与功能,分车带分为中间分车带(简称中间带)及两侧分车带(简称两侧带)。

1) 中间带

中间带又名中央分隔带,指高速公路、一级公路及城市双、四幅路的道路中间设置的分隔上下行交通的设施。中间带宽度随地形变化而灵活运用,不一定等宽,且两侧行车道也不一定等高,而与地形、景观相配合。中间带一般做成向中央倾斜的凹形。

中间带是公路的主要附属设施之一,其主要作用是隔离对向交通,使之不能随意穿越。道路中间带对道路的运营和安全及通向毗邻建筑物的左转出入口都有重要影响。

2) 两侧带

两侧带是布置在横断面两侧的分车带,其作用与中间带相同,只是设置的位置不同。两侧带常用于城市道路的横断面设计中,它可以分隔快车道与慢车道、机动车道与非机动车道、车行道与人行道等。

(六)爬坡车道与避险车道

爬坡车道是陡坡路段正线行车道上坡方向右侧增设的供载货汽车行驶的专用车道。避险车道是在长陡坡路段正线行车道下坡方向右侧为失控车辆增设的专用车道。

一般来讲,通过精选路线,最理想的路线纵断面本身应按不需要设置爬坡车道或避险车道,但这样往往会造成路线迂回或路基高填深挖而增大工程费用,在某些情况下采用稍大的坡度值而增设爬坡车道或避险车道会产生既经济又安全的效果。

1) 爬坡车道

在高速公路、一级公路和二级公路道路纵坡较大的路段上,载货汽车爬坡时需要克服较大的坡度阻力,使输出功率与车重之比降低,车速下降,载货汽车与小轿车的速度差变大,超车频率增加,事故率加大,对行车安全不利。速度差较大的车辆混合行驶,必将减小快车的行驶自由度,导致通行能力降低。为了消除上述不利影响,在陡坡段正线车道旁边加设一个辅助车道,即为爬坡车道,将速度慢的载货汽车从正线道路分离出来,以分流的形式维持正线车辆的正常行驶速度,各种大型车辆应注意使用爬坡车道。

爬坡车道横断面组成见图3-38。爬坡车道的宽度一般为3.5m,包括设于其左侧路缘带的宽度0.5m。爬坡车道的平面布置如图3-39所示。其总长度由分流渐变段长度、爬坡车道的长度和合流渐变段长度组成。

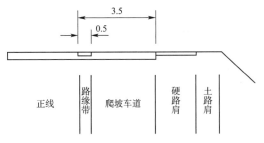

图3-38 爬坡车道横断面图组成(尺寸单位:m)

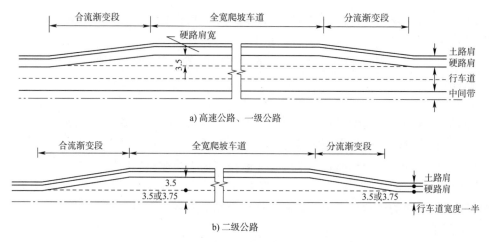

图 3-39　爬坡车道的平面布置(尺寸单位:m)

高速公路的爬坡车道可以占用原有的硬路肩宽度,爬坡车道的外侧一般只设土路肩。一级公路、二级公路的爬坡车道紧靠行车道外侧设置,原来的硬路肩部分移至爬坡车道的外侧,供混合车辆行驶。

2) 避险车道

在连续长陡下坡路段,重型车辆下坡时行驶速度较快,使制动次数增加,车辆制动器温度上升较快、较高,易发生制动效能严重降低而引起速度失控;此外,在长下坡路段较小半径平曲线前,重型车辆会因速度过快导致减速不及而使速度失控。在公路长陡下坡车辆速度若失控,易发生侧翻、冲出路基、撞击前方车辆等恶性交通事故,甚至造成车毁人亡。

若在长陡下坡路段适当位置设置避险车道,可以供速度失控车辆驶入,利用制动坡床的滚动阻力和坡度阻力迫使车辆减速停车,以避免或减轻车辆和人员损伤。避险车道主要由引道、制动车道、服务车道及辅助设施组成,如图 3-40 所示。

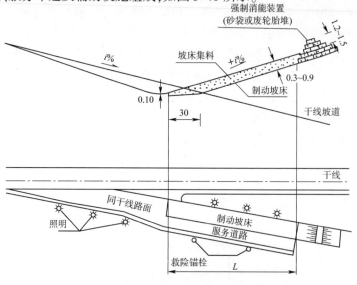

图 3-40　避险车道示意图(尺寸单位:m)

公路避险车道应合理的利用地形地物，一般布置在直线上，为使车辆能安全高速驶入，入口前要求视距良好，利于驾驶员准确驶入避险车道；若为平曲线路段，应设置在失控车辆不能安全转向的平曲线之前，确保安全、顺适驶出正线，避免急转向引起侧翻或从避险车道侧向冲出。

六、路基

路基是行车部分的基础，它是由土、石按照一定尺寸和结构要求建筑成带状的土工结构物。路基必须具有一定的力学强度和稳定性，以保证行车部分的稳定性和防止自然破坏力的损害。

一般路基通常指在良好的地质与水文等条件下，填方高度和挖方深度不超过路基设计规范允许范围的路基。通常认为一般路基可以结合当地的地形、地质情况，直接选用典型断面图或设计规定，不必进行个别论证和验算。对于超过规范规定的高填、深挖路基，以及地质和水文等条件特殊的路基，为确保路基具有足够的强度与稳定性、优选出经济合理的横断面，需要进行个别验算和设计。

（一）路基典型的横断面形式与设计要点

通常根据公路路线设计确定的路基横断面的典型形式，可归纳为路堤、路堑和填挖结合3种类型。路堤是指全部用岩土填筑而成的路基，路堑是指全部在天然地面开挖而成的路基，此两者是路基的基本类型。当天然地面横坡大，且路基较宽，需要一侧开挖而另一侧填筑时，为填挖结合路基，也称为半填半挖路基。在丘陵或山区公路上，填挖结合是路基横断面的主要形式。

（二）路基横断面组成

路基的几何尺寸由宽度 B、高度 h 和边坡 $m(n)$ 组成，路堤的边坡用 m 表示，路堑的边坡用 n 表示，一般路基的横断面组成见图3-41。

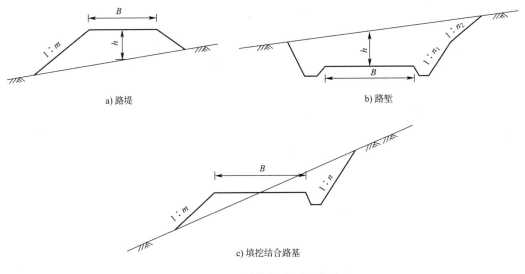

a) 路堤　　　　　　　　　b) 路堑

c) 填挖结合路基

图3-41　路基横断面组成示意图

路基宽度为行车道路面及其两侧路肩宽度之和,对于设有中间带、加/减速车道、爬坡车道、紧急停车带等的道路,均应包括在路基宽度范围内。

路基高度由路线纵断面设计确定,是指路堤的填筑高度和路堑的开挖深度。在公路上,由于路基较高,容易发生翻车事故,翻车事故所造成的死亡率高于道路交通事故的平均死亡率。

在设计道路时,为了尽量避免翻车事故发生的潜在可能性,应慎重考虑高路基的选取问题。因此在满足排水、防洪要求和最小路基高度规定时,尽量选择矮路堤,道路在山区穿行时也尽量走低线,以免发生车辆不慎冲出路基造成重大伤亡事故。在高路堤处和路线爬高后,在弯道、陡坡、交通量大的路段应采用加宽、错车和防护措施以策安全。

路基边坡是为了保证路基稳定,在路基两侧做成的具有一定坡度的坡面。路基的边坡坡度,可用边坡高度 h 与边坡宽度 B 之比表示,并取 $h=1$,通常用 $1:n$(路堑)或 $1:m$(路堤)表示其坡率,称为边坡坡率。

过陡的路基边坡是导致事故急剧增加的另一因素。对于路堤边坡,车辆在坡度大的陡坡上发生意外时,事故类型接近于坠车。如果减小坡度,使路基边坡变缓,发生事故的车辆可以沿缓坡行驶一段距离,减小冲击程度,从而减轻事故的严重性。如果采用矮路基或缓边坡,失去控制的车辆一般不会因为驶出路外而造成翻车,则事故的严重性也会降低。

路堑边坡一般因地制宜设置碎落台,为滚落的岩石提供安全净区,使其有利于车辆安全行驶,边坡的形状与边坡岩土的自然属性相一致,使公路尽可能融入自然环境,提高道路美感,减轻驾驶员心理压力,创造一个舒适、优美的行车环境。

七、路面

路面是在路基顶面的行车部分,是用各种混合料铺筑而成的层状结构物。路面结构长期承受车辆荷载、环境因素的直接作用,因此具有较高的要求。

(一)路面结构分层及层位功能

行车荷载和自然因素对路面的影响,随深度的增加而逐渐减弱。因此,对路面材料的强度、抗变形能力和稳定性的要求也随深度的增加而逐渐降低。为了适应这一特点,路面结构通常是分层铺筑,按照使用要求、受力状况、土基支承条件和自然因素影响程度的不同,分成若干层次。路面结构按照各个层位功能的不同,划分为3个层次,即面层、基层和垫层,如图3-42所示。

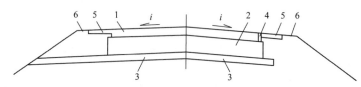

图 3-42 路面结构层次划分示意图

i-路拱横坡度;1-面层;2-基层;3-垫层;4-路缘石;5-加固路肩;6-土路肩

1. 面层

面层是直接同行车和大气接触的表面层次,它承受较大的行车荷载垂直力、水平力和冲击力的作用,同时还受到降水的侵蚀和气温变化的影响。因此,同其他层次相比,面层具备较高的结构强度,抗变形能力,较好的水稳定性和温度稳定性,而且耐磨,不透水;其表面还应有良好的抗滑性和平整度。

修筑面层所用的材料主要有:水泥混凝土、沥青混凝土、沥青碎(砾)石混合料、砂砾或碎石掺土或不掺土的混合料以及块料等。面层有时分两层或三层铺筑。

2. 基层

基层主要承受由面层传来的车辆荷载的垂直力,并扩散到下面的垫层和土基中去。实际上基层是路面结构中的承重层,它具有足够的强度和刚度,并具有良好的扩散应力的能力。基层表面虽不直接供车辆行驶,但仍然要求有较好的平整度,这是保证面层平整度的基本条件。

修筑基层的材料主要有各种结合料(如石灰、水泥或沥青等)稳定土或稳定碎(砾)石、贫水泥混凝土、天然砂砾、各种碎石或砾石、片石、块石,各种工业废渣(如煤渣、粉煤灰、矿渣、石灰渣等)和土、砂、石所组成的混合料等。当采用不同材料修筑基层时,基层的最下层称为底基层。

3. 垫层

垫层介于土基与基层之间,它的功能是改善土基的湿度和温度状况,以保证面层和基层的强度、刚度和稳定性不受土基水温状况变化所造成的不良影响。另一功能是将基层传递下来的车辆荷载应力加以扩散,以减小土基产生的应力和变形。同时也能阻止路基土挤入基层中,影响基层结构的性能。

修筑垫层的材料,强度要求不一定高,但水稳定性和隔温性能要好。常用的垫层材料分为两类,一类是由松散粒料(如砂、砾石、炉渣)等组成的透水性垫层;另一类是用水泥或石灰稳定土等修筑的稳定类垫层。

(二)路面分类

路面分类可以从不同角度来划分,一般按照面层所用的材料区分,主要有沥青类路面和水泥混凝土路面。

1. 沥青路面

沥青路面是用沥青做结合料黏结矿料修筑面层与各类基层所组成的路面。由于沥青路面使用沥青结合料,因而增强了矿料间的黏结力,提高了混合料的强度和稳定性,使路面的质量和耐久性都得到提高。沥青路面有一定的弹性和塑性能力,有良好的减振性,可使车辆快速行驶,平稳而低噪声。沥青路面与车辆轮胎的附着力较好,可保证行车安全。

2. 水泥混凝土路面

水泥混凝土路面主要指用水泥混凝土作面层的路面结构。水泥混凝土路面具有很高的抗压强度和较高的抗弯拉强度以及抗磨耗能力。水泥混凝土路面的水稳定性和热稳定性均较好,不存在沥青路面的"老化"现象。混凝土路面色泽鲜明,能见度好,对夜间行车有利。但是水泥混凝土路面有许多接缝,容易引起行车跳动,影响行车舒适性。

(三)路面表面性能

现代化道路运输,不仅要求道路能全天候通行车辆,而且要求车辆能以一定的速度,安全、舒适而经济的在道路上运行,要求路面应具有良好的使用性能,提供良好的行驶条件和服务水平。为了保证公路与城市道路最大限度地满足车辆运行的要求,提高车速、增强安全性和舒适性、降低运输成本和延长道路使用年限,要求路面具有较高的平整度和抗滑性。

1. 路面平整度

平整度是路面表面相对于真正平面的竖向偏差,是影响行车安全、行车舒适性以及运输效益的重要使用性能。当路面平整度较差时,行车阻力加大,车辆颠簸震动,直接影响行车平稳性、乘客舒适性、降低行车速度,容易导致事故的发生。

路面不平整主要表现在两方面:一是形成波浪或搓板;二是有坑槽或凸起。车辆在形成波浪或搓板的路面上行驶时,会出现上下起伏、摆动,造成驾驶员心理紧张,身体疲劳,容易出现操纵失误,车辆偏离正常轨迹,造成交通事故。车辆在通过有坑槽、凸起路段时,极易造成轮胎和钢板的突然损坏,导致车辆失控而诱发事故。

2. 路面抗滑性

路面抗滑性是指路面表面抗滑能力的大小。路面表面要求平整,但不宜光滑。为保证车辆安全行驶,路面必须具有较大的摩擦因数。干燥路面的摩擦因数比潮湿路面的摩擦因数高。车辆在光滑的路面上行驶,车轮与路面之间会缺乏足够的附着力和摩擦力,特别是道路表面潮湿或覆盖冰雪时,致使行车速度降低,燃料消耗增多,发生侧滑的危险性增大,在弯道、坡路和环形交叉处,容易发生滑溜事故。

对于城市道路的交叉口,由于车辆经常需要制动,一般要求路面具有较高的抗滑性能。对于高速公路,为减少高速行驶的车辆在雨天容易产生的滑溜或水漂现象,需要路面有较大的纹理深度。

八、交通设施

(一) 防眩设施

驾驶员在驾驶途中所获得的信息绝大多数是通过视觉获得的,因此,在行车过程中,能见度的大小直接影响到驾驶员对外界信息的感知,影响其做出正确的判断。夜间在公路上行驶的车辆会车时,其前照灯的强光会引起驾驶员眩目,致使驾驶员获得视觉信息的质量显著下降,造成驾驶员视觉机能的伤害和心理的不适,使驾驶员产生紧张和疲劳感,诱发交通事故。

防眩设施是在夜间行车时,为防止驾驶员受到对面来车的前照灯照射产生眩目,而在道路上设置的一种保证行车安全并提高行车舒适性的人工构造物,是一种安全防护设施。防眩设施既要有效地遮挡对向车辆前照灯的眩光,又要满足驾驶员横向通视性好、能看到斜前方、心理影响小的要求。无论白天或黑夜,对向车道的交通情况是行车的重要参照系,其中很重要的一点是驾驶员在夜间能通过对向车辆前照灯的光线判断两车的纵向距离,使其注意调整行驶状态。防眩设施不需要很大的遮光角即可获得良好的遮光效果。所以,防眩设施不一定把对向车灯的光线全部遮挡,而采用部分遮挡,即允许部分车灯光穿过防眩设施。

道路上设置的防眩设施形式有植树防护、网格状或栅栏式的防眩网、扇面式的防眩(栅)板或板条式的防眩板等。

1. 植树防护

中央分隔带植树原则上不属于防眩设施,但植树除了具有美化路容的功能外,也有防眩的作用,故植树也可以作为防眩设施的一种类型。所以,当中央分隔带的宽度满足植树需要时,可采用植树作为防眩设施,一般有间距型和密集型两种栽植方式。

2. 防眩栅(网)

防眩栅是将条状板材两端固定于横梁上,排列如百叶窗状,板条面倾斜迎向行车方向。根据有关实验测定,与道路成45°角时遮光效果较好。防眩网是将金属薄板切拉成具有菱形格状的网片,四角固定于边框上。

防眩栅(网)设置于分隔带中心位置,应装饰为深色,以利于吸收车辆前照灯灯光。为防止车辆冲撞,在起止两端的立柱上应贴敷红色或银白色反光标志,中间立柱顶上也需有银白色反光标志。中央分隔带很窄时,应防止防眩栅(网)倾倒对行车的影响,故应考虑立柱间隔、采用的形式等,保证稳定安全。设有防护栏的分隔带防眩栅(网)可与护栏结合设计,上部为防眩设施,下部为防护栏,护栏部分须装饰为明显的颜色,以引起驾驶员的注意。

3. 防眩板

防眩板是以方形型钢作为纵向骨架,把一定厚度、宽度的板条按一定间隔固定在方形型钢上而形成的一种防眩结构。其主要优点有对风阻挡小、不易引起积雪、美观经济和对驾驶员心理影响小等。

(二) 护栏

护栏是防止车辆驶出路外或闯入对向车道而沿着道路路基边缘或中央分隔带设置的一种安全防护设施,在高等级公路和城市道路上有着广泛的应用,是一种重要的交通安全设施。

护栏的防撞机理是通过护栏和车辆的弹塑性变形、摩擦、车体变位来吸收车辆碰撞能量,从而达到保护车内人员生命安全的目的。因此,从某种程度上说,护栏是一种"被动"的交通安全设施。同时护栏还具有诱导驾驶员视线、限制行人横穿等功能。护栏形式的选择应经济合理、安全可靠和美观大方。而且,不同形式、不同刚度的护栏之间应进行过渡处理,以保持护栏强度的连续性,防止事故车辆在护栏不连续的地方穿过。

1. 路侧护栏

路侧护栏是设置在道路两侧路肩上的护栏,用于防止失控车辆越出路外,碰撞路边障碍物和其他设施。护栏的形式应针对道路的具体情况,一般采用波形梁护栏、管梁护栏、箱梁护栏、绳索护栏及混凝土护栏等。现在往往由于投资建设期资金短缺等原因,路侧护栏设置数量较少,尤其是三、四级公路在一些需要设置护栏的路段,却没有设置护栏,带来一定的事故隐患。

2. 中央分隔带护栏

中央分隔带护栏是设置于道路中间带内的护栏,具有分隔车流、引导车辆行驶、保证行车安全的作用。中央分隔带护栏应能满足防撞(即车辆碰撞)、防跨(即行人跨越)的功能,通常采用较高的栏式缘石形式、混凝土隔离墩式或金属材料栅栏式。中央分隔带护栏常见的设置方法有两种:一种沿道路中线设置在高等级公路中线两侧,以波形梁为主;另一种设置在道路中心线的中间位置,以混凝土护栏为主。

3. 人行道护栏

人行道护栏是设置城市道路上交通量大、人车需要严格分流、车辆驶出行车道将严重威胁行人安全、防止行人跌落等路段上用以保护行人安全的一种护栏形式。也可以控制行人任意横穿道路，以及防止行人走上行车道。一般情况下，行人护栏在结构上不考虑车辆碰撞问题，多采用管或网材等制成。

4. 桥梁护栏

桥梁护栏或栏杆是设置于桥梁上的一种安全设施，要求坚固，适当注意美观，并注意做好桥梁和路基之间过渡段的协调。桥梁护栏的主要性能是可防止车辆突破、下穿或翻越桥梁，而桥梁栏杆是一种可防止行人和非机动车掉入桥下的装饰性结构物。桥梁护栏或栏杆常采用钢筋混凝土或钢管、花岗岩石料等制成。

5. 墙式护栏

在地形险峻路段的路肩挡土墙顶或岩石路基边缘上设置的整体式安全墙，是用片(块)石(干)砌或混凝土浇筑而成的安全设施，其作用是引起驾驶员警惕，防止车辆驶出路肩。若墙身为间断式，则称为墩柱式护栏或护栏墩；若墙顶有柱，则称横式护栏柱。

6. 护柱

护柱也叫警示墩，是在急坡、陡坡、悬崖、桥头、高路基处，靠近道路边缘设置的诱导视线的安全设施，以诱导驾驶员的视线，引起其警惕。护柱一般用木、石或钢筋混凝土制成，外表涂以红白相间的颜色。

九、路侧交通安全

路侧作为道路交通环境的一部分，相对于线形等其他因素更为复杂。保证路侧安全的目的是为驶离路面的车辆提供合理的机会，使其重新找到并返回路面，或找到相对安全的停靠点。因此，科学地进行路侧安全设计，对于减少由于车辆冲出路外引起的路侧交通事故具有重要意义。

(一)路侧净区的概念

路侧安全设计是指对道路行车道以外空间的安全设计，即路侧安全净区为路面边缘以外到路权界限的区域。要求路侧区域内不得有任何危险物，该区域能确保驶出路外的车辆不发生翻车与碰撞的危险，驶出车辆能够在净区内无障碍行驶并返回行车道。

路侧净区是一种理想的路侧安全环境，是路侧安全设计的一种追求。设计路侧净区是减少路侧事故次数，特别是降低二次事故的危害程度的有效方法，也是降低路侧事故严重程度最为理想的对策，路侧安全净区的设置如图3-43所示。由于必需的路侧安全净区内有一部分为不可恢复的边坡(图3-43中阴影部分)，因此需要附加的停车净区，其宽度等于阴影部分的面积。

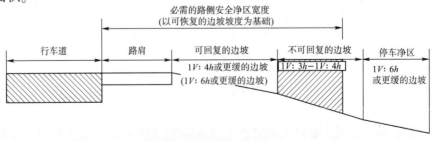

图3-43 路侧安全净区示意图

(二)路侧安全设计理念和方法

路侧安全设计应从保障路侧安全净区,合理设置护栏,对保证路肩、边坡、边沟及路侧危险物的妥善处理等来对路侧进行安全设计,提高路侧安全。

1. 路肩

合理的路肩设计能够降低路侧的交通事故发生率。路肩包括硬路肩和土路肩,硬路肩应具有足够的宽度保证其功能的充分发挥,设置一定宽度的硬路肩能有效降低单车冲出行车道的交通事故和车辆正面碰撞事故;土路肩除保护路面和路基的作用外,还提供侧向余宽,对路侧安全有着重要影响。土路肩表面应采用植草、空心混凝土预制块加植草等方式进行适当加固,以防止表面产生冲刷。

2. 边坡

路侧安全净区设计理念要求边坡在设计时,应尽量使其有利于车辆的安全行驶,当路侧有一定的宽度净区、填土高度较低时,可适当放缓边坡,使车辆驶出路外时顺着坡面下滑,降低翻车的可能性。

3. 边沟

边沟设置于低矮填方路堤的坡脚处或挖方路堑的路肩边,是公路的重要排水结构物,它对于及时排除路面积水,保障雨天行车安全具有重要意义。

边沟位于路侧净区内,不合理的边沟设计很可能使注意力不集中的驾驶员和疲劳驾车的驾驶员掉入沟内,引起车辆侧翻,造成严重后果。因此,预防或减少此类交通事故发生的有效措施为宽容性的边沟设计。

宽容性边沟形式是相对于传统梯形边沟、矩形边沟而言的,例如浅碟形边沟。浅碟形边沟汇水能力相对较小,但其坡度较缓,能使失控车辆安全地逾越。在某些浅挖路段,可以采用预制的混凝土浅蝶形边沟,这样车辆不会陷入其内,增大了路侧空间。图 3-44 为浅碟形边沟示意图。

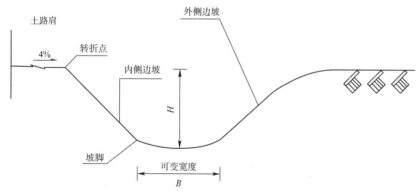

图 3-44 浅碟形边沟设计示意图

4. 路侧危险物

它是指处于路侧净区内的、对驶入车辆构成威胁的物体。路侧危险物的范围很广,通常情况下包括路侧树木、公共设施标杆、交通标志及各种堆放物等。对路侧危险物的安全处理主要是通过去除或移位来进行的。

路侧绿化设施的目的是为了美化环境,但是路侧树木一定程度上又给车辆带来威胁。

树木离车行道越近,车辆越容易擦碰到。从保护行车安全与环境和谐的角度出发,紧邻车道一定区域内的路侧树木适宜整体移植到确保不会影响行车安全的区域内。

公共设施标杆通常有电线杆、通信线缆杆、照明灯柱等,各种标杆材料不同,一般有木质、混凝土、钢材等。这些设施标杆与路侧树木一样,当距离行车道过近时,将严重影响到行车安全,而且标杆材料比树木坚硬,造成的危害将更大。

交通标志是道路旁边不可缺少的一种安全设施。但是交通标志设置不当将导致道路交通的不安全。避免交通标志变成不安全的设施,一是在不影响视认性的前提下尽量远离车行道,二是交通标志设置时可以采用新型材料,以便减轻自重、提高机械性能。

在很多道路的路侧安全净区内都存在堆放杂物的现象,不管是临时的还是永久的,对道路交通安全百害而无一利。这些堆放物不仅可能影响到行车视距,更可能使冲出路外的车辆发生碰撞、倾覆,一旦事故发生后果将极其严重。因此,应及时对已经堆放的杂物进行移走处置,减少安全隐患。

5. 路侧护栏

护栏在道路上有着广泛的应用,护栏的防撞机理是通过护栏和车辆的弹塑性变形、摩擦、车体变位来吸收车辆碰撞能量,从而达到保护车内人员生命安全的目的。

在路侧净区不足或净区内有无法移除的障碍物而不得不设置护栏时,应根据路侧危险程度、事故率、行车速度等主要因素设置护栏并确定其防撞等级。护栏应与周边环境景观相协调,避免盲目设防、过度设防,最大限度减少工程对环境和景观的破坏。

护栏端部如果未经处理,车辆碰撞后会由于在极短的时间内突然停止,巨大的加速度可能对车辆和乘客造成极大的伤害,同时护栏的端部很可能切入车窗内或使车辆失控后翻车,导致严重后果。因此,需要对护栏端部进行处理、消能来逐渐缓冲减速。图 3-45 为波形护栏常用的外八字护栏端部设置实例。

图 3-45　波形护栏外八字端部设置实例

不同形式、不同刚度的护栏之间应进行过渡处理,以保持护栏强度的连续性,防止事故车辆在护栏不连续的地方穿过,通过过渡段的设置可保证护栏整体刚度的逐渐过渡,避免大刚度护栏成为路侧障碍物。

另外由于桥梁护栏和路基护栏往往不连续,设计时需要进行过渡处理才能使两者强度协调,外形美观。

第二节 气候环境

恶劣的天气可能降低车辆轮胎与地面的摩擦力、影响驾驶员视距、增加驾驶员紧张感,降低交通安全性。

一、雨天行车的交通安全

降雨是最常见的天气现象之一,由降雨引发的交通事故也最为普遍。据国外研究所得出结论,雨中行车比在干燥路面上行车增大2～3倍的危险。

(1)雨天环境下,驾驶员视线容易受阻,给行车安全带来困难。下小雨时,空气水平能见度低;狂风骤雨时,驾驶员的视野受到刮水器运动范围的限制,前风窗玻璃和侧后视镜附着雨水也会影响驾驶员清晰观察路侧环境,这种情况导致驾驶员不能及时发现障碍物而引发碰撞事故。此外在交叉口上,车辆左转时,驾驶员容易忽略前照灯照射范围外的行人,也可能诱发事故。

(2)雨水作用导致路面摩擦因数降低是雨天道路交通安全性较低的关键,路面潮湿或积水都会影响路面摩擦因数。路面潮湿时,表面上有一层很薄的水膜,使轮胎与路面和路面材料之间隔着一层"润滑剂",水膜将路面上的微小坑洼填平,使轮胎与地面的接触面积大幅降低。表3-22列出了不同车速在晴天、雨天条件下的制动距离。

不同车速在晴天、雨天条件下的制动距离(m) 表3-22

车速(km/h)	50	60	70	80	90	100	110
干燥沥青路面	12.3	17.8	24.0	31.5	39.9	49.2	59.5
湿润沥青路面	24.6	35.5	48.2	63.0	79.7	98.4	119.1

与在干燥的路面相比,在湿润路面上行驶的车辆的制动距离更长,因此驾驶员遇到意外情况突然停车时,容易发生追尾事故;且由于车辆轮胎的横向摩擦减小,在弯道处,在离心力的作用下,车辆容易产生滑移与对向车道上的车辆发生正面碰撞。

(3)阴雨绵绵比暴雨更具危险性,一方面是驾驶员对小雨不会引起足够的重视,而在暴雨中行车时,会本能地注意到危险而集中精神,进而控制车速;另一方面,小雨中轮胎与路面的摩擦因数比暴雨中的小,车辆在小雨中的路面上行驶更容易打滑。

二、雾天行车的交通安全

在雾天条件下,车辆在高速行驶时容易发生追尾,酿成重大交通事故。雾天对行车产生的影响表现在以下几方面:

(1)雾天环境下,能见度降低,视线障碍大,驾驶员可视距离大大缩短,同时,雾天会使光线散漫,并吸收光线,致使事物的亮度下降,可变信息标志、标志标线及其他交通安全设施的辨别效果较差,无法保持前后车辆的最短安全距离,驾驶员的观察和判断能力受到严重影响,尤其是浓雾天气和雾带(或团雾)的出现,极易引发连锁追尾相撞事故。表3-23列出了高速公路上雾况与视距关系。

高速公路雾况与视距关系　　　　　　　　表 3-23

种　类	视距(m)	种　类	视距(m)
淡雾	300~500	特浓雾	<50
浓雾	50~150		

(2)雾天环境下,雾水与积灰、尘土混合,导致轮胎与路面的附着系数减小,特别是北方冬季,冰雾在道路表面形成一层薄冰,使附着系数下降更为明显,从而导致制动距离延长、行驶打滑、制动跑偏等现象发生。

(3)由于大雾影响,驾驶员心理容易紧张,而且在大雾中快速行驶的驾驶员常常认为车速很慢,一旦发生意外,驾驶员很难做出正确判断,采取措施不当,引发交通事故。

三、冰雪天行车的交通安全

冰雪天气给人们出行带来极大不便,积雪和冰冻严重危害桥梁等结构物,给交通安全带来隐患。

(1)积雪和低温易导致车辆零件冰冻,引发故障,冰雪堆积使路面变滑,车辆转向及制动的稳定性下降,使控制车辆难度增大,驾驶员操纵困难。据英国的气象条件与交通事故资料统计,雪天高速公路事故发生率是正常天气下干燥路面的5倍,结冰时事故发生率是干燥路面的8倍。

(2)在冰雪天气下,路面附着系数仅为正常干燥路面附着系数的1/8~1/4,车速越高,路面附着系数越小,车辆制动距离增大,制动困难,对行车安全威胁极大。表 3-24 列出了不同车速在正常天气、冰雪条件下的制动距离。

不同车速在正常天气、冰雪天条件下的制动距离(m)　　　表 3-24

车速(km/h)	50	60	70	80	90	100	110
干燥沥青路面	12.3	17.8	24.0	31.5	39.9	49.2	59.5
冰雪沥青路面	49.2	71.0	95.5	126.0	150.0	196.9	238.2

(3)冰雪降低公路的通行能力,当冰雪厚度达到一定大小时,会阻碍车辆通行,严重时甚至发生雪崩、雪阻,使交通完全中断;飘雪导致能见度降低;雪花也会覆盖交通标志板面,使标志失去作用。

(4)当雪后天晴时,由于积雪对阳光的强烈反射作用,驾驶员会产生眩目,即雪盲现象,使其视力下降,成为安全行车的潜在危险。

第三节　视　觉　环　境

在驾驶员感知系统中,视觉占主导地位。据研究,在行车过程中,80%~90%的信息是靠视觉获得的。驾驶员主要通过视觉获取交通环境信息,然后对其危险性进行判断、决策、操作。因此了解人的视觉系统,对设计出适合驾驶员视觉特征的驾驶环境、提高驾驶员的驾驶安全性有很大的意义。本节对人眼视觉机能、视觉环境及其对驾驶员的影响做简要概述,视觉与交通事故致因的关系详见第五章第三节。

一、视觉机能及其特征

(一)视觉系统

人的视觉系统由眼睛、视神经和视觉中枢等组成。视觉是由眼睛、视神经和视觉中枢的共同活动完成。眼睛是视觉的感受器官,人眼是直径为 21~25mm 的球体,其基本构造与照相机相类似,如图 3-46 所示。

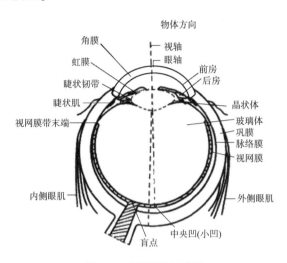

图 3-46 眼睛结构示意图

(二)视觉机能

1. 视角和视力

视角是确定被看物体尺寸范围的两端点光线射入眼球的相交角度,如图 3-47 所示。

视角计算公式

$$\alpha = 2\arctan\left(\frac{D}{2L}\right) \quad (3-17)$$

式中:α——视角(°);

　　D——被看到物体上下两端的直线距离(cm);

　　L——眼睛到被看物体的距离(cm)。

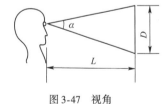

图 3-47 视角

眼睛能分辨被看物体最近两点的视角称为临界视角。

视力是眼睛辨别物体细节特征的能力,也称为视敏度。视力的强弱通常用可辨视角的倒数来衡量。视力随照度、背景亮度和物体与背景的对比度的增加而增大,随年龄的增加而下降。

2. 视野与视距

视野是指当头部与眼球固定不动时,眼睛注视正前方所能看见的空间范围,或称静视野。眼球自由转动时能看到的空间范围称为动视野。正常人两眼的视野如图 3-48 所示。

色觉视野是指各种颜色在一定的背景条件下,人眼所能看到的最大空间范围。人眼的视网膜可以辨别波长不同的光波。由于可见光谱中各种颜色的波长不同,对人眼的刺激不同,人眼的色觉视野也不同。图3-49是人眼对不同颜色的视野,由图3-49可知,人眼对白色的视野最大,对黄色、蓝色、红色的视野依次减小,而对绿色的视野最小。色觉视野还受背景颜色的影响。表3-25是黑色背景上的色觉视野。

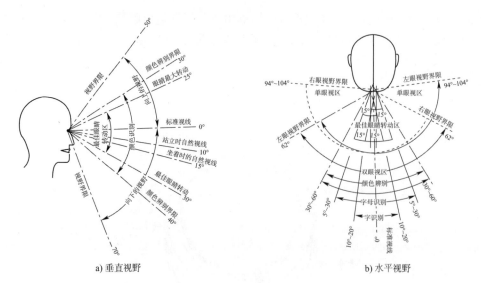

a) 垂直视野　　　　　　　　　　　　　b) 水平视野

图3-48 人的垂直视野和水平视野

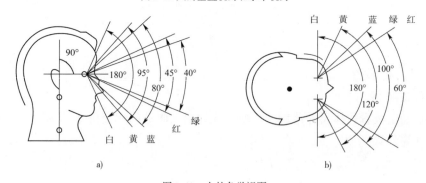

图3-49 人的色觉视野

黑色背景上几种色觉视野　　　　　　　　　　表3-25

视野方向	视野(°)			
	白色	蓝色	红色	绿色
从中心向外侧(水平方向)	90	80	65	48
从中心向内侧(水平靠鼻侧)	60	50	35	25
从中心向上(垂直方向)	75	60	42	28
从中心向下(垂直方向)	50	40	25	15

(三) 常见的视觉现象

1. 明暗适应

人从明亮的环境进入黑暗环境时,视觉逐步适应黑暗环境的过程称为暗适应,如隧道入口段。与之相反的是明适应,即人从黑暗的环境进入明亮的环境,刚开始人眼不能辨别物体,要经过几十秒的时间才能逐步看清物体,如隧道出口段。急剧和频繁的适应易造成视疲劳,影响驾驶安全。明暗适过程应见图 3-50。

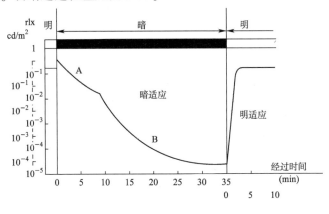

图 3-50　明暗适应过程

另外,人眼还有色彩适应。当人第一眼看到鲜艳的色彩时,感觉它艳丽夺目。但经过一段时间后,鲜艳感会逐渐减弱,说明已经对这种色彩开始适应。

2. 眩光

眩光是指视野中由于不适宜亮度分布,或在空间或在时间上存在极端的亮度对比,以致引起视觉不舒适和降低物体可见度的视觉条件。所有耀眼和刺眼的强烈光线都叫眩光。眩光干扰视线,使可见度降低,并使眼睛疲劳、不适等;使人的视力下降,注意力分散,产生不适,因而直接影响视觉辨认。限制和避免眩光的主要措施有:减少光源的亮度、调节光源的位置与角度、提高眩光光源周围空间的亮度等。

3. 视错觉

视错觉是知觉判断的视觉经验同所观察物实际特征之间存在着矛盾,即当人观察物体时,基于经验主义或不当的参照形成的错误的判断和感知,观察者在客观因素干扰下或者自身的心理因素支配下,对图形产生的与客观事实不相符的错误的感觉。在公路交叉口交通安全改造中,可探讨运用图 3-51d)所示的佐尔纳错觉的平行线被斜线分割后,两条平行线(可视为行车道地面标线)间距在视觉上宽窄不同的原理,对交叉口进口道地面标线进行交通设计。

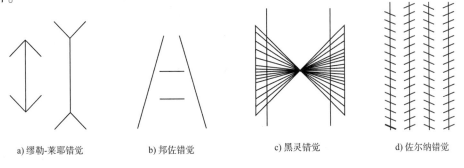

a) 缪勒-莱耶错觉　　b) 邦佐错觉　　c) 黑灵错觉　　d) 佐尔纳错觉

图 3-51　典型的几组视错觉图

二、视觉环境

(一)视觉环境

视觉环境主要指人们生活工作中带有视觉因素的环境问题,主要分为两个问题:一是视觉陈示问题,二是光环境问题。

视觉陈示是指各种视觉信息通过一定的形式陈列显示出来。视觉陈示顾名思义即是以视觉为感觉方式的形式来传递各种信息。视觉是人们与周围环境接触的主要方式,生活中大量的信息都通过眼睛传递给我们的大脑,然而这大量的信息并不是都对人有用,如何根据眼睛的特征,使需要的信息更容易被视觉接收、接收的更准确,这是视觉陈示研究的问题。如交通标志采用何种形式更好,哪种光适合作夜间标志,标志的大小尺寸如何等。

光环境在人们生活和工作中起着非常重要的作用。光线的来源有两种,自然采光和人工照明。天然采光与人工照明不同,且主要是建筑上的问题。照明设计的好坏对工作和生活的影响很大。因现代建筑的内部空间越来越复杂,因此完全采用天然采光已不可能。因此光环境的设计得更显重要。光环境设计时需考虑的要素如下:

(1)适当的亮度。
(2)工作位置的照明。
(3)工作位置和背景的亮度差。
(4)避免眩光和阴影。
(5)明暗适应过程。

(二)道路视觉环境

道路视觉环境是指驾驶员在行车中所看到的一切外部环境,包括道路本身的线形及设施、周围的山川、建筑、其他车辆等。驾驶作业环境可分为内部环境和外部环境。驾驶员与所驾车辆为内部环境,其他则是外部环境。

三、道路视觉环境对驾驶员的影响

(一)道路本身及交通设施对驾驶员的影响

道路是与交通安全密切相关的一个重要因素。道路对交通安全的影响表现在道路的发展以及道路网络的建设是否与人民的生活水平、生活习惯以及社会的经济发展相适应。其次是道路管理设施与交通控制设施是否科学合理。再次是道路设计对交通安全的影响。往往有一些道路,因其设计不合理,驾驶员容易产生错误的判断,造成交通事故。如高速公路直线过长,容易使驾驶员疲劳,弯道与坡度不合理的搭配都可能引发交通事故。

实际上,良好的道路线形、平整而坚固的路基路面和视线清晰的渠化交叉口等,能为交通参与者尤其是驾驶员提供安全通行的可靠条件;而不良的道路线形、缺乏渠化和控制不完善的交叉口及有缺陷的附属设施等,常常是导致事故多发的隐患。

(二)道路景观对驾驶员的影响

在道路交通系统中,驾驶员虽是影响道路交通安全的最活跃的因素,但就驾驶过程而言,驾驶员的任何主动行为都时刻受到车辆、道路因素的作用与约束。道路景观是道路交通环境的重要组成部分,直接影响到驾驶员的驾驶状况和驾驶心理,对交通安全起着重要的作用。

良好的道路景观不仅要考虑景观美化功能,还要通过有效设计,加强驾驶员的视线诱导,减轻驾驶员疲劳感,提高驾驶员驾驶安全。富有节律感、多变性的良好景观,可以使驾驶员产生愉悦的心理,有效缓解不良反应,消除紧张和疲劳,也可以起到遮光防眩,提高行车安全的目的。

道路景观设计的首要原则就是充分考虑行车视距,满足交通安全的需要。利用植物引导视线的功能,设计出具有引导作用的植物空间,如在弯道外侧,利用现有道路绿化成果,并与现有绿化以及道路整体环境融为一体。其次道路景观通过道路两侧的绿化、建筑布局、建筑风格、色彩及道路环境设施等的延续设计来实现视觉的连续性。

第四节 声 环 境

一、基础知识

(一)声压级(Sound Pressure Level, SPL)

声压级(单位:分贝,dB)是衡量声音大小的一个物理量指标。由声压的有效值(均方根值)与基准声压之比取对数获得。具体计算如下

$$\text{SPL} = 20\lg\left(\frac{P}{P_0}\right) \tag{3-18}$$

式中:P_0——基准声压,2×10^{-5} Pa(Pa,N/m^2);

P——声压的有效值。

(二)声强与声强级

声强 I 即单位面积所通过的声功率(W/m^2)

$$I = \frac{P^2}{\rho c} \tag{3-19}$$

式中:ρ——空气密度(kg/m^3);

P——声压(N/m^2);

c——音速(m/s)。

根据实验,对1000Hz附近的声波,人耳可听声强为10^{-12} W/m^2,将其实为基准声强,用符号 I_0 表示。

声强的数学表达式为

$$L_1 = 10\lg\left(\frac{I}{I_0}\right) \approx 20\lg\left(\frac{P}{P_0}\right) \tag{3-20}$$

(三)响度及响度级

1. 响度级

声音的响亮程度与人的主观感觉有关,即使声压级(物理量)相同的两个噪声,如果其频率不同,人感觉的响度就不同。因此响度级是把频率和声压级统一起来,既考虑声音的物理

效应,又考虑声音对人的心理效应的噪声评价指标,它是人对环境噪声的一个主观评价指标。响度级的单位是"方,phon",以1000Hz纯音作为标准纯音,其他频率的纯音和1000Hz纯音进行比较,调整1000Hz纯音的声压级,使它和研究的纯音听起来一样响,则1000Hz纯音的声压级就是所研究的纯音的响度级。由此可知,1000Hz纯音的响度级就等于它本身的声压级。假如一个噪声听起来和频率1000Hz、声压级70dB的标准纯音一样响,那么这个噪声的响度级就是79方(phon)。利用与标准纯音比较,可得出整个可听频率范围的纯音响度级,绘成曲线即为等响曲线。如图3-52所示。

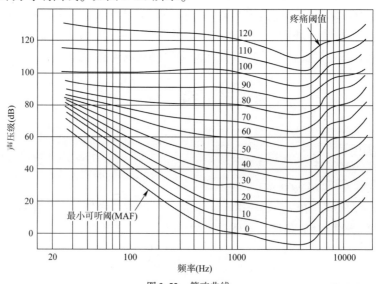

图3-52 等响曲线

2. 响度

响度级是一个相对量,把它变成绝对量即为响度。响度与响度级的关系为

$$S = \frac{2^{(LS-40)}}{10}$$

式中:S——响度(宋,some);

L——响度级(方,phon)。

(四)声功率与功率级

声功率是指声源功率,声源功率的单位是瓦(W),它是一个绝对单位。声源功率的大小也可用相对单位——声功率级来表示。声功率级PWL定义为

$$PWL = 10\lg\left(\frac{P}{P_0}\right) \tag{3-21}$$

式中:P——声功率(W);

P_0——基准声功率,取值为10^{-12}W。

(五)声音衰减

1. 距离衰减

声音在空中传播时,随着离声源距离不断变远,声音逐渐变小,这是由于声能在传播过程中衰减的缘故。在声音传播过程中,距离衰减是最明显的。对于点声源,距离衰减是由于

能量向四周辐射时,距离拉远,声强变小导致的。

点声源的距离衰减可用式(3-22)计算

$$SPL = PWL - 20\lg r - k \tag{3-22}$$

式中:SPL——距声源 r 米处的声压级;

　　PWL——声源的声功率级;

　　r——距声源的距离(m);

　　k——与声源物理环境有关的系数,全自由空间,$k=11$,半自由空间,$k=8$;1/4 自由空间,$k=5$。

当距点声源距离从 $r_1 \to r_2$ 时,衰减的声压级分贝值为

$$SPL1 - SPL2 = 20\lg \frac{r_2}{r_1} \tag{3-23}$$

2. 空气衰减

除了距离衰减外,声音在空气中传播时,空气的内部能量吸收也会使声能衰减。空气衰减可用式(3-24)计算

$$P = P_0 e^{-mx} \tag{3-24}$$

式中:P_0——基准点声压;

　　P——距基准点 x 米处声压;

　　m——衰减系数(与温度、湿度、频率有关);

　　x——距基准点距离。

空气吸收衰减相对于距离衰减而言,一般较小(表3-26)。

声音的空气吸收衰减量　　　　表 3-26

倍频程频率(Hz)	75~150	150~300	300~600	600~1200	1200~2400	2400~4800	4800~10000
每100m衰减量(dB/100m)	0.05	0.11	0.23	0.5	1.0	2.0	4.0

3. 树木、草、地面吸收

树木等物体对声音也有吸收衰减效果,尤其是高频声能易被吸收。一般来说,树林宽度大于30m,遮音效果才较明显。

二、噪声环境

(一)噪声的定义

让人听起来心烦,干扰人们休息和工作的、人们不愿听到的声音称为噪声(Noise, Undesirable Sound)。从噪声的定义看来,一个声音是否被判断为噪声与人的主观感受有关,因此,一些人听来优美的音乐或许对另一些人是噪声。

(二)噪声对人体的影响

1. 噪声性耳聋(听力损失)

暂时性耳聋(Temporary Threshold Shift, TTS):人耳短时间暴露于强噪声环境中,会出现听力下降现象,但是当噪声消失后,经过一定时间,能恢复原来的听力,这属于暂时性耳聋。

永久性耳聋(Permanent Threshold Shift, PTS):如果人耳长期在强噪声环境中暴露,将造成永久性耳聋。

噪声性耳聋一般发生在声音频率为4000Hz附近,一般的语音(500~2000Hz)会话影响是不大的。如果每日8小时暴露于90dB(A)以上的噪声或脉冲性噪声中,发生噪声性耳聋的危险性很大,必须采取相应的对策。

2. 对神经系统的影响

噪声作用于人的中枢神经系统,使大脑皮层控制失调,导致失眠、多梦、记忆减弱、神经衰弱。

3. 对心血管的影响

噪声使交感神经兴奋、心律不齐、血压上升、皮肤温度下降。

4. 对消化系统和内分泌的影响

噪声能引起食欲减退、胃收缩、唾液和胃液减少。动物实验结果表明,噪声能引起胃溃疡。噪声还将影响下垂体及荷尔蒙的分泌,造成孕妇早产、畸胎和死产等后果。此外,噪声还能使呼吸和心率加快。

5. 对作业效率的影响

噪声对作业效率的影响可以从对思维性作业和体力劳动影响两方面阐述,一般认为:

(1)对于思维分析作业,50~60dB(A)以上的噪音会产生影响。

(2)对于体力作业,85~90dB(A)以上的噪音会产生影响。

噪声对作业效率的影响具有特点:①高频噪声的影响大于低频噪声。②噪声级越大,影响越大,大于100dB(A)以上要认真采取措施进行降噪。③间断性(脉冲性)噪声的影响大于连续性噪声,如压、冲机械噪声的影响是比较大的。

6. 对语言交流的影响

噪声影响正常会话及电话的听取率等。对于室内(一般居室、寝室)为了达到100%的会话听取率,噪声应控制在45dB(A)以下,得到95%的听取率要求噪声在64dB(A)以下。若从会话角度要求,室内噪音要求在45dB(A)以下,最好在40dB(A)以下;室外噪声要求在60dB(A)以下,最好在55dB(A)以下。

7. 对睡眠的影响

通过问卷调查和脑波、眼电图等生理指标测量分析发现,噪声使人不能入睡,或降低睡眠深度,使大脑处于非休息状态。

三、交通环境中的噪声

(一)交通环境中噪声的特点

汽车噪声是汽车在运行过程中所产生的不需要的声音。它主要是发动机、冷却风扇、进气和排气系统运转时所产生的噪声,喇叭声,车体振动、刹车时产生的噪声以及车轮滚动时轮胎与路面之间形成的噪声。

通常,人们用两个指标来表示汽车噪声的特征:一是汽车噪声的强度,用噪声级来表示,单位是dB;二是汽车噪声的频率,这是指物体每秒钟振动的次数,单位是Hz。

人耳能感受到的额定范围为20~20000Hz,称为声频;高于20000Hz的声音称为超声;

低于20Hz的声音称为次声。人耳听不见超声和次声。为方便起见，人们把20～20000Hz这个宽广的声频范围划分为几个小的频段，这就是通常所说的频带或频程。在汽车噪声测量中，通常使用倍频带，即两个频率之比为2:1的频带表征。每一个倍频带都由其中心频率表示，目前常用的倍频带中心频率是31.5、63、125、250、500、1000、2000、4000、8000和16000Hz以上10个倍频带，包括了全部可听声范围。

在汽车噪声控制中，研究噪声在不同频带内的分布情况对于深入研究汽车噪声的产生、传播和接收，以及对驾驶员的心理和行为的影响等具有重要的意义。

汽车噪声在车内与车外是不同的。测量结果表明，当车速为每小时50～100km时，距离交通干线中心15m处，拖拉机车外噪声为85～95dB；重型卡车车外噪声为80～90dB，其他车型的车外噪声为：中型或轻型卡车70～85dB；摩托车75～85dB；小型客车65～75dB。当车速加倍时，汽车车外噪声平均增加7～9dB。

车内噪声有两个特点：一是频谱随频率增加而下降得很快，这是由于吸声和隔声在高频率都更为有效的缘故；二是车内吸声有相当大的一部分为次声频和低可听声频（2～100Hz）。在公路上关起窗测得2～100Hz间倍频带声压级达90dB以上；把窗子打开一些，2～32Hz间倍频带声压级竟高到110～120dB。有研究认为这种低频噪声易使乘客感觉不适并容易疲倦，还可能影响人的平衡系统，这些对驾驶员是不利的。车内噪声受到很多因素的影响：测量发现，从驾驶员左耳所测量的噪声级比驾驶室中心所测量的噪声级平均高5.7dB；操作环境因素对驾驶室的噪声水平也会有很大的影响。如打开车窗时，车内噪声级大约增加20dB，使用收音机会使瞬时的噪声水平增加10dB；车内噪声还随车速和路面情况而变化。测量表明，在高速公路上行驶要比市内道路上行驶大约高2.9dB。

(二) 车内噪声对驾驶员身心健康的影响

噪声对驾驶员有许多影响，这些影响包括噪声对听力和听觉系统的影响，以及噪声所引起的心理、生理变化。噪声损害人的身心健康，影响驾驶效率，危及行车安全。例如，噪声的瞬时影响主要是干扰交谈和声音信号的识别等，强噪声会引起暂时性或永久性听力损失；另外，噪声会引起人的情绪变化及一系列生理效应。车内噪声对驾驶员的影响主要反映在以下几个方面。

1. 车内噪声对听力的影响

人们在强噪声环境中暴露一定时间后，听力下降，离开噪声环境到安静的场所休息一段时间，听觉就会恢复。这种现象称为暂时性阈移，又称听觉疲劳。它是暂时性生理现象，内耳听觉器官并未损害。如长期职业性噪声暴露，可能会导致听觉疲劳不能恢复，内耳感觉器官发生器质性病变，暂时性阈移变成永久性阈移，称为噪声性耳聋或职业性听力损失。研究表明，声级在80dB以下的职业性噪声暴露，可能造成听力损失，但一般不致引起噪声性耳聋；80～85dB的暴露，会造成轻度听力损伤；85～90dB暴露会造成少量的噪声性耳聋；90～100dB的暴露会造成一定程度的噪声性耳聋；而100dB以上的暴露，会造成相当多的噪声性耳聋。

布罗姆和兹梅尔测量了某一批暴露于90～110dB声级的51名载货汽车驾驶员的听力，这些驾驶员都存在中度到高度的听力损失，这种听力损失的后果可能在工作环境之外更为严重，它可能导致驾驶员在社会参与和娱乐方面能力的减弱。例如，一些听力受损的人往往要将电视机、收音机开得很响,以致影响他人的交谈、学习和休息。另外在社会交际人与人交往活动中,也往往由于听力损失和对声音敏锐性的降低而造成信息误解,交际困难。

2. 车内噪声的生理效应

长期的车内噪声暴露会引起驾驶员的一系列生理变化,如中枢神经系统出现以头痛和睡眠障碍为主的神经衰弱症候群;心血管系统出现心绞痛,血压改变,心率加快;胃肠系统出现消化机能减退,胃功能紊乱,胃液分泌异常,胃酸度降低,食欲下降,皮质类固醇分泌增加等。

3. 车内噪声的心理效应

据研究,在强噪声环境下工作的人具有更高的焦虑感和抑郁感,缺少社会情感,当被激怒时,更富于攻击性。长期暴露于噪声中的人情绪易激动,在家里或工作单位容易与人发生冲突。而车内噪声对驾驶员的心理效应主要是加深驾驶员的烦恼、不安感,使驾驶员驾驶疲劳加重,精神难以集中等。研究表明,随着噪声水平的不断增加,表示烦恼和不安的人数也增加。车辆噪声还会使驾驶员分心走神,注意力下降。研究已经发现高噪声会影响驾驶员注意的选择性。在噪声环境下,驾驶员将其注意力集中于那些认为是重要的道路信息上,对微弱信息或路侧信息则往往容易忽视。相反,也有人认为,噪声可以唤起驾驶员的警觉,并能提高操作效果,但其起作用时间很短。

为了控制和减少汽车噪声对驾驶员身心健康的危害,世界各国都相继制订了汽车噪声的规定。尽管人们在降低汽车噪声方面做了很多研究和改进,但由于科学技术和经济条件的限制,人们日常使用的汽车噪声仍然相当严重。需要明确的一点是,要想使驾驶员完全不受噪声的影响是不可能的,因为驾驶员一方面受噪声影响,另一方面又要通过声音获得信息。

第五节 振动与加速环境

一、概述

振动(Vibration)是物体或质点绕某一平衡位置往复运动的现象。人体是一个多自由度的振动系统,因此对振动的响应是非常复杂的,人在乘坐汽车、船、摩托时,有时有目眩、呕吐之感,即是人体的消化系统、内脏等的共振而引起的。长期的振动暴露还会引起腰痛、胃下垂等症状。林业上使用的油锯、割灌机等振动工具会使操作者患白指病、关节痛等职业病。世界许多国家对作业环境的振动都制定了自己的标准,国际标准化组织 ISO 也提供了振动标准。作业环境的振动一般可分为全身振动(whole body vibration)和局部振动(local vibration)。

全身振动的一般特点是振动主要从足部或腰部、臀部传至全身。如驾驶员、大型发电机及锻压机旁的工作人员都处于全身振动的环境中。研究表明,人体不同器官的共振频率不同:胸腔共振频率为 $4 \sim 8Hz$,腹部为 $10 \sim 12Hz$,头部为 $2 \sim 30Hz$,手为 $30 \sim 40Hz$,神经系统为 $250Hz$。在垂直振动时人体对 $4 \sim 8Hz$ 的振动最敏感,水平振动时则对 $2Hz$ 以下的振动最敏感。

局部振动是只引起身体局部的振动。如油锯、摩托车、动力工具等都是引起人体局部振动的振动源。

二、振动对人体的影响

振动对人体的影响是各个方面的。影响的程度取决于振动强度、振动频率、暴露时间、振动方向,以及振动的身体部位等因素。

人体对振动的感觉阈可分为以下4个:感觉阈;不舒适阈;疲劳—降低效率界限;生理界限(痛阈)。

(一)全身振动对人体的影响

1. 心理上的影响

Reigher 和 Meister 首先对以上4种阈值进行了研究,Goldman 等随后进行了更深入的研究,并基本上确定了4种阈值。国际标准化组织 ISO 在此基础上提出了 ISO 振动标准指南,明确了振动物理量(频率,强度)与心理感觉尺度的关系。

垂直振动(4~8Hz 最敏感):感觉阈值为 $0.015 \sim 0.03 \text{m/s}^2$;不舒适界限(Goldman)为 $0.45 \sim 0.8 \text{m/s}^2$;生理界限上耐久界限(Goldman)为 $2 \sim 5 \text{m/s}^2$;短时间能忍耐界限(Magid)约为 20m/s^2。

水平振动(1~2Hz 最敏感):ISO 阈值为 0.01m/s^2。

2. 生理上的影响

0.1~1Hz 低频引起的前庭—植物性神经反射和运动病,对部分人群有较显著的影响,即常说的晕车,表现为头晕、头疼、恶心、呕吐、脸色苍白、出冷汗,直至危及心脏的正常功能。振动对人体生理的影响如表3-27所示。

振动对人体生理的影响 表3-27

损伤性	脑、肺、心、肝、肾、脊椎、关节、气管
循环系统	血压上升,心率加快,每心拍血流量减少
呼吸系统	呼吸加快
代谢	耗氧量增加,能量消耗增加,呼吸商(RQ)增加
体温	上升
消化系统	胃肠内压增加,抑制胃肠运动,引起胃下垂、食欲不振
神经系统	使交感神经兴奋,腱反射消失,闪光融合频率(CFF)下降,妨碍睡眠
感觉系统	眼压上升,眼调节力减退
血液	K^+、Ca^{2+}、Na^+ 增加

3. 对作业效率的影响

(1)造成视觉模糊。当振动频率较小时(低于2Hz),由于眼肌的调节补偿作用,可使视网膜上的映像相对稳定,因此对视觉的干扰作用不大。当振动频率大于4Hz时,视觉作业效率受到严重的影响。振动引起的视力下降,对于驾驶员的影响可能是致命的。

(2)降低操作的精确度。振动对操作动作精确度的影响,主要是由于振动降低了手脚的稳定性,从而使操作动作的精确度变差,而且振幅越大,影响越大。

(3)降低大脑神经中枢机能。振动使人注意力分散,烦躁感和疲劳感出现提前。另外,振动环境对语言功能也有显著影响,可能会使人出现语言失真和间断。

(二)局部振动对人的影响

局部振动的振动源来自油锯、空气锤等手持动力工具和手扶式作业机械。局部振动对人的影响主要是造成末梢神经损伤、关节损伤、肌力下降等,严重的还可引起全身性疾患。白指病就是局部振动造成的一种典型病症。

三、振动评价标准

基于大量对振动的实验研究和调查,国际标准化组织 ISO 制订了全身和局部振动评价标准指南。

(一)全身振动评价(ISO2631)

1. 疲劳—降低效率界限(Fatigue - decreased Proficiency boundary, FDP)

该界限是以疲劳的产生导致效率的下降为基准而制定的评价标准,按垂直振动和水平振动分别进行评价。由图3-53可知,人对4~8Hz 的垂直振动最敏感,1~2Hz 的水平振动最敏感。

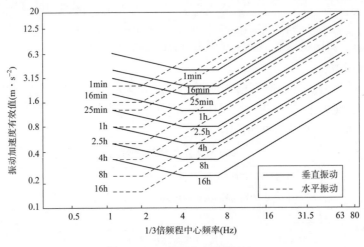

图 3-53　1/3 倍频中心频率(Hz)

2. 安全健康界限(Exposure Limit, EL)

安全健康界限是保证人体健康不受损害的安全界限。其加速度值是疲劳—降低效率界限的两倍,即 EL = 2 FDP(相差 6dB)。

3. 舒适性界限(Reduced Comfort Boundary, RCB)

当振动强度超过这个界限时,人体会感觉不舒适。在加速度上是疲劳—降低效率界限的 1/3.15 倍,即 RCB = FDP/3.15(相差 10dB)。

(二)局部振动标准(ISO 5349—1:2001)

国际标准化组织制定了局部振动评价标准(ISO 5349—1:2001)。手持式小型动力工具会引起振动职业病,因此国际标准化组织 ISO 也制定了《机械振动—人体手传振动的测量和评价标准》(ISO 5349—1:2001)。

大部分手持式工具把振动传递给手部时,3个作用方向都产生影响(图3-54)。在使用 ISO 5349—1:2001 进行手部振动评价时,假设3个方向的作用均等,对于振动评价指数的计算基于3个作用方向加速度的均方根。在无法同时测量各向加速度时,例如只能获得一个方向或两个方向的测量值时,应只考虑加速度最大值的方向,并乘以一个介于1~1.7的修正系数作为评价指数。

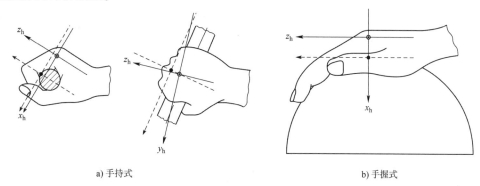

a) 手持式　　　　　　　　　b) 手握式

图 3-54　ISO 人体手传振动的测量和评价中手的坐标系

四、振动控制

一般可采取下列措施,消除或减少振动、阻止振动的传播,将振动对人的不良影响和损害降至最小。

(1)减少和消除振动源:
① 采用新的工艺或采取减振措施,以减轻手的振动。
② 增加设备的阻尼,以减轻设备的振动。对于可能引起机械振动的陈旧设备,应定期检查维修和保养。
③ 降低设备减振系统的共振频率。
(2)个体防护。设计减振座椅、弹性垫,以缓冲振动对人体的影响。
(3)限制接触振动时间,缩短工人暴露于振动环境的时间。

五、加速度环境

人做加速运动时,体内的平衡系统受力发生变化,对人体产生影响,这叫人体的加速度效应。其中主动加速度受自主控制,对人体影响不大。而被动加速度受一般的交通工具影响较小,高速交通工具(喷气飞机,运载火箭等)会产生很大的加速度效应。

(一)加速度的分类

加速度分两类:线加速度和角加速度。前者是对人体产生超重(重力增大)效应,后者是对人体产生旋转效应,如空间错觉。当人体被动做加速运动时,会受到6个方向的加速度作用力,如图3-55所示。

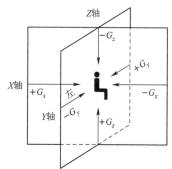

图 3-55　加速度作用于人的方向和坐标轴

(二)加速度的生理及心理效应

加速度效应是指加速度引起的人体生理心理反应。通常在没有加速度运动时,人体四周所受的力相互平衡,如作用于人体的重力与地面作用于人体的承受力的比例为1。当人体处于加速度运动系统时,产生加速度的力就加入到了人体的受力系统中,于是原来的比例发生了变化,这个变化会对人体产生许多影响,主要是由于惯性的作用,体液(主要是血液)和悬垂器官(四肢和内脏)会向加速度相反方向牵拉,从而导致一系列生理反应,影响健康和作业,详见图3-56。

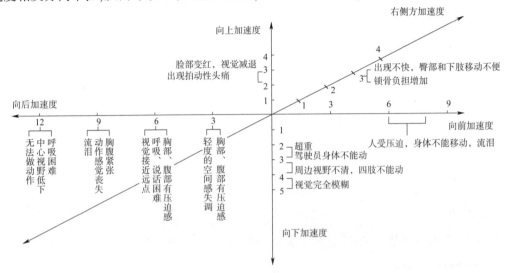

图3-56 加速度效应(单位 g:重力加速度)

1. 头向加速度($+G_z$)效应

当头向加速度达到 $2g$ 时,人体将明显感觉重力增加,难以站立,面部组织和身体软组织下垂;当头向加速度达到 $3\sim4g$ 时,人将不能站立,举臂和抬腿困难,$3\sim4s$ 后出现视觉模糊,灰视;当头向加速度达到 $5\sim6g$ 时,人将产生黑视,继而失去知觉,50%左右被试者发生严重痉挛。

2. 足向加速度($-G_z$)效应

在足向加速度作用下,被试者血液涌向头部,眼内充血。当足向加速度达到 $-1g$,会产生不快感,面部充血,可以忍受;当足向加速度达到 $-2\sim(-3)g$,被试者面部严重充血,5min后,头疼,视觉模糊,出现红视;足向加速度达到 $-5g$ 时,被试者迅速出现红视,意识模糊,严重时危及生命。

3. 向前加速度($+G_x$)效应

当向前加速度达到 $2\sim3g$,被试者腹部受压;达到 $3\sim6g$ 时,被试者胸部逐渐绷紧,且发生疼痛,呼吸及说话困难,视觉模糊;达到 $8g$ 时,被试者腿和手不能抬起;当向前加速度达到 $9g$,被试者头部无法抬起;当达到 $11\sim12g$ 时,被试者呼吸严重困难,周边视觉丧失,中央视敏度降低,流泪;当达到 $15g$ 时,被试者说话严重困难,严重胸痛,面部感觉消失,经常发生视觉完全丧失现象。

4. 向后加速度($-G_x$)效应

后向加速度效应与正向加速度效应类似,但被试者呼吸相比较容易一些。当后向加速度达到 $-5g$ 时,被试者呼吸增加22次/min;当后向加速度达到 $-12g$ 时,被试者呼吸增加达39次/min。

5.侧向加速度($\pm G_y$)效应

操作环境中,剧烈的侧向加速度较少见。通过实验发现,当侧向加速度达到$\pm 6g$时,30s后被试者出现灰视;当侧向加速度达到$\pm 7g$时,被试者前臂和肘剧痛,心脏位移和扭转,胸痛;当侧向加速度达到$\pm 8 \sim 10g$时,被试者只能耐受30s。

(三)加速度防护

对于加速度的防护,通常可以采用下列方法:①通过技术改进降低交通工具等动力系统的加速度。②采用体形榻。③抗荷服(G服)。④对抗性动作。⑤浸水。

第六节 气味环境

嗅觉和味觉都属于化学环境识别能力,嗅觉与味觉不同点在于感觉距离的不同。嗅觉的评价尺度用感觉的舒适性来评价。

驾驶室内气味环境很重要,直接影响人的情绪和工作效率。气味(香气)在有些国家已成为一种产业,研究人员对气味对人的影响(例如,大脑的觉醒度的影响)进行过许多研究。

一、鼻子的嗅觉机理

嗅觉是鼻子内部的嗅黏膜起主要作用,化学刺激嗅黏膜后,通过嗅球、嗅索传至脑下垂体产生嗅觉。只有挥发性的物质,人才能闻到其气味。气味中的挥发分子与嗅黏膜接触,刺激嗅觉神经,产生嗅觉。

二、味分类

人能分辨数千种气味,由于数量如此之多,至今还没有一种非常理想的气味分类法。现在较适用的分类法是将气味分类成6种基本气味(表3-28),认为其他所有气味都由这6种基本气味混合而成,该6种基本气味位于三棱柱的六个角上,其他气味位于该三棱柱的内部或表面(图3-57)。还有利用动植物名称分类的方法,例如麝香,龙涎香,玫瑰香,檀香等。

基本气味分类 表3-28

嗅觉三棱柱	基本气味名	气 味 例 子
1	药味性	肉桂,咖啡,胡椒
2	花香性	茉莉花,梅花,菊
3	果实性	橘子,柠檬
4	树脂性	松脂,樟脑
5	腐烂性	臭鱼,硫化氢
6	焦臭性	焦油,烧焦的纸

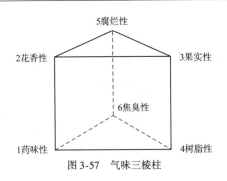

图 3-57　气味三棱柱

三、气味强度的指标

气味定量化是非常困难的,但是在化工厂及家庭应当以臭气的强度指标为基准来设计通风换气设施。表 3-29 为人能嗅到的几种物质的空气中最小含量。为了便于设计通风换气量,日本学者将气味尺度化,将气味分成 7 个等级,用数字表示,称为气味指数(表 3-30)。室内通风换气量与室内气温、人均所有空间以及挥发性物质浓度有关,室温越高、人均空间越小、气味浓度就会越大,所以换气量也要增大。例如,如果要保持室内气味指数在 2 以下,而每人所有室内空间(气体体积)只有 $4m^3$,则应当保持每小时 $40m^3$ 的通风换气量。

人能感知的几种物质空气中最小含量(mg/L)　　　　表 3-29

挥 发 性 物	空气中最小含量	挥 发 性 物	空气中最小含量
甲醇	100	樟脑	5~0.002
乙醇(酒精)	250	天然麝香	0.5~0.001
苯	5	人造麝香	0.002

气 味 与 尺 度　　　　表 3-30

气味指数	语言形容	说　　明
0	无味	安全无感觉
1/2	最小阈值	极微小量,通过训练的人能嗅到
1	明显	正常人能嗅到,但无不适感
2	普通	无不适感,但也无舒适感,室内允许界限
3	强	不舒适
4	剧烈	很不适
5	不能忍耐	呕吐

第七节　人文交通环境

交通环境不仅包括道路和道路上的附属交通设施等物理环境,还包括人文和社会性交通环境。由人、车、路、交通环境构成了道路交通系统,虽然人、车、路是系统的核心要素,但交通环境的作用不可忽略。人、车、路三要素只有与交通环境相协调,才能使构成道路交通系统的各要素相互协调,相得益彰,充分发挥道路系统各部分的作用,达到系统整体最优。

一、交通安全意识

道路交通事故和伤害是可以预防的,完善的干预措施能够显著降低道路交通事故伤害的发生率和不良后果。经过多年的研究与实践,科学家们提出用"四E"科学的方法来预防和减少道路交通事故。所谓"四E"科学就是工程(Engineering)、执法(Enforcement)、教育(Education)和急救(Emergency medical services)。以上4项举措构建了一个完整的道路交通事故预防体系,各要素间相互作用、相互影响、缺一不可。然而,在"四E"科学体系中,加强对道路交通参与者的安全教育管理、提高全社会的道路交通安全意识,对预防和减少道路交通事故伤亡起着非常重要的作用。

二、道路交通安全教育现状

(一)发达国家道路交通安全教育

发达国家道路交通安全教育开展时间悠久,基本形成了符合各自国家道路交通环境的教育体系,其道路交通安全教育对象主要有两大类:一类是儿童(幼儿、中小学生),主要通过学校教育来实施道路交通安全教育;另外一类是驾驶员,主要通过驾校的道路交通安全教育及再教育来改善交通安全状况。

1. 发达国家儿童交通安全教育现状

在世界上几乎所有的国家,儿童道路交通安全教育都是国家交通安全政策的重要组成部分,但是,这些国家之间的儿童道路交通安全教育又有许多的不同之处。尽管对于道路交通安全教育的内容各国没有明确一致的规定,世界上大部分国家都把道路交通安全教育作为其正式教育的一部分,在正式的道路交通安全教育之外同样开展无数的道路交通安全教育项目、活动。

在国家层面上,荷兰交通运输部负责道路交通安全教育的实施,荷兰的12省负责开展道路交通安全教育活动,对于年龄组在4~12岁和12~18岁的学生,荷兰教育和科学部也发挥了重要作用,决定道路安全教育是否作为学校课程的一部分。在所有小学规定了强制性的道路交通安全教育目标,目标主要有以下两个:

(1)儿童们应该被告知道路规则和道路交通标志的意义。当他们遇到道路交通情况时他们应该能够应用这些知识。

(2)儿童应能够作为行人、骑自行车者和独立的使用公共交通者安全地参与道路交通活动。

但是在荷兰,这两个目标实现与否并没有强制的测试,施教方法和施教时间的选择也是自由的。在大部分小学在七、八年级有一种自愿的理论和实践(自行车)考试。道路交通安全教育在中学也不是强制性的,只有部分强制性的道路交通安全培养目标,总体而言,这些课程能够使得中学生在自己熟悉环境中理解道路交通安全的含义。在中学同样没有道路安全教育效果的测试,开展的时间非常有限(平均大约一年有两个小时)。

尽管英国将道路安全教育的材料和资源融入学校教学课程中作为国家教学课程的一部分,但道路安全教育不是英国国家课程独立的一部分,通常情况下,道路交通安全教育是个人、社会及健康教育（PSHE）课程中的一部分。在中学，在 PSHE 课程之外教授道路交通安全教育课程是不常见的，但在小学，道路安全教育可以作为特殊的学习单元或专题学习内容，以及开展特定的道路交通安全教育主题活动。地方当局将道路交通安全教育的良好做法、准则提供给小学和中学，提供有关道路安全教育指导手册。儿童道路安全教育的重点是儿童作为行人和骑自行车者应该掌握的知识和技能。对于学龄前儿童的道路交通安全教育主要以道路交通俱乐部的形式出现。在英国最近的一项调查表示（可惜的是，只有20%的英格兰、威尔士和北爱尔兰的小学回应了该项调查）开展道路交通安全的教学工作随着年龄增长越来越少。此外在英国年满4.5周岁的儿童可以参与道路交通安全教育项目，它的设立是为了给幼儿家长或看护人提供系统的帮助，以寓教于乐的形式，让该年龄段的儿童掌握基本道路交通安全常识。如英国的安全过街技能培训项目，针对儿童的6条绿色穿行法则（Green Cross Code），内容简洁易记，包括了行人过马路时需要注意的所有安全信息。还建立了专门的道路交通安全网站，利用互联网宣传道路交通安全常识，并有道路交通安全教育游戏，让儿童在游戏中学习和掌握道路交通安全知识。

1977年法国在道路安全教育中正式提出了全面教育和终身教育的概念，在法国学校义务教育中，小学三年级就开设"道路安全学习"的课程，主要是让小学生循序渐进地掌握与道路交通相关的知识、法规和标志，让他们懂得法规、危险与事故三者之间的关系。这些课程从小学延续到高中毕业，内容逐步加深。法国法律规定，学校每月有半小时的道路交通教育和1.5小时的技术训练（前者由地理、历史教师任教，后者由体育教师任教）。在中学，在12岁时，所有的学生都必须学习获得道路安全证书（ASSR），满14岁有道路安全学习证书者就可以申请道路安全执照，凭此执照可以驾驶轻型摩托车或机动自行车。要考正式驾驶执照，则要等到16岁，前提是必须先有道路安全执照。

西班牙自1991年以来，道路安全教育一直是小学和中学的必修课。但不进行单独授课，道路安全教育纳入学校的其他课程，由科任老师教授。

美国的道路交通安全教育属于政府行为，每年拨专款完成道路交通安全宣传教育计划，警察局设有专门从事道路交通安全宣传教育的工作人员，广泛听取社会意见，利用专项资金制作道路交通安全宣传板、粘贴画，并发放各种各样的道路交通安全宣传品。美国的道路交通安全学习是中小学生的必修学分，美国一些学校将道路交通安全知识与其他课程结合起来。如地理课老师会让学生画出一张由家到学校的路线图；历史课老师会讲解道路交通工具的发展史等。美国汽车协会负责制作道路交通安全教育教材、宣传画和小册子等。通用汽车与美国儿童安全组织合作开展的"系好安全带"项目，自1997年开展，在12年间已经对北美地区超过100万个儿童座椅的正确安装和使用进行了检查。

德国道路交通安全教育作为一项专门的教育，分为学龄前儿童、小学生、中学生、青少年和成人5个阶段进行，并把中小学生道路交通安全教育和文化教育结合起来。德国把道路交通安全教育列入国民教育体制。在德国有"少年学院"，让4~9岁的小朋友不仅可以在道路交通安全公园里学习道路交通知识，还能够通过参加"环保小影院""安全小讲堂""汽车总动员"了解环保的重要性和迫切性。孩子还可以将理论付诸实践，手工制造各种汽车模型。对于儿童道路交通安全的教育，德国尝试先进的教育理念和科学的教育形式，培养儿童自我保护的道路交通安全意识，充分激发儿童对"绿色交通"的想象力和创造力，同时也会促使成年人更严肃地思考对环境和未来所承担的重大责任。

瑞典道路交通安全教育从娃娃抓起。幼儿从两周岁开始,幼儿园就对他们进行道路交通安全教育,灌输最基本的道路交通安全知识,在瑞典,道路交通安全教育作为国策之一,已进入全日制教育之中,瑞典国家公路管理局经常通过以往发生的车祸案例,进行道路交通安全教育,小学生每学期要接受20个课时的道路交通安全知识教育。像英国一样,瑞典也开展儿童交通俱乐部计划,以寓教于乐的形式,让该年龄层的儿童掌握基本道路交通安全常识。该教育项目实施的最初10年中,俱乐部成员的伤亡率平均降低了77%。

以色列过街守卫项目自1948年建国时就建立。随着以色列教育系统的发展而发展。起初,过街守卫由8年级学生担任,即在小学最高年级担任。后来7年级和8年级并入初中后,过街守卫由小学6年级学生担任,道路交通安全教育在5年级开始,6年级时接受进修课程由过街守卫监测项目支撑。过街守卫培训项目由教育部和交通科以色列警察局道路交通分署联合进行。以色列过街守卫的作用是让行人特别是青年学生安全地穿越学校附近的交叉口,考虑到道路交通情况使用便携式停车标志。此外过街守卫项目还有教授儿童道路交通安全规则的意图。表3-31对比了中欧一些国家儿童道路安全教育组织形式。

一些中欧和东欧国家道路安全教育实施概述　　　　表3-31

内容	国家					
	克罗地亚	爱沙尼亚	拉脱维亚	立陶宛	白俄罗斯	捷克
小学涵盖的年龄组(岁)	7~15	7~11	7~15	6~10	6~10	
道路交通教育是否是学校的强制教育	是	是	否	是	是	
如果是强制教育,道路交通教育教授的教授方式是独立的开设还是综合在其他课程中	综合在其他课程中	综合在其他课程中		综合在其他课程中	独立的开设	综合在其他课程中
一周授课的时间(h)	2	无		15	1~8	
是否是专门的道路交通教育老师	无	无	无	无	无	有
是否为教师提供教育手册	是	否	否	是	否	是
是否为家长提供教育手册	是	否	否	否	否	
教育项目和手册是否是基于结果(科学研究)编制	是	否	否	否	否	

续上表

内容	国家					
	克罗地亚	爱沙尼亚	拉脱维亚	立陶宛	白俄罗斯	捷克
是否为道路交通教育下拨专门的预算	是	否	否	否	否	
简短描述教育项目和手册	为参与道路交通开展理论教育(综合在其他的课程教学中)	道路规则的教育		道路安全教育综合在所有的课程教学中,许多学校有专门设备的教室和场地开展教学		

道路交通安全教育在澳大利亚和新西兰面临着和其他国家同样的问题。虽然在小学和中学有许多不同的教育项目,但澳大利亚仍致力于以学校为基础的道路安全教育。澳大利亚学校老师不仅讲授道路交通法规,还带着学生亲自实践。小学设有"如何骑自行车"和"如何过马路"两项道路交通安全教育课程。中学则将道路交通安全知识引入教学课本中,进一步强化中学生的道路交通安全意识。在新西兰,道路安全教育项目在一年中特定时间,通常在一两个或四个星期密集的档期进行开展,包括路边实际应用和警察部门教授的紧急救援知识。这两个国家都提出以综合和跨课程的方法来教育儿童道路交通安全,因为道路安全教育在国家课程中并没有特殊和独特的地方。虽然他们承认,跨课程的方法是比没有道路安全教育要好,但他们也争论这种方法存在许多负面影响,如没有明确目标,没有顺序性,缺乏学习成果或相关任务的评估,学校没有分配专门针对道路交通安全教育的预算和获得相关的资源和材料。

通过国外发达国家的儿童道路交通安全教育的现状整理,对发达国家儿童道路交通安全教育优秀经验总结如下:

(1)家长需要通过非正式或正式两种方式更有效地参与到道路安全教育中。特别是家长必须被很好地告知需要他们以身作则来影响儿童。

(2)儿童道路安全责任的重点必须更多转向驾驶员。但儿童道路安全教育和技能培养还需要加强,他们相对于成人在持续性的使用技能和知识方面仍然不足。

(3)现有的证据表明,道路安全教育作为儿童整体教育和被规划为终生教育一部分时、当它是课程的一部分时、当地拥护者推广高品质的教育时、当那些参与道路安全教育的专业人士到家长都能获得高质量的教育资源和信息时、当它是基于一个理解儿童在道路交通中的风险以及不同目标群体在道路交通中的风险变化情况并考虑到这些差异性时,道路交通安全教育是最有效的。

(4)道路安全教育的现状需要通过与其他学科的综合,以及将较好的评估措施纳入以进行改善;道路安全教育应基于其目标进行评估。该目标应该是现实的、可实现的、基于风险和当地环境以及儿童的作用和能力、教学和组织手段的评估。有良好的证据表明,在发展和维持适当行为的情况下,基于行为方式及技能改进的道路交通安全教育是有效的。此外,基于解决问题的方法与社会互动会有助于更深认识道路交通系统的动机和态度。行人和自行车技能训练项目最好在路边举行,分成小组在成人的监督下训练的或参照真实的或想象中情况下训练。研究还支持一些模拟环境中进行道路交通安全教育,但必须补充建立路边的经验。

(5)各个级别的道路安全教育应该成为国家课程的一部分,从幼儿园开始,从普通的规划到渐进的高品质教育资源的投入,发展儿童的道路交通安全技能、风险意识、态度和知识。

(6)在所有道路安全领域,教育应当与其他措施配合使用,从道路交通环境改善到道路立法以及车辆改装。它可以与所有部门从政策制定者、专业人士和企业、社区和消费者相耦合,提供信息以影响和改变儿童的态度和行为。

2. 发达国家驾驶员交通安全教育现状

1)日本的交通安全教育

日本是开展交通安全教育比较全面系统的国家。近年来,日本交通事故发生数量、死亡人数都分别有所减少,其交通事故发生各项指标在发达国家中是相对较低的。尽管如此,日本仍不遗余力地开展教育宣传活动,挽救生命,减少交通事故。国家及地方政府主导的有"交通安全教育中心",为行人、非机动车及机动车驾驶员等免费提供不同类型的"交通安全教育"教程。一般财团法人设有日本交通安全教育普及协会,日本交通安全教育普及协会成立于1968年,是日本唯一一个作为公益组织的民间团体,主要从事全国交通安全教育的普及和推广,肩负着向全国开展交通安全教育的使命。日本政府及民间组织针对驾驶员与非驾驶员等不同身份,每年从儿童到老年人不同年龄层、从政府官员到一般民众及利用社会名人轰动效应等不同方式开展丰富多彩的"交通安全教育"宣传活动。

2)德国驾驶员道路交通安全教育

在德国,几乎每一个成年人都有驾驶执照,汽车的保有量很高,而事故的发生率却很低,这与德国科学、合理、实用、严格的驾照考试制度有着密不可分的关系。德国的驾驶道路交通安全教育一般包括以下内容:道路法规、车辆机械性能与操作、车辆安全装置,"路权"概念等。德国有世界上最难考到驾照系统,也正是通过严格控制驾驶执照的发放,不给"马路杀手"上路机会。

职业驾驶员道路交通安全教育在德国被列为职业教育范畴,职业驾驶员道路交通安全教育管理体制是学校、道路交通会、工商会企业等共同管理。教学方式学校实施"双元制"教学方式。所谓"双元"即学校与企业共同组织教学,每周5天,学生在校学习3天,在企业实习2天。学校负责学生理论教学,学习与驾驶员相关的文化基础课(汽车理论、道路交通规则和相关的心理、生理、安全救助等知识),企业负责学生的技能训练。企业根据教学的需要,选配优秀教师,配备驾驶员上岗驾驶的车型进行教练,目的是学以致用。

3)美国驾驶员道路交通安全教育

为了有效降低道路交通事故死亡率、彻底改善道路交通安全状况,美国制定实施了一系列的道路交通安全相关规划,如:国家安全委员会(National Safety Council,NSC)实施的国家安全记录项目,在国家联合公路研究计划(National Cooperative Highway Research Program,NCHRP)中实施的路侧安全改善战略规划,以及紧急医疗服务战略计划等。

在驾驶员培训方面,美国特别重视向申领驾照者灌输安全和礼让意识,让驾驶员从一开始就养成正确和良好的开车习惯。要在美国顺利拿到驾照,最重要的是严格按照道路交通规则行事,该停就停,该让就让,只要动作规范到位,便可过关。

4)瑞典驾驶员道路交通安全教育及"道路交通文化"

瑞典特别重视对驾驶员的教育,特别是对年轻驾驶员。年轻驾驶员一般有以下特点:一是驾驶经验不足,多为非职业驾驶员,驾驶经验相对较少,不能预见到危险情况的存在,在紧急情况下容易因缺乏经验、措施不当而造成事故;二是心态浮躁、行事莽撞,盲目超速、超车,引发事故。除此之外,瑞典还重视对载货汽车驾驶员的教育。因为实践证明载货汽车驾驶员常常超速、超载,极易引发重大道路交通事故。另外,交通部门提高了考取驾驶证的难度,考试科目设置具有针对性,并且考试合格率控制非常严格,鉴于瑞典的冰雪气候特点,学员路考前要到人工冰场的冰面进行驾驶考核。

5)法国驾驶员道路交通安全教育

法国汽车普及率很高,几乎每个家庭都拥有汽车。但因道路交通管理措施得力,法国道路交通事故率相对较低,法国政府和交管部门通过"五大法宝"降低道路交通事故,即严格的驾照考试制度、良好的道路状况、完备的道路交通标志和道路交通信息提示、对酒后驾驶等违章行为的严厉惩处、对提高汽车安全性能的重视。在法国考驾照,须通过交规考试和道路驾驶考试。交规学习通常需历时半年,考题涉及交规的每个细节和汽车机械常识。路考则在马路上进行,只要出现一个明显失误就会被判不及格。与中国相似,在法国考驾照要分两个阶段:一是实习驾照,有6个有效"安全分",有效期为3年。一般经过一定学时的理论和实践课程经考试合格后才可以拿到;只有经过3年实习,最后仍保留必要的"安全分"以后,才能拿到12分的正式驾驶执照。如果实习驾照减少3分,必须重新参加学习班。如果一次扣了6分,驾照就被取消,须要从头再来。

6)其他

澳大利亚警方在严厉处罚酒后驾车、超速行驶、疲劳驾车等违法行为的同时,也高度重视宣传和教育工作,利用电视、报刊宣传以及采取公路边摆放肇事汽车实物等方式,教育驾驶员遵守道路交通法规,安全谨慎地驾驶车辆。日本各都道府县市都成立了以普及全民道路交通安全宣传教育,防止道路交通事故为宗旨的"全日交通安全协会"。在镇村还建有分支机构,经常开展各种道路交通安全宣传教育活动,每年召开"交通安全国民运动中央大会",建立了全国综合性机动车安全驾驶教育道路交通安全教育基地,供学员学习道路交通安全理论知识,模拟驾驶,亲身体验危险,提高回避危险、安全驾驶的技能。

(二)我国道路交通安全教育现状

1. 汽车公司开展的儿童道路交通安全教育

近年来我国儿童道路交通意外伤害发生率逐渐增高,在部分地区已成为儿童青少年主要死因之一,儿童青少年道路交通事故伤害已成为一个重要的公共卫生问题。而且我国目前的儿童主要是独生子女,部分独生子女在其成长过程可能会出现很多的问题,如自高自大、独断专行、娇生惯养等。而道路交通安全教育对儿童的重要性可以两个方面来体现,第一就是儿童在家庭中的核心地位,决定了安全教育的重要性,家庭和社会都不能承受儿童的意外发生;第二是科学的道路交通安全教育方式对克服和纠正儿童身上存在的问题本身就具有一定的作用。

针对儿童道路交通安全教育如何有效实施的问题,东北师范大学的刘盛男提出利用数字电视搭建道路交通安全教育平台开展中小学生道路交通安全教育。并列举了几种有典型借鉴意义的数字电视教育模式,对道路交通安全教育实施进行了有意义的探索。

此外国内外知名的汽车公司开展的儿童的道路交通安全教育项目也为我国开展儿童道路交通安全教育提供了很好的模板和经验,其中标致雪铁龙汽车公司开展全国儿童道路交通安全训练营项目,将生活中的场景搬到了课堂,让孩子通过游戏活动,亲身体验"安全知识"在生活中的重要作用。

通用汽车公司将丰富的全球道路交通安全教育经验分享给大家,并结合中国儿童的特点开发出适合当地儿童家庭的教育项目。旨在更加广泛的提高广大儿童家庭道路交通安全意识,传播道路交通安全知识,为儿童及家庭创造更加和谐、稳定、安全的社会环境。

宝马公司将儿童道路交通安全主题公园搬到了少年宫,为孩子们提供生动的道路交通安全课。在训练营现场,小朋友们在交警叔叔和专业道路交通安全教育师的指导下头戴统一的道路交通安全帽,在逼真的道路交通环境当中扮演了小警察和小驾驶员的角色。宝马公司还推出了网上"儿童交通安全游乐场",让小朋友们和父母通过轻松点击鼠标就能够学习掌握必要的道路交通安全知识,提高自我保护意识。

2. 我国驾驶员驾驶证考试教育系统

1)我国驾驶员驾驶证考试教育的概况

我国驾驶员考试是公安部车辆管理部门按照法律法规的要求,对申请机动车驾驶许可资格人员的驾驶技能和安全素质进行全面考察和测试,以便签发驾驶证。

我国从新中国成立初期到现在,驾驶员考试经历从无到有,由不完善到完善的渐变过程。十一届三中全会以后,公安部于1985年9月发布实施《机动车驾驶员考试暂行办法》,随着我国经济改革的不断深化、科学技术的不断发展,1996年实施的《中华人民共和国机动车驾驶员考试办法》对驾驶员考试的科目和内容又做了改进和补充。为进一步与国际做法接轨,2004年5月1日又进一步做了修订。

2)我国政府部门开展的公益性的道路交通安全教育

(1)畅通工程。

"畅通工程"是2000年以来,公安部、建设部在国务院的领导下,紧紧依靠党委和人民政府的领导,在有关部门的协作配合下,积极争取广大人民群众的参与和支持,充分发挥公安和城市建设部门的职能作用,建管并重,标本兼治,以提高城市道路交通管理水平为中心,集中力量解决影响城市道路交通畅通的突出问题。

"畅通工程"开展主要工作的第三条就是要求进一步开展道路交通安全宣传教育工作,不断提高道路交通参与者的道路交通法制意识和道路交通文明意识。要将建立良好的道路交通秩序纳入城市精神文明建设的统一规划,做好"畅通工程"的宣传工作。要针对不同对象、多层次、多渠道、多种形式地开展宣传教育活动,宣传道路交通法规,宣传爱护道路交通设施,宣传道路交通安全知识,动员广大群众积极配合"畅通工程"的实施,主动参与到"畅通工程"中来。

(2)"五进"宣传教育。

"五进"交通安全宣传教育工作始于2004年10月,由中宣部、公安部、教育部、司法部、安监总局五个部门联合发起,主要是指交通安全宣传工作"进农村、进社区、进企业、进学校、进家庭"。即创建"交通安全村""交通安全学校""交通安全社区""交通安全单位""交通安全家庭"。

2005年,国务院要求各级人民政府及有关部门要进一步认真贯彻加强道路交通安全工作电视电话会议和全国预防道路交通事故电视电话会议精神,要求进一步推动道路交通安全宣传教育"五进"工作。

2006年4月17日中宣部、公安部、教育部、司法部和国家安全监管总局进一步决定,自2006—2008年在全国范围内实施"保护生命、平安出行"交通安全宣传教育工程。通过构建基层道路交通安全宣传网络,充分利用社会力量和现代传媒,大力开展道路交通安全宣传教育活动,进一步提高全民道路交通法治意识、道路交通安全意识和道路交通文明意识,打造安全、畅通、和谐的道路交通环境。通过三年的努力,省、市、县三级宣传、公安、教育行政、司法行政、安全监管部门形成齐抓共管的道路交通安全宣传工作机制,逐步实现道路交通安全宣传教育组织社会化、宣传工作制度化、宣传形式多样化、宣传内容系统化。

(3)文明交通行动计划。

2010年年初,中央文明办、公安部联合部署从2010年起至2012年,在全国实施为期三年的"文明交通行动计划",力争使公民交通出行的法制意识、安全意识、文明意识明显增强,交通违法和道路交通事故明显下降,交通执法更加规范,交通管理更加科学,交通秩序明显改善,文明交通长效机制进一步完善。

该计划以"关爱生命、文明出行"为主题,主要内容包括:倡导机动车礼让斑马线等"六大文明交通行为";摒弃机动车随意变更车道等"六大交通陋习";抵制酒后驾驶等"六大危险驾驶行为";改善城市过街安全设施等"六类道路通行条件"。

方案要求通过广泛开展文明交通行为教育。组织力量深入基层单位,采取多种形式,有计划有步骤地开展文明交通知识教育培训。加大对重点群体的教育力度,将文明交通常识教育纳入驾校培训内容。全面推行中小学生交通安全联系卡制度,开展交通安全"进学校"活动。

方案还要求大力营造浓厚氛围。开展多种形式的主题实践活动。广泛开展文明交通志愿服务活动。通过报刊、广播、电视、网络等各类媒体,广泛宣传文明交通常识和基本要求。利用地铁、公交车、长途客运车的电视、道路电子显示屏、社区宣传栏等宣传文明道路交通常识。

(4)特殊时期道路交通安全宣传。

在保障2008年北京奥运会期间全国道路交通安全工作中,全国各地为推进迎奥运道路交通安全专项行动计划,通过道路交通安全教育向路面拓展:要求全体民警在路面执勤中,在查纠制止道路交通违法行为的同时,加强对违法驾驶员的安全教育,要使驾驶员充分认识到道路交通违法危害性,做到违法不教育不放行,没有认识违法的有害性不放行。①向农村拓展:组织民警深入辖区各个行政自然村,与村委会、中心联系户联合,利用广播不间断对群众进行宣传,做到奥运宣传不漏村、重点群体不漏户。②向社区拓展:组织民警走进街道社区,利用宣传图版、安全宣传光碟、发放宣传资料、开辟安全宣传专栏等方式,强化对社区居民的宣传教育,规范广大市民的文明道路交通行为。③向客运企业拓展:定期组织民警深入到辖区各客运企业,督促完善客运企业的安全管理措施落实,并要求客运企业做好所属驾驶员的安全教育宣传工作,同时在各客运站点醒目位置,悬挂奥运攻坚战宣传横幅,让驾驶员和旅客不出站门就能接受到道路交通安全教育,确保宣传工作落到实处。

春运是我国特有的交通现象。春运体现的是我国交通系统中的根本矛盾,在这期间出行的人群类别繁多,几乎各个受教程度、各种职业、各种年龄的人群都会有不同程度的出行需求,如何能够有效地对这一时段的出行人群进行道路交通安全教育不但影响春运这一段时间的道路交通安全状况,而且对后继的道路交通安全情况也影响颇深。因此,我国各省各市几乎都在春运前期制定一些道路交通安全宣传教育措施,宣传工作主要是以在车站、广场等人流密集的主要干线公路、国省道沿线乡镇村庄设置、悬挂道路交通安全公益广告、横幅标语、宣传挂图,在各种媒体刊登、播出一批道路交通安全公益广告等方式来进行。

三、我国道路交通安全教育的不足

(1)法律保障和权威性不够:《道路交通安全法》第六条规定,各级人民政府,各机关、部队、企事业单位、社会团体和其他组织,教育行政部门、学校、新闻、出版、广播电视等有关单位义务负责道路交通安全宣传教育工作,但在实际操作中这些操作都涉及多方利益,许多工作实施的现实难度很大,缺少对主体履行义务的监督的法律法规。此外,《道路交通安全法》相对于刑法、诉讼法等却显得被边缘化,同样是犯罪,道路交通违法犯罪相对于刑法犯罪人们的心理态度截然不同,这不仅反映普法宣传的缺失,也反映出道路交通安全教育的缺失。

(2)道路交通安全宣传教育工作覆盖面不全,宣传和教育的对象范围狭窄,教育的重点对象主要是机动车驾驶员,对于非机动车驾驶员、行人以及其道路交通参与者的宣传教育严重不足,导致我国大部分道路交通参与者的道路交通安全知识缺乏,道路交通安全意识淡薄,事故多发,致使弱势道路交通参与者成了主要的道路交通事故受害者。

(3)相对于学校教育,其他媒体的作用不明显,比如最重要的电视媒体的道路交通安全教育,是怎么规划和实施的问题,没有考虑到在这方面的进行系统道路交通安全教育问题。

(4)教育宣传的教材和教品质量不高,道路交通安全宣传教材、教品必须及时反映当前道路交通安全的关注点,教材应图文并茂具有针对性,能够吸引不同的群体长期参与到道路交通安全教育和宣传工作中来。但是,我国现阶段的道路交通安全宣传教育教材和教品存在教材更新不及时、内容陈旧、片面、缺乏针对性、趣味性及系统性等问题。

(5)道路交通安全宣教理念相对落后,一些地区道路交通安全宣传教育工作的观念、意识停留在过去"办学习班"的思想基础之上,没有充分认识到道路交通安全教育对道路交通参与者思想素质、业务素质的提高和对改善道路交通环境的积极作用,也没有把培养道路交通参与者的安全意识和法制观念放在首位。

(6)我国驾驶员教育方面仍存在以下不足:

①驾校"超载"运行。按照有关规定,每辆教练车限额人数不得超过4人,每名教练员同时指导学员不得超过4人,小车学员累计学车时间不少于70h。然而在"超载"运行条件下,很少有驾校能达到此标准。

②驾驶员对驾驶行为的重要性认识不足。大部分初学驾驶员把精力放在如何顺利通过考试、尽快拿到驾驶证上,而忽视了对道路交通法规理论全面、深入地学习,忽视了驾驶技能

的提高。

③忽视职业道德教育，驾驶行为道德低下。由于驾校培训只注重驾驶技术培训，忽视职业道德教育，驾驶员缺乏职业道德已成为一个严重的问题。

④理论学习缺乏计划性、系统性和全面性，与实践相脱节，应付现象严重。很多驾校在对驾驶员进行理论课的培训时，在课时安排、授课内容、教学方法以及教学目标方面缺乏周密的计划，随意性较大。尤其是在教学内容的甄选上缺乏系统性和全面性，为考试而学。更有甚者，驾校根本不开设理论课，学员靠自学，靠死记硬背来应付考试。

⑤驾驶训练效果不佳，驾驶员考试把关不严。大多数初学驾驶员都是在做好日常工作的同时学习驾驶的，学习驾驶的时间受到多方面客观因素的制约，驾校也无切实可行的规章制度来确保上车时间。

⑥驾驶员再教育流于形式，无实际内容。驾驶员的教育分为初始教育和再教育。但是实际情况下再教育的内容与初始教育内容一致。

第四章 驾驶员行为特征

人作为人—车—路道路交通系统的核心要素,对道路行车安全产生着至关重要的影响。车辆行驶实际上就是驾驶员"感知—决策—执行"的结果,因此通过分析驾驶员行为特征影响因素、产生原因、对道路安全的影响以及其改善措施,可以为优化交通管理方案与交通设施布设提供判别依据。

第一节 一般驾驶员行为特征

一、机动车驾驶工作的特点

在人—车—路系统中作为核心或主要参与者的驾驶员,其工作具有如下主要特点:

(1)劳动密度高:典型的人—机—环境体系,根据外部空间及时间的不断变化,驾驶员必须随之调整自己的判断和驾驶动作,这会造成驾驶员连续的精神紧张和压抑感。

(2)连续性强:一般情况下,驾驶员一旦进入行驶状态无论是精神上还是肉体上时刻都不能从驾驶作业中离开,造成长时间精神紧张和身体负担。

(3)外部环境依存性强:外部环境与驾驶员承受的负担程度有显著的关系。在交通量大、条件复杂的市区道路上,驾驶员显然承受很大的精神和肉体上的负担。相反在类似于高速公路一样良好的道路条件下,由于受到的外界信息的刺激以及驾驶动作都很少,单调、少负荷一定时间后易产生瞌睡驾驶,而这同交通事故直接相连,所以在坚持驾驶的同时,还要经受战胜瞌睡的折磨,承受着过大的异质性精神负担和痛苦感。在线形复杂的山区公路,由于道路线形等外部环境变化频繁,驾驶员容易疲劳,长时间的疲劳状态,使驾驶员精力很难集中,遇到紧急情况时反应迟钝,即在生理上,驾驶员很难在短时间内调整成必要的紧张状态,这也是驾驶员常常遇紧急情况采取措施不当的主要原因。

(4)工作空间狭窄:行动受驾驶室的狭窄空间的限制,驾驶员长时间保持座位姿势,身体受压迫部位血流不畅,导致下肢疲倦麻木等症状。

(5)事故的危险性:驾驶工作伴有发生不测事故的危险性,在驾驶中常常有意想不到的突发事件干扰和冲击,驾驶员精神处于紧张状态。

(6)时间不规则:对职业驾驶员来说作息时间不规则,夜勤多,每天驾驶时间差异大,睡眠时间不稳定或睡眠不足。

受工作条件的限制,不同职业的驾驶员在不同的行车环境中具有不同的驾驶行为和特征。

二、驾驶行为特征

在道路上行驶的车辆,其驾驶员、车辆和道路环境构成了典型的人机环境系统。在车辆行驶时,驾驶行为是信息感知、判断决策和动作所组成的一个不断往复进行的信息处理过程。

依据对人行为的刺激(S)—机体(O)—反应(R)经典模式的拓展,驾驶车辆的行为可以分为三个阶段,即感知阶段、判断决策阶段和动作阶段。

(一)感知阶段

此阶段主要是驾驶员通过视觉、听觉和触觉等来感知车辆的运行环境条件,如道路交通信号、行人的动静位置、路面状况以及车辆的运行状况等信息。感觉器官感觉道路环境中的各种信息,并将这些信息传送到大脑,等待大脑的进一步分析处理。

交通信息是驾驶员采取驾驶行动的基本依据,在驾驶车辆时非常重要。交通环境中的各类信息可以分为以下几种。

1. 突显信息

是指突然到来的信息。例如在行车中,行人或自行车突然倒于车前,或是儿童突然横穿以及车辆本身制动装置的突然失灵等。

2. 潜伏信息

这是驾驶员不能直接观察到的信息。这种信息的特点在于它的"隐蔽性"。如驾驶员未发现车辆带病行驶;在驾驶员视线盲区中活动的车辆和行人等。

3. 微弱信息

是指外界刺激量小,驾驶员不易察觉的信息。这种信息被驾驶员的感觉器官反映到大脑后,往往辨别不清,容易产生犹豫、疏忽,甚至错觉。

4. 先兆信息

指信息到来之前具有某种征兆的信息。如在行车中发现事故的苗头,行车中的违章驾驶、超速行驶等,具有警告性质的某些标志(如急弯陡坡等)。

(二)判断决策阶段

判断决策阶段即驾驶员在感知信息的基础上,结合驾驶经验和技能,经过分析,做出判断,确定有利于车辆安全行驶措施的过程。这一阶段主要由中枢神经系统完成。

实验证明,人的大脑处理感觉器官从外界接收的信息能力是有限的。有人曾做过这样的实验,使用两种刺激信号 S_1 和 S_2 单独进行人的反应时间实验,测得结果各在200~300ms 范围内。但是,当这两种刺激信号以极短的间隔时间连续呈现时,被试者对后出现的刺激信号的反应时间比单独进行实验时延长了,如图4-1所示。

分析这一结果,可以认为被试者对后出现的信号 S_2 的反应时间之所以比单独进行的实验长,是因为 S_1 和 S_2 两种刺激信号的间隔时间太短。当 S_2 信号出现时,人的大脑对 S_1 信号还未处理完毕,不能开始对 S_2 信号的处理。直到 S_1 信号处理完毕后,大脑才开始处理 S_2。因此,从 S_2 信号出现至 S_2 信号处理完毕的时间就拖长了。

这一实验证明了人脑处理信息的能力是有一定限度的,即在同一时刻,只能处理一个信

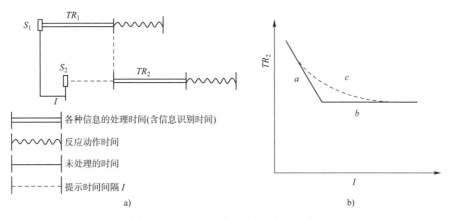

图 4-1 对接连出现的刺激信号的反应时间

息,不能同时处理两个以上的信息。这就是所谓的大脑处理信息的单通道性。当信息输入的速度和数量超过人接收和传递以及加工信息的能力时,可能会出现以下的结果:

(1)信息脱漏。

(2)对某些信息的歪曲(错误的再认,不适当的反应等)。

(3)传递某些信息的迟滞(当出现大量信息时,来不及回答信息,人对它的反应稍稍靠后,在信息的间隔期内反应)。

(4)对信息进行过滤(从很多呈现信息中只选择那些属于一定范畴的,而其余的全部被淘汰)。

(5)在辨别和再认信息时降低其完整性(信息的某些标记被忽略,只接收信息中包含的部分信息)。

(6)其他处理方法的加入(当输入信息的速度提高时,开始积极地利用以前未曾参与接受信息的那些分析器,也开始更积极地利用运动器官)。

(7)放弃处理。

所以,对于驾驶员来说,有一个最适宜的观察目标密度,在这种密度情况下,驾驶员的情绪不致紧张,能较有把握地操纵车辆,对道路环境的变化也能做及时的反应。适宜的目标密度和环境信息的多样化,有助于驾驶员的注意力集中。当环境信息过少时,例如在单调的草原地带交通量很小的情况下行车,信息负担很少,常常会使高级神经活动处于"抑制"状态,昏昏欲睡,很容易发生事故。但当目标密度过大时,即"信息过载"时,例如车辆在通过交通量很大和行人交通无组织的郊区时,要求驾驶员高度集中注意力,这时,驾驶员需要有选择地观测目标,放弃一些与行车安全无关紧要的目标。

(三)动作阶段

动作阶段是指驾驶员依据判断决策所做出的实际反应和行动,具体指手、脚对汽车实施的控制,如加速、制动、转向等。这一阶段主要由运动器官完成。

因此,道路交通系统中驾驶行为(B)可看作是驾驶员(D)、汽车(A)和道路环境(R)相互作用的函数,即:

$$B = f(D,A,R) \tag{4-1}$$

由此可知,驾驶行为不仅受汽车仪器仪表显示、运行状况和道路环境的直接影响,也与驾驶员的知识、经验、生理、心理机能等有关,体现在三者的交互制约上。

三、驾驶行为系统

驾驶行为是驾驶员受到环境因素影响后,通过操作车辆所做出的反应,其中包括了驾驶员因素(驾驶员本身的生理与心理状态)、驾驶因素(驾驶员的驾驶行为)、车辆因素(车辆的操纵特性或性能)、道路因素(如路况、其他车辆反应),透过车辆因子(车辆状况等)反映出来的结果;而其中驾驶员因素会同时影响车、路与环境,而成为影响安全驾驶之主因,如图4-2所示。

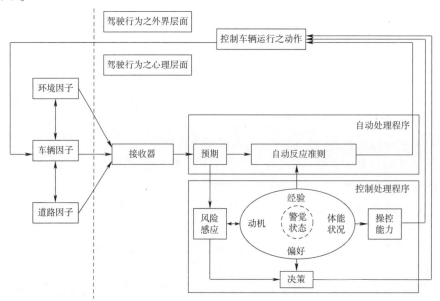

图4-2 驾驶行为系统框架图

四、驾驶员个性特征

个性特征是指个体在遗传的基础上,受社会生活环境制约而形成的独特而稳定的、具有一定倾向性和动力性的各种生理、心理特征的总和。

个性生理特征是指个体器官系统的形态结构以及对环境反应的基本特性,特别是神经系统的基本特性如强度、平衡性、灵活性及其类型的特点。个性生理特征主要表现在三个方面:性别、年龄、体质;神经类型;易感器官的反应特征。

个性心理特征是指个体心理活动中经常地、稳定地表现出来的心理特点,通常包括气质、性格和能力。

(一)驾驶员的个性生理特征

1. 性别差异

一般而言,男性为外倾型(表现外在、开朗、活泼、善交际),积极、富有正义感和意志决定能力。女性为内倾型(深沉、文静、反应迟缓、顺应困难),直观、情绪不定。具体表现如表4-1所示。

不同性别驾驶员驾驶行为比较　　　　　　　　　　　　　　　　　　　表 4-1

指　　标	男驾驶员	女驾驶员
超车	强行超车,东张西望,不在乎	慎重起见,被动
连续驾驶时间	较长	较短(比男性肇事率低)
遇到紧急情况	想方设法摆脱	恐慌,手足无措
驾驶形态	高速,自主	低速,对外界有依赖性
反应时间	较短	较长
达到领执照标准的时间	较短	较长(长26%)
驾驶力度和技术	动作快,有力	动作轻缓

2. 年龄差异

对驾驶员进行一般情况和紧急情况下的驾驶考试表明,在一般情况下驾驶,年龄大者(不超过45岁)得分多,事故少;在紧急情况下驾驶,年龄在20～25岁者得分高,事故少,年龄大者成绩差。

22岁的青年,教习22h,可获得驾驶执照;45岁的男性,需要35h方可获得执照;45岁以上的男驾驶员,身体素质、神经感觉、精力等均有衰退现象,驾驶机能也一定程度上有所降低。

22～25岁间的驾驶员,反应时间短,对于夜间眩光后的恢复时间而言,年龄越小恢复时间越短。年轻驾驶员视力恢复时间为2～3s,年龄超过55岁时,恢复时间大约为10s。

随着年龄的增加,人的各项生理功能下降。其中跟驾驶有密切关系、影响驾驶行为的功能包括以下几方面:

(1)视觉敏锐性的减退:由于高龄引起的视力退化,65岁以上的人中有15%～25%的视觉敏锐性较差。许多老年驾驶员会错过许多重要的标志,尤其在处于较高的工作压力下更为明显。

(2)动态视觉中光线的损失与分散:有证据表明,夜间观察物体的生理机能系统比白天观察物体的生理机能系统衰老退化的速度快。此外,瞳孔也将随着年龄的增长变得僵硬,衰老的瞳孔在生理上有所萎缩。白天到达一个60岁老人眼睛视网膜上的光线占年轻人的30%,在晚上会更少。与一个30岁的人相比,在同一给定对比物的情况下,要达到同一视觉效果,对于70岁的老人,这个物体要倍增大为原来的1.15～2.51倍时,才能完全看清。

(3)闪烁恢复:在以适应黑暗的情况下,用亮光来照耀一个人的眼睛,一个55岁的老年人从这种情况下恢复正常视力的时间比一个16岁的年轻人所需的时间要多出8倍。一个高龄驾驶员如果不采取措施遮住本已昏花的眼睛,在经亮光闪烁后,失去视觉的数秒钟之内,动态视觉的散光会导致很难看清物体,甚至可能看不清交通标志和控制装置。

(4)信息过滤的机理:老年驾驶员不善于放弃不相关的信息并且也不善于正确地判断有意义的线索。

各年龄组驾驶员的交通事故情况如表4-2所示。

各年龄组驾驶员的交通事故情况　　　　　　　　　　　表 4-2

年 龄 组	驾驶员百分比(%)		相对事故率 B/A
	被调查人数 A	被调查人数 B	
29 岁以下	15.2	23.9	1.6
30~45 岁	49.3	41.0	0.8
45~65 岁	32.0	31.1	1.0
65 岁以上	3.5	4.0	1.1
合计	100	100	1.0

(二) 驾驶员的个性心理特征

个性心理特征包括人的气质、能力、性格等。驾驶员的个性心理特征对驾驶行为和行车安全有重大影响。

1. 气质与驾驶

气质是人的典型和稳定的心理特点,是个性心理特征之一。驾驶员的气质与行车安全有很大关系,每一种气质都对驾驶有不同的影响。分析不同驾驶员气质和驾驶特性,可将其概况为 4 种主要类型:多血质驾驶员、胆汁质驾驶员、黏液质驾驶员、抑郁质驾驶员。

多血质倾向比较明显的驾驶员,朝气勃勃,机智灵活,反应迅速,有较好的人际关系。但驾驶中兴趣容易变换,注意力容易分散,观察不细,容易赶任务而开快车,出现交通事故。因此,多血质类型的驾驶员要养成工作有始有终认真细致的习惯,开车要专心致志,防止注意力分散。

胆汁质倾向比较明显的驾驶员,精力旺盛,反应迅速,有利于驾驶,但容易冲动,脾气急躁,操作不准确,爱开"英雄车""斗气车",受到挫折,容易报复,行车中也易出事故。这种气质类型的驾驶员应该注意培养耐性、毅力和自制力,遇事要冷静处理。

黏液质倾向明显的驾驶员对驾驶操作有很多有利的方面,如沉着冷静,比较谨慎。但反应迟钝、动作缓慢、犹豫不决,容易失去有利的驾驶时机,也会带来一些不安全的因素。

抑郁质倾向比较明显的驾驶员,观察细致,行动小心,纪律性强。但接受外界刺激信息比较迟缓,反应能力也比较弱,心理承受力低,这些都不利于驾驶。

2. 能力、技能与驾驶

驾驶员的观察力、注意力、思维力、记忆力及一些特殊操作能力,都是顺利完成驾驶活动所必需的、最基本的心理特征。缺乏这些特征就会影响驾驶活动的效率,使之难以顺利进行。

一般来说,技能是运用知识和经验去完成某一活动的方式。技能又分为运动技能和智力技能。运动技能主要表现为骨骼肌肉的运动。智力技能主要是人们在大脑中进行认识活动的方式,主要是智力活动。驾驶技能是运动技能和智力技能相结合的活动方式,但以运动技能为主。驾驶技能的好坏,是影响行车安全与否的最直接因素。

3. 性格与驾驶

性格是在一个人的个性中起核心作用的心理特点,它表现在人们对现实比较稳定的态度和各种行为习惯中。因此驾驶员的心理活动往往受其性格的制约和影响,带有个人特点。

根据心理机能中智力、情绪、意志何种因素占优势,可以把机动车驾驶员的性格分为理智型、情绪型和意志型三类。

理智型的人习惯用理智尺度衡量客观事物,其情感表现为理智感,言行举止不易冲动。这种性格的人较宜做驾驶员。

情绪型性格的人言行举止易受情绪影响。其知觉和观察受个人主观情绪的控制,比较迅速敏锐,但往往是混乱和无理智的,这种性格的人往往开快车、"斗气车",易出交通事故。

意志型的人,其意志因素在性格中占主导作用。这种性格的人积极主动,意志坚定,为自己明确的目标而努力奋斗。如果这种人做驾驶员,能够吃苦耐劳,不怕挫折,千方百计克服困难,完成任务。

作为驾驶员本身,要正确评价和分析自己的性格特点,巩固和培养其长处,改变和克服不利于驾驶的方面。单位和车队领导可以根据驾驶员的不同性格,因人制宜、有的放矢地进行帮助和教育;也可根据驾驶员的性格,分配不同的运输任务,提高行车安全系数和运输效率。

综上所述,作为特定人群的驾驶员,在一定的交通环境下,其行为依赖于具体环境的特点、个人对情况的估计以及过去在类似情况下对驾驶行为的强化程度。因为驾驶员对交通都持有一定态度,这种态度在他们所遭遇的情境范围内总要表现出来,发挥主观能动性,并相对稳定的扮演一定的角色,这样就形成了驾驶员具有的个性特征。

(三)驾驶员其他个体因素

1. 内部感觉对驾驶行为的影响

内部感觉指反映主体体内状态和体内变化的感觉。它主要包括动觉、平衡觉(静觉)和内脏感觉3种。

1)动觉

运动觉简称动觉,它对驾驶员的影响主要表现为:

(1)肢体在空间的位置、姿势及运动情况。

(2)促使驾驶动作精确化、自动化:动觉的主要作用是及时地将效应活动的信息返回大脑,进而使运动迅速准确并达到目的。驾驶员初学驾驶时,必须用眼指导和监督才能完成某一动作,如踩加速踏板或制动踏板。在反复的操作练习中,眼的指导和监督作用,逐渐由动觉所代替,一直到不用眼,一些动作就可以运用自如地完成。如果没有动觉的参与,就难以使驾驶动作熟练化。

(3)信息的接收:行车中驾驶员注视车外物体时,大脑不仅要接受从视觉传来的信息,而且还要接受眼球肌肉的动觉信息,这种信息是目测物体距离远近、大小、形状的必要条件,驾驶员以此准确判断车外环境中的各种物体的特性。

(4)思维判断:驾驶员的思维判断与动觉也有密切关系。因为言语器官肌肉的动觉同语言、听觉语言有密切关系,所以,动觉是思维活动和言语活动的基础。没有动觉参与,驾驶员就不可能进行思维判断,也就不可能在复杂的交通环境中行车。

(5)触摸觉:驾驶员的动觉和皮肤感觉相结合产生了复杂感觉——触摸觉。手和脚的皮肤感觉和动觉结合起来就产生了灵敏的触摸。手和脚及其他一些器官都有触摸感觉。但以手最敏感、精确,脚次之。驾驶员用手脚抚摸、按压、提托物体时,手脚的肌肉肌腱和关节的动觉结合皮肤感觉,向大脑发出了物体大小、形状、软硬、粗细、凹凸、光滑、粗糙、轻重、干湿等信息,从而使驾驶员认识物体的特性。触摸觉无论对驾驶操作或是对机动车部件修理都起着重要的作用。

2) 平衡觉

平衡觉也叫静觉,是反映头部的位置和身体平衡的感觉。它的刺激感受器是双耳中的前庭器。

平衡觉对驾驶员有着重要作用。如果平衡觉异常迟钝,驾驶员在次级路面特别是起伏盘旋的山地里驾驶时,就很难准确地判断行车方向;平衡觉异常灵敏,驾驶员也难以适应次级路面特别是山地驾驶;如果平衡觉发生病变,行车中对路面和车辆的倾斜程度就会判断不准而发生翻车事故。因此有上述特征的人群不宜从事驾驶工作。

平衡觉与视觉、内脏感觉有联系。在平衡器官受到一定的刺激时,人们会感到视野中的物体在移动或跳动,眩晕甚至眼花缭乱,内脏器官的活动会发生剧烈变化,驾驶员会恶心呕吐,即人们常说的晕车。

驾驶员在行动过程中如果出现晕车现象应立即停车休息,等平衡觉恢复正常后再驾车。如果晕车现象发生较频繁或者较严重,应停止驾驶进行治疗。有些人认为,晕车是由于汽油味刺激的结果,这是无科学根据的。

3) 内脏感觉

内脏感觉也叫机体感觉,是由内脏的活动作用于脏器壁上的感觉器而产生的。这些感觉器将内脏的活动及其变化的信息传入中枢并产生饥渴、饱胀、便急、恶心、疼痛的感觉。

由于内脏的感觉性质不确定,缺乏准确的定位,因此内脏感觉又被称为"黑暗"感觉。当内部器官工作正常时,各种感觉便融合成为人的一般自我感觉。在通常情况下,内部感觉的信号被外感觉器的工作掩蔽着,它们不能用言语系统功能反映出来,因而不能意识到。只有在内脏感觉十分强烈时,它才能成为鲜明的、占优势的感觉。比如,饿觉是反映饥饿的感觉,渴觉是反映缺水的感觉,饿和渴是人最基本的生理反应。驾驶员在缺少饮食的情况下,不但影响各种器官的正常活动,而且还会影响驾驶情绪。由于驾驶工作的流动性和随意性,驾驶员的饮食缺乏规律,过饿、过渴或暴食暴饮的情况经常出现。这种现象不但影响了各种感觉机能(特别是视觉、听觉),还会降低思维水平,导致驾驶员反应迟缓,动作不协调,判断失误,进而造成操作失误,酿成事故。因此驾驶员要养成良好的饮食习惯,出车时,要准备足够的水和食物,平时还要注意合理摄取各种营养,以避免内脏感觉受到妨碍。

2. 驾驶心理对驾驶行为的影响

不良性格心理反应出的消极情绪,对行车非常不利。具体表现为对工作不负责任,观察事物粗枝大叶,思考问题轻浮草率,工作马虎敷衍。心理学家认为性格与驾驶安全有极密切的关系,无论怎样能干的驾驶员,如果性格不好,比如不随和,群众关系不好、情绪不稳定,易冲动、过度紧张等性格特征者有易出事故的倾向。反之,情绪稳定、忍耐性强、不易激动、不随便发脾气的具有优秀性格的驾驶员对工作总是满腔热情,但遇事却特别冷静,能十分有分寸地控制自己的情感,把握自己的行为,他们不开"斗气车"、不开"英雄车"、不开"霸王车",遇事能忍耐,不急躁。

3. 驾驶生理对驾驶行为的影响

1) 驾驶疲劳及其产生原因

疲劳是经过体力或脑力劳动后,身心机能下降的现象。驾驶车辆是一种熟练劳动,行车时,车速快、时间长、振动颠簸、驾驶姿势单一,同时车外情况复杂、变化快,潜在危险时有出现,驾驶员的感觉器官及运动器官一直处于紧张状态。因此,驾驶过程中驾驶员需要付出一定的生理能量和较大的心理能量。连续作业导致驾驶员周身酸痛、感知觉弱化、思维判断力下降、动作迟缓和不准确等心理和生理上的失调,自觉不适和驾驶作业质量下降,即产生了驾驶疲劳。

造成驾驶疲劳的原因大致有为生活上的因素,驾驶中的因素以及驾驶员自身条件的因素,概括起来有以下几点:

(1)睡眠:充足的睡眠是保证驾驶员工作效率的必要条件。在睡眠充足的状态下,中枢神经系统的活动发生变化,使得全身肌肉组织迅速放松并处于相对静止状态。每个人应当根据自己的特点,按照规律安排好自己的睡眠。睡眠不足和睡眠时刻不当都会引起驾驶疲劳。一般情况下,要求驾驶员一昼夜至少保持7h睡眠。

(2)驾驶时间:长时间或长距离驾驶是造成驾驶员疲劳的主要原因。由于驾驶员在长时间驾驶操作过程中,要及时接收、处理频繁变化的信息并准确的做出反应,大脑必须保持高度的觉醒水平才能保证行车的安全。这样,随着驾驶时间的增长,驾驶疲劳程度也随之增加。此外,驾驶疲劳不仅与作业时间长短有关,而且还与具体的作业时间有关。

(3)高速行驶:车外交通情况变化相对增多而且更快,使人目不暇接,驾驶员必须高度集中注意力。另外,一些难以预料的危险情况也会随时出现,这使驾驶员精神陷入紧张和不安的状态,产生疲劳和不快。

(4)周围环境条件:道路景观单调、直线段过长、驾驶操作单一等都容易导致驾驶疲劳。

2)驾驶疲劳的预防对策

消除疲劳的最好方法是就是休息与睡眠。首先要科学地组织运输生产和安排作息制度,要根据驾驶员的生理节律科学地组织安排作业时间,持续驾驶时间最长不应超过10h。另外,驾驶员应该具有检测自己疲劳状态,客观评价自身疲劳程度的能力。在长途驾驶中,每隔2~3h要休息10~15min,并按疲劳程度采取不同的措施。

注意休息方式和环境。驾驶员在休息的时候应让身体舒展开来,最好躺在床上使全身肌肉放松。休息室应空气对流,舒适安静,使驾驶员可较快地消除疲劳。

看电视时间不宜过长,出车前应尽早停止看电视。正确的安排饮食,分清哪些食物具有提神作用,哪些又具有催眠作用。

驾驶途中应每两秒钟转移一次视线,切忌一味地注视车前的一段道路。

使用消除疲劳的报警装置或在车内放置提神物品,播放轻柔的背景音乐,淡淡的薄荷香味也有利于提神。

3)药物使用及生理损伤

(1)麻醉剂:无论单独使用或与其他麻醉剂混合起来使用、滥用酒精等都会对驾驶能力产生极坏的影响。任何滥用酒精的驾驶员,其驾驶行为都会有很大的变动,通常体现为感知时间和认知处理时间的增长。

(2)医疗条件:随着自适应医疗设备的技术进步,如今残障人士驾驶员虽然占驾驶员总数比例不大,但其数量也在逐年增大。通常情况下残障人士与普通驾驶员驾驶车辆上没什么区别,但是,仍需关注残障人士驾驶员在行车时生病或驾驶能力受限制的情况。

(四)外界交通信息特征

驾驶员自身作为一个极其复杂而又相对高度完美的自适应反馈系统,一方面有利于正确地驾驶,另一方面驾驶员所具有的功能自由度又导致不同程度的驾驶差错。在人—车—路这一系统中,驾驶员的驾驶动作是根据车内外的信息做出来的,尤其是来自道路环境的车外信息更加重要。驾驶员对车辆的操纵形成车辆的某种运动状态,而车辆在道路环境中的运动状态又作为新的信息反馈给驾驶员,作为连续操纵的依据。在这一过程中,驾驶员需要处理很多的交通信息,这些信息具有以下几个特点。

1. 信息量多

驾驶员行车时需要顾及车内车外,要对道路宽窄,弯曲,凹凸,交通标志,交通信号,行人以及其他车辆等各种情况做出反应,特别是城市闹区、职工上下班高峰期,需要驾驶员处理的信息就更多。

2. 信息变化大

道路环境中的各种信息时刻都在变化,而且往往以杂乱的形式出现,驾驶员很难预测。

3. 需长时间进行快速处理

车辆一旦上路行驶,驾驶员就开始了信息处理过程,需要接连不断地对众多变化的信息进行快速处理。而且驾驶员工作时间一般较长,有时甚至长达十多个小时。在高速行驶时,要求驾驶员注意力集中,有敏锐的反应能力,稍有不慎就可能有事故发生。

4. 要随时区分必要信息与不必要信息

驾驶员在行车中遇到大量信息,不可能一一处理,而且有的信息与驾驶工作相关性不大。因此,驾驶员须对信息进行及时选择,挑选那些与行车安全有直接关系的信息进行处理,做出正确的反应。

相应地,道路交通系统中驾驶行为具有以下的特征:①复杂性。②模糊性。③自学习性。④相关性。⑤延续性。⑥时变性。⑦随机性。⑧自适应性。⑨突变性。

第二节　客货运驾驶员行为特征

从驾驶员自身出发,行业驾驶员也有不同于一般社会驾驶员的特点,具体表现如下:

(1)在时间上,行业驾驶员比一般社会驾驶员要受限制,不能随心所欲。

(2)行业驾驶员受其所属单位的约束,其奖惩均与驾驶员完成驾驶任务的好坏有关,因此工作过程中要背负一定的心理压力。

(3)行业驾驶员接触车辆的时间比较多,比一般社会驾驶员更了解驾驶行为,他们大多经过专业培训。

(4)由于车辆条件的因素,行业驾驶员的工作环境较一般驾驶员要差,他们的健康状况与非专业驾驶员也有很大不同。

(5)行业驾驶员因工作需要,要接触不同的人群,受环境影响和外界压力加大,这也造成了他们心理上的负担。

(6)一般来说,行业驾驶员文化程度比社会驾驶员较低。

下面就社会上的几种行业机动车驾驶员的工作特点做出具体分析。

一、市内公交行业

根据问卷调查,市内公交驾驶员心理障碍的发生率为44.4%,其原因是多方面的。

首先,市内公交汽车所处道路环境为城市道路,道路曲线半径和转向半径小,而公交车车体大、转向不便(图4-3),同时在交叉口转向处可能受到非机动车和行人的干扰,因此造成公交驾驶员在转向处压力大,心理紧张。而且市内道路车道宽度一般较小,对于公交驾驶员也造成一定的心理压力。

其次,公交停靠站的进出缓和段较短,同时在停靠站附近往往有大量行人(图4-4),而车内又有大量乘客拥挤下车,因此在停靠站附近,驾驶员的心理压力也很大。

图4-3　北京能容纳200人的公交航母

图4-4　繁忙的公交运输

再次,城市道路拥堵严重,而驾驶公交又有准点时间限制,加上车内人多嘈杂,驾驶员心理容易急躁。而且,很多社会车辆长期占用公交车道,造成行驶不畅,这一点在下班的高峰期尤其严重。这段时间内人车混杂、乱穿马路等紧急情况较多,在这样的场景下,许多公交驾驶员会不按规定位置停车上下乘客,远离站区停车、中途随意停车,不按规定道路行驶,超速行车、斗气超车也经常出现。

另外,公交企业的奖金与票务收入有关,公司对驾售人员每天跑多少圈、每月要完成多少票款定额都有要求。只有达到一定的票款数才能拿到基本工资;如果完不成,驾售人员将被扣罚工资;如果超额完成任务,乘务员可按照票款的一定比例提成,驾驶员则取该车乘务员提成的平均数。所以驾售人员都尽量多拉快跑。加上公司每年制定的票款额总是根据上一年的任务完成额水涨船高,驾售人员总是存在危机感,不得不赶任务,一旦连续不达标或是成绩排在最后,就难免面临下岗。加上公交驾驶员的连续工作时间一般都比较长,工作期间只能在终点站得到几分钟的短暂休息,这几分钟时间内还要完成考勤登记等工作,在工作期间,又不仅要观察路况谨慎驾驶,还要留意上车乘客出示月票和投币情况,疏导车厢内的客流,以及观察乘客的下车情况。在这个过程中,无论是生理还是心理都要高度紧张,稍有半点懈怠就有可能出现差错。因此公交驾驶员不仅劳动时间长,而且强度很高。

基于以上原因,公交驾驶员之间发生冲突造成交通事故的报道频频出现不足为奇。有关的心理专家指出,身体状况不好、家庭出现矛盾、经济压力大、工作竞争激烈,都是导致驾驶员产生不良情绪的因素。长期沉浸在不良情绪之中的人,特别容易因为一点小事与人发生冲突。因此他们建议,公交公司在录用员工时,应增加心理筛查项目。另外,用人单位要及时了解驾驶员的心理状况,如果发现驾驶员的情绪波动很大,有必要让其暂停驾驶工作。

二、出租车行业

出租车驾驶员的工作性质和公交车驾驶员差不多,但出租车比较灵活,不像公交线路那样定点定线,工作的时间比较多变。在交纳了"份钱"之后,还可以继续工作,甚至到深夜。以上海为例,一般两个驾驶员轮流驾驶一部车,工作节奏为休息一天、工作一天,在工作日往往24h运营,且驾驶员一般只在客流很少的下半夜才停车休息,这样的工作安排极易造成驾驶员的疲劳。因此,保证睡眠休息时间需要驾驶员合理调整,自行约束。出租车所处道路环境为城市道路,道路曲线半径和转向半径小,而出租车的加速性能以及平均时速都较高,出租车对于可能突然出现的非机动车和行人的干扰存在心理上的防范,因此在行驶过程中尤其是交叉口等处易造成心理紧张。在公交车站附近,也常有出租车就近停靠,这一过程出租车驾驶员将受到站点行人多、公交车辆多、车道变换难、害怕交警发现等多重因素的影响,造成心理紧张和注意力不集中的问题,易出现交通事故。

出租车不是定点上客,因此出租车驾驶员一般都会特别留意路边乘客扬招,造成驾驶注意力分散。而空驶状态下车内气氛比较沉闷,空间狭小,极易造成出租车驾驶员的疲劳。

与公交驾驶员相比,出租车驾驶员的收入与自己的运营收入的关系更加直接,出租车驾驶员多拉快跑的心理存在更加明显,诸如超速行车、违规停靠、违规超车等行为经常出现。

出租车最大的特点是面向少数乘客,收费比公交高,所要提供的服务水平也要高,出租车驾驶员在选择路线时要争求乘客的意见,对于挑剔的乘客还要有一定的耐心,这对他们的心理素质和情绪提出了一定的要求。

出租车上下客区及蓄车场如图4-5和图4-6所示。

图4-5　出租车上下客区

图4-6　出租车蓄车场

三、长途客运行业

长途客运车一般在等级比较高的公路上行驶,行车条件好,但是所经过的道路往往景观单调,对驾驶员形成催眠作用,容易诱发打盹;从车内环境来看,乘客一般处于睡眠或休息状态,车内气氛也易导致驾驶员的疲劳;从工作的时间分布来看,许多长途客车是夜间行驶,夜间的行车环境加剧了本来就存在的"高速催眠"现象,人体的昼夜生物规律又使大脑活动水平在凌晨处于最低潮,所以长途客车驾驶员的疲劳问题是造成交通事故的主要原因。

长途客车由于运行速度较高和所处道路、地形的原因,潜在的危险性要高于市内道路,而且由于事故可能造成大量的人员伤亡,客车驾驶员一般比较紧张,更加剧了其单位时间内的疲劳。虽然《中华人民共和国道路交通安全法》中已经规定连续驾驶机动车超过4h必须停车休息至少 20min,否则视为疲劳驾驶。交通运输部也推行了长途客运车辆凌晨 2 时至 5 时停止运行或实行接驳运输管理办法,但是由于疲劳驾驶不易检测且驾驶员对疲劳驾驶不够重视,疲劳驾驶情况常发,持续高强度的驾驶作业使得驾驶员没有恢复和调节的机会。

四、长途货运行业

长途货运所处的道路和交通环境与长途客运基本相似。但对于货运车而言,其工作时段一般是两个驾驶员轮流驾驶,一个负责驾驶操作而另一个休息,车内环境更加单调,易引发疲劳。并且长途货运车许多都是昼夜连续行驶或夜间行驶,夜间行驶时驾驶员除了前照灯照射区域的路面以外,几乎什么都看不见,加之人体昼夜生物节律的影响,驾驶疲劳成为长途货运车辆发生事故的主要原因之一。

五、市内货运行业

市内货运行业所处的道路环境类似于出租车和市内公交,只是运营时间上有所限制:小型货运车一般白天和晚上都可以通行,而大型货车则以夜间行驶为主。

夜间市内道路饱和度低,车速高,行人和非机动车干扰微弱,对于夜间行驶的货运车辆而言,交通环境较好,驾驶员的心理一般比较放松,但是由于夜间人体生理机能的原因,驾驶员的兴奋程度低,加之通行条件好造成的麻痹思想,也很容易造成事故。

第三节 危险品运输驾驶员行为特征

一、危险品运输的特点

我国是危险品第一生产大国,5000 余种常用化工原料中,95% 以上需要异地运输。目前,我国的危险品运输渠道主要有道路运输、铁路运输、水路运输等,其中,80% 以上的危险品运输方式为道路运输,主要是由于我国完善的、覆盖范围十分广泛的公路网络,加之其具有较为方便、可灵活衔接不同运输方式、运输成本低等优势,成了危险品运输的主要途径。

危险品运输事故不同于一般运输事故,往往会衍生出燃烧、爆炸、泄漏等更严重的后果,造成经济财产损失、环境污染、生态破坏、人员伤亡等一系列问题。近年来,国内发生的典型道路危险货物运输事故情况如表 4-3 所示。

国内典型道路危险货物运输事故案例　　　　表 4-3

时间	地点	运载货物	事故起因	事故后果	伤亡情况
2017 年 5 月 23 日	河北浮图峪 5 号隧道	氯酸钠	疲劳驾驶、超速行驶	爆炸	13 人死亡、15 人受伤
2015 年 1 月 16 日	荣乌高速公路	汽油	车辆打滑	燃烧	12 人死亡、6 人受伤
2014 年 3 月 1 日	晋济高速公路山西晋城段岩后隧道	甲醇	追尾	泄漏	40 人死亡、12 人受伤

续上表

时间	地点	运载货物	事故起因	事故后果	伤亡情况
2014年7月19日	沪昆高速公路湖南邵阳段	乙醇	追尾	泄漏起火	54人死亡,6人受伤
2005年3月29日	京沪高速公路南行线沂淮江段	液氯	爆胎	泄漏	29人中毒死亡、456人中毒住院治疗、1867人门诊留治

部分事故图片如图4-7、图4-8所示。

图4-7 晋济高速晋城段2014年"3.1"事故

图4-8 沪昆高速邵阳段2014年"7.19"事故

虽然危险货物运输车辆相对于普通车辆发生事故的概率不高,但是一旦运输车辆侧翻、碰撞、泄漏和爆炸等事故发生,便会造成严重的社会影响。危险货物运输事故具有延时性,由于危化品扩散较快,且其影响范围较大,并且常常伴随有燃烧、爆炸等剧烈的化学反应,同时由于其信息登记往往不明确,在现场控制及救援时无法识别危险货物类型,救援人员无法及时采取有效的措施,使得危险货物扩大泄漏、燃烧范围,产生污染河道、土壤、空气等二次事故。危险货物运输事故还具有长期性的特点,例如浓酸物质一旦泄露,会对周围的生态产生永久性的破坏。同时,危险货物在运输过程中会受到许多例如天气、拥堵状况等一系列不确定因素的影响,这也使得其事故具有不确定性。

二、危险品运输驾驶行为的特点

危险品运输是特种运输的一种,是指专门组织或技术人员对非常规物品使用特殊车辆进行的运输。一般只有经过国家相关职能部门严格审核,必须了解所运载的危险货物的性质、危害特性、包装容器的使用特性和发生意外时的应急措施,拥有能保证安全运输危险货物的相应设施设备,才能有资格进行危险品运输。

危险货物单位从事生产、经营、储存、运输、使用危险货物或者处置废弃危险货物活动的人员,必须接受有关法律、法规、规章和安全知识、专业技术、职业卫生防护和应急救援知识的培训,并经考核合格后,方可上岗作业。运输危险货物的驾驶员、船员、装卸人员和押运人员必须了解所运载的危险货物的性质、危害特性、包装容器的使用特性和发生意外时的应急措施。运输危险货物,必须配备必要的应急处理器材和防护用品。《道路危险货物运输管理规定》第七条要求,直接从事道路危险货物运输、装卸、维修作业和业务管理的人员,必须掌握危险货物运输的有关知识,经当地地(市)级以上道路运政管理机关考核合格,获得《道路危险货物运输操作证》,方可上岗作业。

不同于其他行业驾驶员,危险品运输行业驾驶员有着劳动强度大、工作时间长、承载货物危险性高的特点。因此,该驾驶行为对危险品运输行业驾驶员的生理心理水平都提出了许多高标准的要求,要求驾驶员要有较好的感知能力和持续单调工作的能力,同时还要有较好的灵活性、协调性、注意集中持续性、操作准确性等心理品质。危险品运输的特点决定了其驾驶员驾驶行为的特殊性,是危险品运输驾驶适合性的重要依据。

1. 信息处理的即时性

驾驶员在危险品运输途中要对各种瞬息万变的信息,快速地做出反应和处理。因此,该驾驶行为要求驾驶员必须具有能迅速接受和处理各种信息的能力,以及随时应变的能力。

2. 高度的协调性

驾驶员在危险品运输途中要迅速、准确地对各种信息做出反应,同时还要迅速、正确地进行操作,这就要求驾驶员各项生理器官积极而协调地配合,特别是驾驶员要有极好的感知能力水平和操作的协调性。

3. 警觉性

驾驶员在危险品运输途中,要想迅速、及时地处理各种信息,就要有良好的觉察力,既能发现和处理常见的信息,也要能机敏地觉察和处理突显信息,经常保持警觉状态。

4. 风险性

机动车在道路上行驶,随时随地都有发生事故的可能性,瞬间就可能致人伤亡,一旦事故发生其后果是无法挽回的,所以,危险品运输作业是一项风险性极高的行为。驾驶员要有一定的抗风险的心理承受力和应急能力。

5. 独立性

危险品运输作业要求驾驶员必须独立操作,所以,在处理各种信息时驾驶员要坚决果断,独立自主。

驾驶行为特性对人的生理、心理品质提出了一定要求,而不是人人都能驾驶机动车,有些人的生理、心理特质在从事危险品运输作业时,存在这样或那样的缺陷,使其不能胜任这项工作。个体的这些缺陷主要表现在反应时间、感知特性、注意品质、记忆能力、思维品质、神经类型、性格、情绪、道德品质等方面,对这些特点进行研究,并有针对性地运用到危险品运输驾驶员的选拔和考查中来,是危险品运输驾驶员甄选的核心目的。由驾驶行为的特点决定,危险品运输驾驶员的生理、心理水平应不低于一般人的中等水平或高于一般人,才能胜任危险品运输驾驶工作。

第四节 不良驾驶行为特征

一、不良驾驶行为概念

根据不良驾驶行为的表现形式及其动机分析,可以将不良驾驶行为可区分为三类:①因缺乏认知而产生的习惯性错误行为,即陋习类驾驶行为。②因疏忽大意而产生的失误操作,即过失类驾驶行为。③因违反交通规则或社会认可的行为规范而产生的错误行为,即违规类驾驶行为。三类不良驾驶行为及其常见表现形式如表4-4所示。

三类不良驾驶行为及其常见表现形式　　　　　　　　表4-4

类　　型	常见表现形式
陋习类驾驶行为	随意变道、随意停车、随意掉头、滥用远光灯、不系安全带、不打转向灯等
过失类驾驶行为	加速踏板、制动踏板误用、转向不当、不看后视镜、占道行驶、骑线行驶、注意力分散、车道偏离、跟车过近、弯道超车等
违规类驾驶行为	超速、不按规定让行、不按交通信号通行、违法倒车、违法停车、占用应急车道、逆行等

其中,在违规类驾驶行为中,根据车辆驾驶员是否蓄意违规的意识形态,可分为蓄意违规驾驶和非蓄意违规驾驶两种。

依照危险程度将三种不良驾驶行为做区分,违规类会对其他用路人造成危险,过失类可能对其他用路人造成影响,而陋习类多半影响驾驶员本身,未必对其他用路人造成危险,因此,影响危险程度最高的行为为违规类、过失次之,而陋习类影响相对最小(图4-9)。根据上述定义,本书重点对危险程度的最高的违规类驾驶行为进行研究。

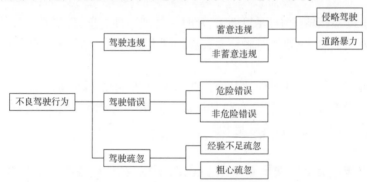

图4-9 不良驾驶行为分类框架图

(一)非蓄意违规行为

驾驶员在做出驾驶动作前,未能意识到其驾驶动作的违规性,称之为非蓄意违规行为。该行为主要由感知错误、判断不当等造成。

1. 感知错误

在行车过程中,驾驶员通过眼睛、耳朵等感觉器官获得相关交通信息。当驾驶员不能全面、正确地获得所需的交通信息时,就可能导致交通事故的发生。

感知错误的出现主要包括以下三种情况:一是前方交通环境出现变化(即刺激出现),但驾驶员由于其驾驶经验不足或者注意力不集中等原因,没有感觉到或无法感觉到;二是刺激已经出现,但由于行车环境较差或驾驶员身体等原因而出现感知错误;三是对刺激的感知不全面。造成这一系列感知错误,主要原因有以下几种:

(1)注意不当:指的是在行车时,由于驾驶员视野范围狭窄、注意力不集中、注视点分配不当等原因,驾驶员未能对前方的行车状况进行准确判断,致使本该发现的危险情况没有被发现或没有及时发现。例如,驾驶员在进入交叉口时,只专注避免与机动车冲突而忽略了及时避让行人。

(2) 观察错误:因驾驶员视线固定,视野狭窄,不能发现交通情况的发展变化,识别行车风险因素,从而造成知觉延误,观察不准确、不全面的情况,其中驾驶员在疲劳状态或缺乏驾驶经验时容易出现观察错误。例如,在换道过程中未注意侧、后方的车辆情况。

(3) 视觉阻碍与干扰:指驾驶员在行车过程中,由于道路(如弯道)内侧的树木枝叶、路旁的违章建筑等障碍物对视线的遮挡,以及恶劣天气对视觉的干扰等所造成的知觉延误。在知觉延误的情况下,驾驶员往往来不及采取避让措施而导致交通事故的发生。例如,雾天条件下能见度低,驾驶员不能及时发现前方车辆,提前采取制动措施,易发生交通事故。

2. 判断错误

在驾驶过程中,驾驶员根据自己感知到的交通信息,结合自己已有的知识经验,对道路线形、距离、车速以及超车时机等进行判断,并在此基础上进行决策。但当出现驾驶员根据感知到的行车环境信息做出的判断与实际情况不相符合的情况时,就会出现判断错误。

驾驶员基于对操作程序、安全章程、操作说明的错误理解或是错误估计形势而进行不安全行为称之为主观判断错误。例如:驾驶员驾驶一辆自己不熟悉、功率小的车,而采取同驾驶高速、功率大的车辆相同的驾驶习惯进行超车行为,会出现对速度的错误估计,造成对超车策略安全性的错误预估,存在较大的行车风险。

驾驶员基于安全程序、操作说明本身不完善,或是获得的信息不够准确而做出的错误判断导致的不安全行为称之为客观判断失误。例如,使用过期的地图进行旅程计划而走错车道。

(二) 蓄意违规行为

驾驶员在动作前识别到其动作的违规性,但是仍然坚持违规行为,称之为蓄意违规行为,主要包括侵略驾驶和道路暴力。

1. 侵略性驾驶

侵略性驾驶行为是指驾驶在道路上想要达到的目标(通常为速度、行驶路线等)被其他驾驶员干扰,使得驾驶员为达到原始的目的而使其驾驶行为具有侵略性,或者对干扰其目标的驾驶做出让人不适的驾驶行为,表现如频繁的车道变换、追尾或不恰当超车、鸣笛、闪前照灯等。通常具有高度侵略性的驾驶员喜欢通过驾驶行为来反映其喜欢与其他驾驶员争吵的特性,这种驾驶行为较易导致交通事故的发生。驾驶员在愤怒情绪下,较易出现侵略性驾驶行为,驾驶员所遇到的侵略性驾驶行为有以下6类:

(1) 紧跟前车。

(2) 后车连续闪前照灯。

(3) 无礼、挑衅的手势。

(4) 故意阻挡或者是干扰行车路线。

(5) 言语威胁。

(6) 实际攻击行为。

侵略驾驶行为常有以下几种交通违规的特性:

(1) 超速。

(2) 任意变换车道。

(3)不当示警(鸣喇叭、闪前照灯)。
(4)不当超车。
(5)忽略交通标志所表现的信息。

2. 道路暴力

在评价驾驶行为时,将驾驶者的行为分为侵略驾驶和道路暴力。侵略驾驶是时间紧迫性驾驶,是自私、霸道的,甚至有时是违法的,如:超速行驶、闯红灯、迂回行进及右边超车等。侵略驾驶的原因是车辆驾驶员不耐烦和不注意驾驶规则,而道路暴力更强调的是驾驶员情感受到伤害所致的特定行为,其极端形式指用机动车作武器,对其他驾驶者(或行人)进行身体伤害或车辆毁坏等行为。与侵略驾驶相比,道路暴力的危害程度更高。大量调查表明,驾驶员个性心理特征、生活中的紧急事件和道路环境条件等因素,可促使侵略驾驶逐渐升级,最终导致道路暴力的发生。

二、不良驾驶行为产生原因

关于侵略性驾驶行为产生的原因,有很多不同的理论,主要有以下几个方面。

(一)挫折

侵略性驾驶的一个直接原因是个体需要的满足受阻,行为动机受挫。道路交通环境中的矛盾冲突、个人生活事件、工作紧张、不良的情绪状态等容易使人产生敌对、愤怒的情绪,从而使个体失去理智或自控,产生侵略性驾驶行为。

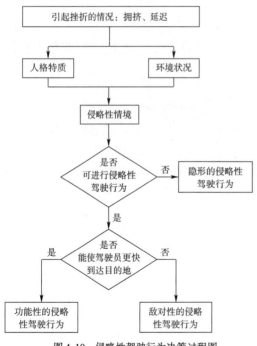

图4-10 侵略性驾驶行为决策过程图

以色列学者Shinar沿用了Reason提出的挫折侵略性理论(Frustration-Aggressive Theory),使用挫折侵略模型来衡量侵略性驾驶行为,指出驾驶员在遇到挫折的状况,会做出一系列决策以决定是否要进行侵略性驾驶行为,如图4-10所示。

其研究中指出驾驶员在遇到会引发挫折的情况(拥塞、延迟)时,驾驶员人格特质与环境状况的共同影响会让驾驶员产生进行侵略性驾驶行为的想法,再依照驾驶员自身判断,决定是否可以进行侵略性驾驶行为,若可以进行,则将侵略性驾驶行为分为功能性与敌对性两种。研究认为驾驶员的最主要目的是更快到达目的地,而功能性的侵略性驾驶行为能够让驾驶员达到此目的,即增加其行车速度,因此在最短路径未被阻挡的状况下,驾驶员会选择行驶此最短路径,由此产生的快速超车、超速等行为就被归类在功能性的侵略性驾驶行为。而当驾驶员的最短路径被阻挡时,驾驶员就会转而对阻挡其最短路径的其他车辆驾驶员进行情绪上的发泄,而成为敌对性的侵略性驾驶行为;敌对性的侵略性驾驶行为则属于不能让驾驶员更快到达目的地,而只是单纯发泄心情的作用。功能性与敌对性的侵略性驾驶行为的具体表现形式如表4-5所示。

敌对性的侵略性驾驶行为与功能性的侵略性驾驶行为　　　　表4-5

敌对性的侵略性驾驶行为	功能性的侵略性驾驶行为
1. 鸣笛	1. 超速
2. 对前车连续闪前照灯	2. 蛇形超车
3. 无礼、挑衅的手势	3. 不遵守交通信号
4. 故意阻挡或者干扰行车路线	4. 紧跟前车
5. 言语威胁	5. 鸣笛
6. 实际攻击行为	

(二)人格特质

生物学理论认为,尽管特定的行为因个人经历的不同而存在差异,但侵略性行为是每个人天生具有的,它取决于驾驶员性格和生理因素。就性格因素而言,平日易怒、有侵略个性倾向的人,易与人冲突,发生侵略性驾驶行为的概率性也更高;生理因素方面,也有人试图从性激素水平探讨服用睾酮的剂量与侵略性驾驶行为发生的关系,但是没有得到较为明确的结果,自体内分泌睾酮水平能否促使具有某种个性特征的人采取侵略性驾驶行为,尚有待于进一步研究。

(三)性别

大量研究表明,男性驾驶员的驾驶技术高于女性驾驶员,但男性驾驶员相较于女性驾驶员,在驾驶时更具侵略性,也更喜欢追求刺激感,产生这种情况的原因可能是因为他们低估了较高风险驾驶行为的危险程度,同时他们也潜意识中认为自己有比女性驾驶员拥有更好的驾驶技能。这导致男性驾驶员出现违规或侵略性驾驶行为的可能性高于女性驾驶员。

(四)年龄

研究表明,年龄较大的驾驶员虽然会因为生理因素导致反应速度较慢,但对交通拥塞等较差行车环境的容忍程度明显高于年轻驾驶员。也因此年轻驾驶员比老年驾驶员更容易出现为尽快抵达目的地而做出的危险驾驶行为。例如,年轻驾驶员车速快,也更可能容易违反交通规则。此外,年轻驾驶员出现道路暴力行为的比例较高,年轻驾驶者相较于年龄较大驾驶员更容易被激怒,做出较具危险性的行为。由此可见年轻的驾驶员不论是易怒性或者是本身的侵略性都比老年驾驶员高。

(五)驾驶经验

以色列学者Shinar研究发现驾驶时,驾驶员对各种外在环境因素的适应度会随着驾驶经验的增加而不断提高,因此驾驶员的信心、车辆操作流畅性会随着其驾驶经验增加而增加,而驾驶时的焦躁感则会随其驾驶经验的增加而减少,表明有经验的驾驶员能够更好地应对各种突发状况。不过研究也发现,丰富的驾驶经验也会降低驾驶员对行车安全感知敏锐度,这是由于驾驶员的自信心增强,对行车环境状况过于乐观的评估的结果。整体上来说,丰富的驾驶经验会对驾驶员对极端行车状况的判断产生一定的影响,但是易怒性与发生侵略性驾驶行为的概率都明显少于没有驾驶经验的驾驶员。

(六)生长环境

社会学理论认为,侵略性行为是通过学习、模仿社会上他人攻击行为的结果。通过研究侵略性驾驶员的幼年成长环境,发现侵略性驾驶员大多数来自不和睦家庭或离婚家庭,成长期遭受过虐待。父母的驾驶方式与驾驶行为会对其子女在未来的驾驶习惯的养成产生较大的影响,不论在侵略性驾驶行为方面或是驾驶习惯方面,父母的驾驶行为与子女的驾驶行为都呈显著正相关关系,表明父母的驾驶行为会对其子女的驾驶行为产生较大影响。

此外,道路环境因素如噪声、交通拥塞、竞争的驾驶环境等因素也对侵略性驾驶行为的产生有很大影响。驾驶员在驾驶过程中,这些恶劣的环境因素会使驾驶员处于紧张状态,当环境事件超出驾驶员个体最高忍受阈值时,驾驶员会出现愤怒等负面情绪,从而引发侵略性驾驶行为的发生。

三、侵略性驾驶行为的判定

对侵略性驾驶的人群研究,目前较多采用的是心理问卷评定法,即设计一些与驾驶密切相关的条目,用于评价侵略性驾驶行为、驾驶紧张程度及道路暴力等。问卷主要分为以下几种:

(一)驾驶报复问卷(The Driving Vengeance Questionnaire)

该问卷是加拿大 York 大学心理学教授 David L. Wiesenthal 和 Dwight A. Hennessy 等设计完成的。Hennessy 认为,任何一种侵略性驾驶行为都不是无故产生的,与他人的冲突、情景因素都可导致侵略性驾驶的发生。驾驶报复问卷正是基于此观点而设计的。该问卷共有15条,它列举了一些驾驶时常常碰到的情况,并给出反应强烈程度不同的4个应对方式($A=4$分,$B=3$分,$C=2$分,$D=1$分),请答题者选择驾驶时最有可能做出的反应,将各项得分加和得到报复分,从而反映受到侵扰时,调查对象采取报复行为的情况。与该问卷相配套的还有一般情况调查、驾驶紧张程度、驾驶行为、驾驶暴力测试,每一部分可单独使用,亦可结合起来使用。驾驶紧张问卷共有16个条目,可测量驾驶紧张程度,得分高则表明被试者具有对紧张高度敏感的个性特征。驾驶行为问卷共有17个条目,主要测试日常驾驶时侵略性行为和武断行为出现的频率,其记分方法采用0~5分,反映各类行为出现的不同频率,两种条目穿插在一起,分别计分。该问卷在经过有效度和信度分析后,可用于筛选有潜在不当驾驶心理的驾驶员。

(二)驾驶员人格测量(Driving Personality Test)

该量表是由夏威夷大学的 Leon. James 博士等设计,用来评价驾驶员的情感、认知智能和感觉运动能力特点的。James 认为,驾驶员要具备3种智能:第一,情感智能,即驾驶者关心、体验他人的能力,也叫自觉同情心,是以良心、道德为基础;第二,(社会)认知智能,指驾驶员理解别人权利和需要的能力,能设身处地替别人着想,也叫自觉移情作用;第三,感觉运动能力,指能够文明、机敏、谨慎地对待他人的行动能力,它基于一个人的安全、幸福和团体意识强弱。该测量包括以下9种驾驶员人格特征:①驾驶交流时相互的归因偏差(AB)。②驾车时情感的自我控制(ES)。③驾驶员的冲动性(IM)。④驾驶活动的心理控制源(LG)。⑤驾驶好斗(PU)。⑥驾驶选择的情景分析(SA)。⑦驾驶员的自我成就感(SE)。⑧社会责任感(SN)。⑨适合驾驶的情绪智力总分(TE)。

(三)拉森驾驶紧张测试(Driver's Stress Profile)

该量表是由美国耶鲁大学医学院精神病学教授 John A. Larson 编制而成的。包括40个条目,分为生气(anger)、不耐烦(impatience)、竞赛车速(competing)、惩罚(publishing)4个方面,测试内容与NHTSA(National Highway Traffic Safety Administration,美国高速公路安全管理局)定义的侵略性驾驶的内涵相符。每个方面有10个条目,每个条目根据反应的频度分为:总是(3分);经常(2分);有时(1分);从不(0分)。各条目分相加得相应的生气、不耐烦、竞争、惩罚分值,这4个方面相加得总分,总分大小反映侵略性强弱。该量表在2000年时做了效度和信度分析,证明有良好的效度、内部一致性和重测信度。目前,该量表经过Larson教授的调整,变成20个条目的简表,被AAA(American Automobie Ass)公司用来筛选侵略性驾驶员。

(四)驾驶愤怒量表(Driving Anger Scale)

是由 Deffenbacher 等编制的,他认为易怒是一种个性特征,是侵略性驾驶行为的直接致因,因此构建驾驶愤怒量表,来对驾驶员侵略性驾驶行为进行评价。该量表共有33个条目,根据驾驶时可能遇见的不同情景,由6个分量表组成,包括遇到违规驾驶、交通阻塞、无礼驾驶、缓慢行驶、敌对情形、被警察发现的6种情形,并给出由不生气到非常生气的5种不同程度的答案,测试特定的驾驶环境激发驾驶者生气的程度。心理方法学研究表明,该量表具有良好的信度和效度,目前被广泛引用的是由该量表发展而来的简表,包含14个条目,它常被用作标准量表,来对其他量表进行效度分析。

侵略性驾驶行为的测试研究很多,尽管许多测验都声明能够区分事故组和非事故组在特定人格和社会特征方面的不同,但大多数研究结果并没有被证实。所发现的差异也可能是由于方法不同或方法不充分所致,例如,不能控制暴露和危害水平的改变、样本量偏小、测试标准不充分或缺乏对不同人群的调查结果等。

第五节　违法后驾驶行为特征

一、交通违法行为

道路交通违法行为即违反道路交通法律法规和企业规章,扰乱公共秩序,侵犯公民合法权益,影响交通畅通和安全的交通参与者应依法受到相应惩罚的行为。交通参与者应当包括:通行车辆、机动车和非机动车驾驶员、行人、乘车人员、其他相关交通活动者。道路交通违法行为由主体条件、客体条件、过错条件、客观存在违法行为4个方面构成:

(1)主体条件:行为的主体必须是达到法定责任年龄且具有行为能力的自然人,在一些情况下,法人或者其他的相关组织也有可能成为道路交通行为的主体。

(2)客体条件:即交通违法行为所侵犯的交通设施、公共交通秩序和其他有关交通权益,这些被侵犯的客体受到法律保护。

(3)过错条件:违法行为实施者由于个人主观意识上的故意性或是疏忽大意而导致的过错行为。

(4)客观存在违法行为:违法行为是客观存在的,不可捏造、欺骗甚至造假。

交通违法行为按照行为主体的主观状态,可以分为两类,即无意识交通违法行为和有意识交通违法行为。

(一)无意识交通违法行为

驾驶员在动作前未能识别到其动作的违法性,称之为无意识违法行为。

(1)感知错误导致交通违法:人的感知错误主要是不注意观察、不善于观察造成的。这类交通违法行为常表现为驾驶员未能及时注意观察到准确、全面的交通情况,导致交通违法,甚至造成交通事故。例如,在交叉口观察不到位,未注意到行人横穿,从而未能及时避让;或是在起动时忽略对车辆侧、后方情况的观察,对来车避让不及等。

(2)判断不准确导致交通违法:驾驶员判断不准确主要表现为对距离、速度、超车时机、道路线形的判断不准确。例如,在高速公路上,驾驶员习惯于集中注意力去观察道路前方的交通情况,未注意车速表,而是凭主观感觉来估计和控制车速,往往速度控制不准确而导致超速;又或是在坡道上行驶时,如果坡道发生变化,容易产生坡道错觉,当车辆在下坡行驶到坡度变缓的阶段时,由于路边景物和路面倾斜度降低,驾驶员此时可能会产生上坡的错觉,所以开始加速,驾驶的危险程度加大。

(3)反应不恰当导致交通违法:反应不恰当有两种情况,一是反应不及时;二是反应不准确。

反应不及时就是驾驶员的反应迟钝、动作缓慢。机动车载质量大,速度快,在行驶时,由于车子本身的惯性及其他原因,如果驾驶员要转向或者制动,那么,从采取措施(反应)到实现转向或制动,要经过一段时间。驾驶员从发现信号到做出反应所需的时间称为反应时间。驾驶员行车速度一般较快,为保证安全,缩短反应时间,提高反应的及时性极为重要。例如,驾驶员从发现红灯信号到踩制动踏板所需要的反应时间为 0.3~1s,如果行车速度较快,极短的时间也可前进几米,从而可能发生"闯红灯"交通违法行为,甚至造成交通事故。

驾驶员反应动作的准确性与交通安全有着密切的关系,任何一个不准确的反应动作都可能造成交通事故。造成驾驶员反应操作不准确的原因很多,除了感知错误、判断错误外,客观刺激的强度、驾驶技术熟练程度、交通情况复杂程度、反应操作的复杂程度、操作后果的认识性等也是导致反应操作不准确的原因。

(二)有意识交通违法行为

驾驶员在动作前识别到其动作的违法性,但是仍然坚持违章行为,称之为有意识违法行为。

(1)习惯性违法指驾驶员经常性的违反已有的规章、安全程序、操作指导,其行为已经成为一种习惯从而代替了正常的操作。例如:经常驾车不系安全带。

(2)特定条件下的违法指驾驶员的违法行为是由于行车的一些特定条件或环境下引起的。这些因素诸如:超负荷的工作压力、完成任务的时间紧迫、过度劳累、不合适的工具、天气状况等。此类违法行为例如:客货运超载驾驶、驾驶员疲劳驾驶等。

（3）紧急情形违法：这类交通违法一般发生在特殊的、非常态的条件环境下，通常是在已经发生了无法预知的事故或出错的情况下采取的更高风险的行为，驾驶员主观意愿是采取特殊的、高风险的手段以控制已经发生的事故。例如紧急情况下发生的闯红灯、超速等违法行为。

二、交通违法行为的产生原因

由以上的交通违法行为分类可以看出，交通违法行为与驾驶员的各种心理因素相关。

（一）心理需要的影响

人们对客观事物采取的态度，主要看某事物是否满足人的需要。凡是能满足人的需要的事物，会引起肯定性的体验，如快乐、满意等；不能满足人的渴求的事物，或与人的意愿相向的事物，则会引起否定性的体验，如愤怒、悲伤等。需要是个体的一种内部状态，是个体行为积极性的源泉。个体需要推动着人们一定的方式，在某一方面进行积极的行动。

交通违法者同样有对交通安全的需要。但是，他们常常是过分强调自己个体的交通需要，而忽视了他人和社会的交通需要。对交通违法者来说，个人需要应服从社会需要，而且需将社会需要转化为有目的、有方向的动机和行为。同时，交通管理者也应了解交通违法者的心理需要，以及人类需要的社会制约性，这对于充分调动和提高交通参与者的遵章积极性有着重要的意义。

（二）情绪、情感两极性的影响

情绪、情感的一个重要性质就是两极性，即可按照对比的性质，配合成对。这种两极性表现为强与弱、肯定与否定、积极与消极、紧张与轻松等对立的性质。积极的、肯定的情绪与情感可以明显地提高人的活力，起到"增力作用"；而消极的、否定的情绪与情感则会削弱人的活动能力，起到"减力作用"。而且，在环境和制约因素发生变化时，情绪和情感的两种性质可以相互转向。例如，交通违法者的违法大多数是在消极、紧张、否定的心理状态下发生的，如果交通管理者在处理时能以积极、肯定的心理加以诱导，那么，交通违法者的心理就会发生转向。

（三）激情的影响

激情是一种迅猛发生的、激动而短暂的情绪状态。处于激情状态时，认识会被局限在引起激情的事物上，以致认识范围狭窄，理智的分析能力受到抑制，意识对自己的控制能力减弱，不能正确评价自己行动的意义和后果，说出不该说出的话，做出不该做的事，甚至出现不顾一切的行为。交通违法者容易出现激情状态，但是激情是可以控制的。控制激情需要从两方面着手。一是在预测到事态发展可能引起激情时，要做好思想准备，以便正确对待；二是在面临激情时，采取必要的措施免受激情的困扰和损害。例如，要以坚强的意志力忍让和克制，强迫自己悬崖勒马；或有意识地转移目标，把激情的能量发泄到别的事物上去，或者用合理化的办法给一些不可接受的思想、行为或事件找借口，以缓解激情；或采取回避等。同时，交通管理者也应避免激情状态的发生，因为激情与激情的碰撞可能会发生更加不可预测的结果。

（四）高级情感的影响

人类除了有自然需要外，还有社会性需要。由社会性需要引起的情感叫作高级情感。这类情感既受社会存在的制约，又对人的社会行为起着积极和消极作用。高级情感分为道德感、理智感和美感三类。具有高尚情感的人，其交通违法率极低，即使偶尔违法，也能够认识错误，接受处罚，及时更正。所以，每个交通参与者和交通管理者都应努力提高自己的思想修养和知识水平，严格要求自己，把自己培养成具有高级情感的人。

（五）意志的影响

具有意志自觉性的人能独立地、主动地控制和调节自己的行动，为实现预定目的全力以赴。具有意志动摇性的人，缺乏独立性，对自己的行动缺乏信心，盲目依赖他人，屈从环境的影响。这种人责任感差，不肯付出意志努力。具有意志独断性的人，他们不管自己的愿望和目的是否合理，一味固执己见、刚愎自用，拒绝他人的批评和劝告，经常发生交通违法。

有意志自制力的人，能够顽强地克服盲目冲动和各种消极情绪，抵制排除身体以外的干扰，坚持既定方向。他们遇到突如其来的事件，能理智分析，全面考虑，找到解决问题的办法。即使发生矛盾或被别人误解时，坚持说明情况，忍耐克己。他们不仅情绪稳定，而且注意力集中，思维敏捷，记忆力和组织力强。意志自制性强弱取决于对行动目的的社会意义的认识，认识越深，自制力越强，这一点对交通安全非常重要。

（六）气质的影响

气质是受遗传因素影响较大的个性心理特征，对每一个人具有相对稳定性。气质又贯穿于人的心理活动和行为方式之中，对人的学习和工作都有一定影响。只有掌握了这些知识，才能在工作中做到从实际出发，根据不同的气质类型，区别对待，讲究工作方法。例如，在纠正违法中，对胆汁质的人进行具有说服力的批评，可以促使他们遵守交通法规。简单粗暴的斥责和不说明道理的强行惩罚，会使他们暴怒，而诱发恶性交通事故。抑郁质的人，在受到强烈的刺激如艰巨的任务、激烈冲突、不幸的遭遇、严厉的批评等，其脆弱的神经过程无法承受，以致可能发生神经分裂症。所以，具有抑郁质的驾驶员，由于某种强烈刺激后思想上想不开，可能发生交通事故。

（七）性格的影响

不同性格的人在交通违法后，对待处罚的态度是不同的。内向性的人即便有异议也不会与交通管理者发生冲突，而外向性的人则对交通管理者的态度和方法非常注重，且容易发生正面冲突。性格是稳定的个性心理特点，但是它又不是一成不变的。客观环境的变化是性格变化的重要因素。主观上的自我调节也是性格改造的有利因素。人的性格与其立场、观点、理想、信念有密切的联系。经过教育与自我修养，一旦他充分认识到自己的某些性格与现实要求不相适应时，他将会坚持不懈地努力改造自己的性格。此外，经常稳定的刺激物会使人产生稳定的态度和行为方式。例如，对交通违法的严厉处罚和安全行车的表扬奖励，会促使交通参与者养成认真负责、重视安全的性格特征。

（八）个体特点的影响

每个人都有不同的个体特点。比如，健康状况、家庭背景、社会地位、经济收入、婚姻状态、知识水平、心理素质等，这些都会在交通违法处罚中产生不同程度的影响。交通管理者在管理活动中应根据不同的交通违法者的不同个体特点，因人而异，采取不同的纠正违法方法，才能有效地提高交通管理的效率。

三、交通违法后心理

(一) 顺从心理

轻微违法和一般违法的行为人,由于情节和性质的相对轻微,对交通管理者的违法处罚比较配合。他们一般能认识到自己行为的危害性和错误性,能够理解和接受处罚。这种心理还常见于具有较高个人修养和道德情操而偶发违法的人群当中。

(二) 对抗心理

这种交通参与者的主要心理表现是暴躁、冲动、易怒和无理。一般来说,有反社会个性、偏执固执、情绪异常、法纪观念淡薄、个人修养低下的人在交通违法后易产生对抗心理。对抗心理多发生在公共场所。在公共场所,交通违法者置身于广大交通参与者之中,与人单势孤的交通管理者相比,他们容易产生群体的优势心理,从而与交通管理者公开对抗。而到达交通管理部门后,这些违法者的心理支持力量的消失和执法机关的庄严肃穆的气氛,会很快使得这种心理消除。

(三) 畏惧心理

严重违法者当意识到自己的违法行为可能导致严厉的行政或治安处罚时,一般会产生畏惧心理。在这种心理作用下,交通违法者常常过分强调交通违法的客观条件和客观原因,企图弱化自己的主观过错和主观原因,甚至编造或离奇或紧急或悲惨的故事情节,来博得交通管理者的理解和同情。

(四) 无所谓心理

一些交通违法者自认为交通违法性质轻微,而自己有一些个体优势,所以不以为然。他们要么认为交通违法无关紧要,无足轻重;要么认为处罚较轻,无伤大雅;要么认为自己有一定的社会背景,法难责己;要么消极懈怠,无赖无谓。总之,持这种心理的人并不是真的无所谓,而是执法不严和社会不良风气的消极影响。随着社会执法环境的改善,滋生这种心理的土壤也会相对减少。

(五) 攀比心理

这种心理多见于行人和非机动车违法。这些交通违法者常常将自己的违法行为与他人攀比,以企图蒙混过关。由于行人和非机动车违法现象普遍,而交通管理部门也确实不可能做到全部纠正、毫无遗漏,但却成了某些交通违法者的借口。

(六) 选择心理

对交通违法者的违法行为有多种处罚措施。交通违法者总想选择其中符合自己利益或相对较轻的处罚。特别是随着交通违法处罚的日益完善,交通管理部门对交通违法行为的处罚力度加大,采取了计分与考试、拖拽车辆、撤销驾驶证等行政强制措施,并由新闻媒体进行舆论监督。因此,有的违法者希望只罚款不记分,有的不希望被新闻媒体曝光,有的害怕车辆被拖拽,有的唯恐被行政或治安拘留。总之,在违法行为的被处罚不可避免时,交通违法者表现出强烈的选择愿望。

第五章　交通工效学与道路交通安全

　　交通工效学是指根据交通参与者在道路交通环境中的心理学、生理学、美学等方面的因素,研究如何通过交通参与者、交通工具与交通环境的相互作用,构建一个安全、快捷、畅通、舒适的交通环境系统。汽车的发明和道路交通事业的发展为人类社会的进步、经济的快速发展做出了卓越的贡献,但是随着汽车使用量的增加和公路里程的延伸,道路交通事故日益成为当下一个严重的社会问题。道路交通安全已经成为世界各国政府及其道路交通管理部门的重要研究课题,并被列为城市发展和建设的重要内容之一。

第一节　概　　述

一、道路交通安全

　　美国著名学者乔治·威伦研究了美国和其他一些国家中的交通、消防与犯罪问题,并在其著作《交通法院》中写道:"人们应该承认,交通事故已经成为今天国家最大的问题之一。它比消防问题更严重,这是因为每年因为交通事故死伤的人数比火灾更多,引起的财产损失更大;它比犯罪问题更严重,这是因为交通事故跟整个人类有关,不管是强者还是弱者,富人还是穷人,聪明人或是愚蠢人,每一个男人、女人、孩子或者婴儿,只要他(她)们在街道或者在公路上,每一分钟都可能死于交通事故。"道路交通事故的严重性及其增长趋势逐渐使道路安全问题成为世界上许多国家共同关心的重大问题。

二、国内外道路安全状况与对策

　　国内外许多关心道路安全问题的学术团体或社会组织对道路交通事故做了长期的统计分析,研究道路安全的发展趋势及其给人民生活与财产带来的损失,并且提出各种降低事故率、改善道路安全状况的技术对策与管理对策。

　　(一)世界道路协会(PRAIC)道路安全委员会

　　世界道路协会(PRAIC)道路安全委员会分析了1989—1996年各国的事故数据,分析了国家间交通安全和个人安全的对比数据。

　　1996年PRAIC应用以下两个指标评价不同国家的道路安全状况:

　　(1)交通安全(Traffic Safety):常用伤亡率等作为道路运输的安全性指标,如万车伤(亡)率或百万车公里伤(亡)率等。

　　(2)公众交通安全性(The Personal Safety):这一指标主要用于评价交通事故对公众安全性的影响程度,是大众健康指标之一,可用每10万人口的交通伤害率等表示。

根据这两个指标的统计结果,PRAIC 认为:

(1)总体上,公众的道路交通安全性在过去的 7 年里得到了改善。然而,改善的程度有较大差别,20 世纪 70 年代的事故率降低程度高于 20 世纪 80 年代。

(2)总体上,道路运输的安全性在过去的 7 年也得到了改善,改善的情况比公众道路的交通安全性要好。

(二)"在欧盟内促进道路的安全"计划

"在欧盟内促进道路的安全"计划,目的是为了改进道路安全及降低欧盟内事故的数量。委员会提交给理事会、欧洲议会、经济和社会委员会及地区委员会的文件包括《在欧盟内促进道路安全,1997—2001 计划》,此文件收集了欧盟多年来道路安全方面的材料,并分析得出欧盟内道路安全的趋势和特点如下:

(1)一个国家与另一个国家的数据完全不同。

(2)在某些成员国,大量汽车造成的拥挤使这些国家的交通情况越来越恶化。

(3)事故数量在不断增加。

(4)安全风险存在于步行者、骑自行车者和骑摩托车者、年轻人和老年人。

(5)虽然不怀疑在一些国家控制与酒精相关事故的计划取得的成功,但酒精仍然是发生事故的重要因素。

在为将来道路安全制订政策的过程中,委员会提倡成本效益法。记录显示,道路事故每一年估计价值 450 亿欧元,其中,医药费、警察的涉入和机动车的修理费用达 150 亿欧元,死亡和受伤带来经济生产的损失占 300 亿欧元。现阶段每年因交通事故有 45000 个受害者,也就是说为了挽救一个人的生命,因采取措施而产生的经济损失达 100 万欧元,而避免一起重大事故则可以节省 100 万欧元。委员会以此为根据,确定了新政策的研究、改善对象如下:

(1)安全带的磨损。

(2)机动车设计(降低人的风险,改进被动安全性)。

(3)采用碰撞报警和巡逻控制系统。

(4)日常运行的光线。

(5)速度。

(6)驾驶员驾驶时血液酒精含量。

(7)开车时麻醉药和药品的影响。

(8)基础设施。

(9)新政策的主要目的是在 2010 年将受害人的年总量降到 18000 人。

(三)发展中国家对于道路交通安全的认识

根据世界银行的统计,发展中国家及地区每年因机动车事故死亡的人数高达 35 万人,其中三分之二与行人有关,且其中很大一部分为儿童。事实上,在发展中国家及地区导致死亡的主要原因中,道路事故排在第二位,由它造成的发展中国家的经济损失达 14 亿~20 亿美元,约占 GDP 的 1%~2%。

世界银行的道路安全专家曾指出,发展中国家对道路安全问题的认识水平可分为三级:

(1)第一级认识水平:处于这一认识水平的发展中国家对道路安全问题缺少认识,几乎没有事故资料,缺少事故数据系统。国家对道路安全问题或道路用户风险的发展趋势所知甚少,没有专门的机构负责道路安全事宜,政府也不太关心道路安全问题。

(2)第二级认识水平:这类国家的政府意识到了道路安全问题,但却不太予以关注,道路事故资料残缺不全。但道路安全问题引起了媒体的注意,一些大学或研究机构也开始研究道路安全问题。

(3)第三级认识水平:这类国家的政府已经开始认识到道路安全问题并给予关注,建立了改进的道路事故资料管理系统,成立了一些机构并培训职员,可进行道路事故黑点的分析。政府开始进行道路安全教育。尽管缺少数据资源,但研究机构正在进行道路安全方面的研究。

不少发展中国家,如中国、斐济、马来西亚、泰国等均开展了针对诸如道路事故多发段(点)改善、道路安全评价、道路事故数据库等课题的研究。按照以上分级的依据,中国介于第二级认识水平和第三级认识水平之间。

(四)我国道路交通安全现状

我国是道路交通事故死亡人数最高的国家,连续数年一直居世界首位。根据公安部的统计数据,1951—2013年我国累计受到道路交通事故直接伤害的人数达到1157.89万人次,其中241.97万人死亡,915.92万人次受伤,相当于我国一个特大型城市消失在车轮之下。这63年间平均每年3.8万人死于道路交通事故伤害、14.5万人次受伤。

道路交通事故的总量呈现出与当年机动车保有量、公路通车里程、机动车驾驶员素质等因素密切相关的特点。自1951—2013年,我国道路交通事故总量总体上经历了先升后降的变化历程,较明显地分为三个阶段。

(1)第一阶段为从新中国成立至改革开放初期(1949—1984年),道路交通事故总量较低,增量较小。当时我国公路通车里程较少,汽车工业还没有建立起来,民用汽车仅5万辆左右,在此阶段道路交通事故起数、死亡人数、受伤人数即便比上一年有所增加,增幅也并不明显。

(2)第二个阶段为改革开放初期以后(1985—2004年),我国交通事故数迅猛增长,增速快、增量大。这与当时道路运输市场的活跃、机动车驾驶员素质的低下、公路通车里程的剧增及交通管理体制的混乱有关。1986年国务院决定全国城乡道路交通由公安机关负责统一管理,之后几年间交通事故总量基本保持稳定。1992年以后,随着国民经济的快速发展,公路通车里程和机动车保有量都在快速增长,交通事故的总量也开始急剧增加。1998年以后,道路交通事故增长迅猛,并在2002年达到了历史极值。2003年受"非典"影响,道路交通事故有所下降。2004年道路交通事故出现反弹。

(3)第三阶段为2004年以后,道路交通事故迅速下降,道路交通安全形势逐渐向好。2004年4月《中华人民共和国道路交通安全法》正式施行,我国道路交通安全开始进入一个崭新的发展阶段。随着政策和措施效果的逐步显现,我国道路交通事故自2005年起迅速回落,逐渐实现了道路交通事故从高发到基本遏制直至逐年下降的工作目标。2005—2013年,我国道路交通事故年死亡人数逐年下降,由2005年的98738人降至2013年的58539人,降了40.71%。2013年的道路交通事故死亡人数与1992年大体相当,而1992年的公路通车里程、机动车保有量、交通量与 2013 年是不可同日而语的。

第二节 我国道路交通事故特征

当前,我国道路交通事故死亡人数呈现大幅下降趋势,交通安全形势保持了总体平稳态势,但是我国仍然处于道路交通事故高发期,影响道路交通安全的因素依然很多,道路交通安全形势依然严峻,2014 年《中国道路交通安全蓝皮书》分析了我国道路交通事故变化趋势,如图 5-1 所示。

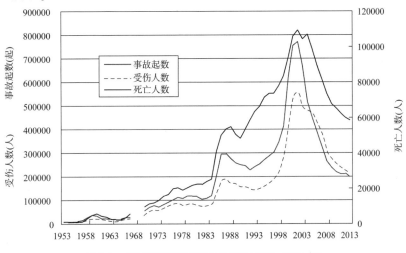

图 5-1 我国道路交通事故变化趋势(1953—2013 年)

一、交通事故高发

近几年我国道路交通事故降幅明显,但是依然高发。2008—2017 年近十年来,我国道路交通事故平均减少近 0.62 万起,2017 年我国道路交通事故总数量已降低至 20.30 万起。目前,我国道路交通事故死亡仍高居世界第二位,遏制道路交通事故高发、降低交通事故伤害仍然任重道远。图 5-2 为我国 2008—2017 年近十年道路交通事故总数量。

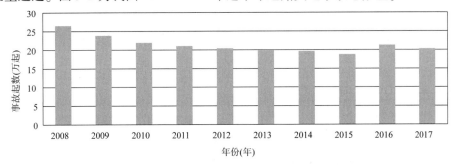

图 5-2 我国 2008—2017 年近十年道路交通事故总数量

我国仍处于机动化初期阶段,机动化的快速发展和交通需求的日益增长与道路交通基础设施承受能力之间的矛盾依然没有改变,道路交通的不安全因素依然存在。从发达国家经验看,人均 GDP 大约 8600 美元,道路交通事故人口死亡率将达到顶峰。2013 年我国人均 GDP 约为 6800 美元,以发达国家的经验来看,我国道路交通事故人口死亡率存在降低的空间。人、车、路等方面存在的影响道路交通安全的现实问题还没有得到根本解决,国民整体文化素质和道路交通安全意识等仍处于较低水平,促使道路交通安全改善的基础仍比较薄弱。随着我国社会经济的快速发展,人流、车流、物流的高速增长,在交通事故总量经多年快速下降之后,遏制道路交通事故高发的压力将愈发增大,道路交通事故总量极有可能强力反弹。

二、交通事故率偏高

我国近年来道路交通安全取得了巨大成绩,但与发达国家相比,我国道路交通事故率仍然偏高,如万车死亡率、亿车公里死亡率仍远高于美国、日本、英国、法国、德国等发达国家。因此,虽然从纵向看我国道路交通安全工作取得了巨大成绩,但从横向看,我国道路交通安全形势仍不容乐观。

我国道路交通事故万车死亡率较高。根据公安部公布的我国道路交通事故统计数据计算,2013 年我国道路交通事故万车死亡率为 2.34 人/万车,2014 年降为 2.22 人/万车,2015 年降为 2.08 人/万车,2016 年为 2.14 人/万车。虽然我国道路交通事故万车死亡率 4 年来有所下降,但仍然远高于发达国家,反映出我国交通事故应急救援与医疗救护水平不能满足道路交通事故救援需求,与发达国家相比差距较大,其结果直接导致了交通事故伤者错过最佳救治时间而致死或致残。图 5-3 为 2016 年我国与发达国家的道路交通事故万车死亡率的比较。

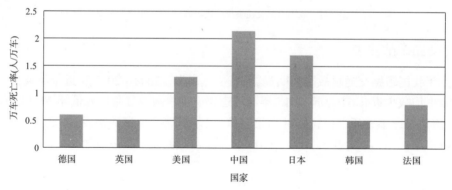

图 5-3　我国与发达国家道路交通事故万车死亡率的比较(2016 年)

三、高速公路事故占比大

随着高速公路通车里程的增长及其我国经济快速发展和人民群众日常出行重要性的日益显现,高速公路事故占比逐年增加。近几年高速公路交通事故死亡人数占道路交通事故死亡总数的比例维持在 10% 上下。随着高速公路的进一步发展及其重要性的进一步显现,高速公路交通事故占比可能会进一步提高。

高速公路作为公路网的组成部分之一,与其他公路类型相比,其道路交通事故既有共性又有其自身的特点。图 5-4 为我国高速公路交通事故占道路交通事故比例。

第五章 交通工效学与道路交通安全

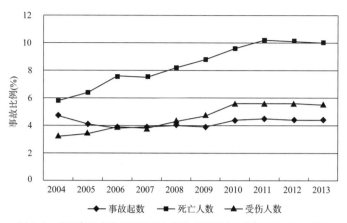

图 5-4 我国高速公路交通事故占道路交通事故比例(2004—2013 年)

1. 追尾与剐撞行人事故多发

高速公路车速快,不同车型的车辆速度差异大。车辆间如果未保持足够的安全间距,极易造成追尾事故。追尾事故是我国高速公路最为常见的事故形态,导致的死亡人数和受伤人数比例也较大。2013 年,高速公路共发生追尾事故 2981 起,造成 1909 人死亡、4224 人受伤,分别占高速公路事故总数的 34.29%、32.67% 和 37.82%。

剐撞行人事故高发也是我国高速公路交通事故的一个特点。2013 年,我国高速公路共发生剐撞行人事故 1059 起,造成 836 人死亡、325 人受伤,分别占高速公路事故总数的 12.18%、14.31% 和 2.91%。行人违法进入高速公路已成为 2013 年高速公路交通事故的首要致因,避免行人进入高速公路是遏制因行人违法进入高速公路而导致事故最有效的方法。

2. 超速与驾驶疲劳问题较突出

高速公路交通事故肇事原因中,超速行驶和疲劳驾驶是造成交通事故最多的两个因素。近年来,因超速行驶和疲劳驾驶导致的交通事故比例占高速公路事故总数的近 1/5。高速是高速公路的本质特征之一,但超速就可能成为影响交通事故发生和严重程度的关键因素。超速问题已成为包括我国在内的很多国家影响道路安全的头号问题。图 5-5 为我国高速公路疲劳驾驶和超速行驶肇事比例。

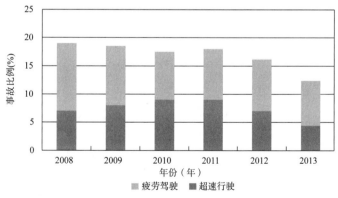

图 5-5 我国高速公路疲劳驾驶和超速行驶肇事比例(2008—2013 年)

高速公路行车速度快、行车过程单调,驾驶员更容易产生疲劳。如果驾驶员长时间连续驾驶得不到及时休息,将会导致道路交通事故的发生。近几年我国连续开展了针对疲劳驾驶等严重交通违法行为的专项整治,在一定程度上遏制了疲劳驾驶的高发态势,但因疲劳驾驶引发的高速公路交通事故所占比例仍然较高。

3. 重特大事故频发

高速公路已成为我国道路交通运输的主动脉,但近年来高速公路重特大事故频发。2010—2013年期间有4起特别重大道路交通事故均发生在高速公路,2012年将近1/3的重大以上事故发生在高速公路。表5-1为2010年以来发生的特别重大道路交通事故。

2010年以来发生的特别重大道路交通事故 表5-1

年份(年)	日期	时间	地点	死亡人数(人)	受伤人数(人)	道路行政等级	道路技术等级	事故形态	涉事车辆
2010	5月23日	2:50	长深高速辽宁阜新段	33	24	国道	高速公路	碰撞起火	半挂牵引车、大型卧铺客车
2011	7月22日	3:43	京港高速公路河南信阳段	41	6	国道	高速公路	失火	大型卧铺客车
2011	10月7日	15:46	滨保高速公路天津武清段	35	19	国道	高速公路	刮蹭后侧翻切割	大型普通客车
2012	8月26日	2:31	包茂高速公路陕西延安段	36	3	国道	高速公路	追尾碰撞后起火	大型卧铺客车、中型半牵引车

2005—2013年,我国高速公路上共发生一次死亡10人以上的特大道路交通事故53起,共造成923人死亡、1051人受伤,分别占一次死亡10人以上的特大道路交通事故总数的19.92%、22.82%和26.76%。在这53起特大道路交通事故中,追尾碰撞事故20起、坠车事故21起、正面碰撞事故12起。我国高速公路多为高路基、高边坡,坠车事故加剧了事故严重程度。图5-6为我国高速公路一次死亡10人以上的特大道路交通事故。

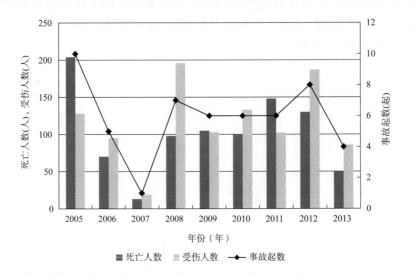

图5-6 我国高速公路一次死亡10人以上的特大道路交通事故(2005—2013年)

四、电动自行车安全问题突出

电动自行车因其节省体力、价格适中、操作简便、速度快、效率高、使用成本低和无污染等优点,近年来在我国城乡得到迅速普及,特别是在公共交通欠发达的中小城市、农村和大城市非中心区,普及率高。截至2013年底,我国电动自行车保有量约为1.81亿辆,已从自行车大国快速转向为电动自行车大国,电动自行车肇事数量也呈快速增长趋势。2013年,全国电动自行车肇事9184起,造成1238人死亡、10530人受伤,分别占道路交通事故总数的4.63%、2.12%和4.93%,分别占非机动车肇事交通事故总数的71.53%、61.32和73.84%,电动自行车肇事已经成为非机动车肇事的主体。在交通事故伤亡人员中,电动自行车驾驶员伤亡数量快速增长,死伤人员所占比例显著上升。2013年道路交通事故死伤人员中,电动自行车驾驶员员分别达到5752人和29010人,分别占死伤总数的9.83%和13.57%,分别占驾驶非机动车死伤总人数的51.65%和64.19%。

五、农村公路安全形势严峻

农村公路从大规模建设为主逐渐转向更加注重质量、安全和效益。安全发展已成为农村公路发展的重要组成部分。但是,我国农村公路交通安全形势依然严峻。

(一)农村公路交通事故所占比例高

近年来随着我国道路交通事故总数的下降,农村公路交通事故整体呈下降趋势,但其所占公路交通事故比例整体呈上升态势。2013年,农村公路交通事故数、死亡人数和受伤人数分别占公路交通事故总数的41.60%、35.52%和40.83%,即公路交通事故中每死亡3人就至少有1人死于农村公路交通事故。图5-7为我国农村公路交通事故死亡人数占公路交通事故死亡总数的比例。

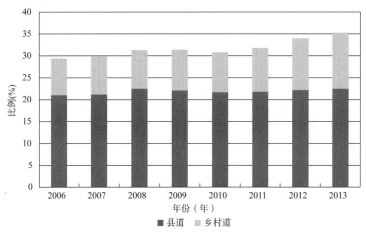

图5-7 我国农村公路交通事故死亡人数占公路交通事故死亡总数的比例

(二)农村公路群死群伤事故时有发生

2006—2013年,农村公路上共发生一次死亡10人以上的特大交通事故56起,共造成782人死亡、694人受伤。近8年来,农村公路上发生的一次死亡10人以上的特大交通事故数、死亡人数、受伤人数平均占一次死亡 10 人以上的特大交通事故总数的 25.57%、24.16% 和 21.53%。农村公路上共发生一次死亡 10 人以上的特大交通事故中坠车事故最为常见，2006—2013 年在农村公路上发生的一次死亡 10 人以上的特大交通事故 56 起中，坠车事故共 41 起，比例高达 73.21%，坠车进一步加重了事故的严重程度。表 5-2 为我国农村公路一次死亡 10 人以上的特大交通事故统计。

我国农村公路一次死亡 10 人以上的特大交通事故统计　　　　表 5-2

年份（年）	事故数		死亡人数		受伤人数	
	数量(起)	百分比(%)	数量(人)	百分比(%)	数量(人)	百分比(%)
2006	11	28.95	162	29.03	136	29.37
2007	7	26.92	110	28.28	121	26.95
2008	5	17.24	79	16.60	43	8.53
2009	5	20.83	59	17.93	64	18.55
2010	8	23.53	94	20.39	53	12.27
2011	8	29.63	118	25.93	108	26.73
2012	5	20.00	61	16.90	71	19.35
2013	7	43.75	99	47.60	98	37.84
合计	56	25.57	782	24.16	694	21.53

（三）农民成为道路交通事故最大受害群体

伴随着农村经济的发展和农村道路建设的深入推进，农民接触机动车、拥有和驾驶机动车的机会大大增加，涉及农民的交通事故逐渐增多。随着我国道路交通事故数量的降低，近年来道路交通事故伤亡人员中农民的数量也大幅下降。与 2006 年相比，2013 年道路交通事故中农民伤亡人数分别下降 53.76% 和 64.02%，但从道路交通事故伤亡人员行业类型看，农民伤亡比例依旧是最高的，2013 年分别占道路交通事故伤亡总数的 31.29% 和 26.68%，远高于其他行业人员。图 5-8 为我国农民道路交通事故伤亡情况。

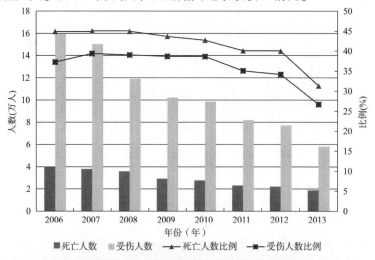

图 5-8　我国农民道路交通事故伤亡情况（2006—2013 年）

六、群死群伤特大事故频发

群死群伤事故因为死伤人数多、社会影响和危害大,遏制包括一次死亡10人以上的事故在内的群死群伤事故一直是我国道路交通安全工作的重要内容。虽然近年来我国群死群伤特大道路交通事故总体上呈现下降趋势,但仍然频发。图5-9为我国一次死亡10人以上的特大交通事故情况。

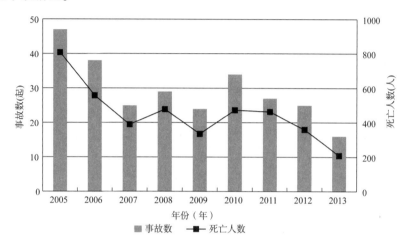

图5-9 我国一次死亡10人以上的特大交通事故情况(2005—2013年)

(一)群死群伤事故呈现明显的地域性特征

西部地区发生的一次死亡10人以上的特大交通事故数量远高于东部地区和中部地区。2005—2013年,西部地区发生一次死亡10人以上的特大交通事故120起,东部地区68起,中部地区78起,分别占总数的45.11%、25.56%、29.32%。西南地区是我国一次死亡10人以上交通事故高发地区,其中云南省、贵州省和西藏自治区最为严重。图5-10为我国一次死亡10人以上的特大道路交通事故地域分布情况。

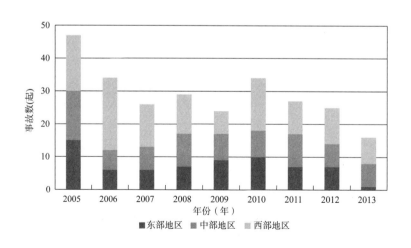

图5-10 我国一次死亡10人以上的特大道路交通事故地域分布情况

(二) 事故形态多样,但以坠车事故为主

一次死亡 10 人以上的特大交通事故的事故形态多样,主要包括正面碰撞、侧面碰撞、对向刮擦、翻车、碾压、碰撞行人、撞固定物、追尾、失火、爆炸、坠车等。其中,以坠车事故发生起数最多。坠车加剧了道路交通事故的严重程度,极易导致人员群死群伤,2005—2013 年共发生 133 起一次死亡 10 人以上的坠车特大交通事故,占一次死亡 10 人以上的特大交通事故总数的 50%。图 5-11 为我国一次死亡 10 人以上的特大道路交通事故中坠车事故情况。

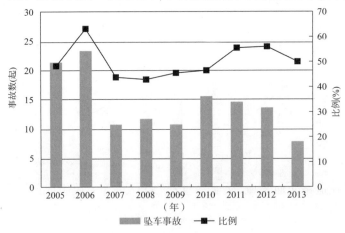

图 5-11　我国一次死亡 10 人以上的特大道路交通事故中坠车事故情况(2005—2013 年)

第三节　交通参与者与交通安全

交通事故发生的原因是多元化和复杂化的,只有对交通事故原因进行分析,才能发现形成上述交通事故特点的原因。道路交通事故的影响因素基本上可归结为人的因素、车辆因素和道路因素及其他因素。道路交通系统是一个由人、车、路构成的动态系统,是对人、车、路(或者整个环境)系统在运行中的安全性、可靠性做出系统的分析评价和提出保证措施的系统工程(图 5-12)。所以人、车、路(整个环境)被称为道路交通系统的基本三要素。

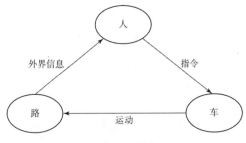

图 5-12　道路交通系统

道路交通系统中,驾驶员对周围道路交通环境认知判断进而形成动作指令,动作指令又通过驾驶操作行为实现,使车辆在道路上按相应的轨迹运动,运动后车辆的运行状态和道路环境的变化又作为新的信息反馈给驾驶员,如此循环往复,形成车辆整个行驶过程。道路上

所有车辆不断进行这一过程,与道路环境一起形成整个道路交通系统。

交通环境的刺激会引起人的生理和心理效应,而这种人体效应会以外在行为表现出来,我们称这种行为表现为环境行为。人类的环境行为是由于客观环境的刺激作用,或是由于自身的生理和心理需求所产生的。这种作用促使人类适应、改造或创造新的环境。环境、行为和需求施加给人的往往是一种综合作用。人的行为受人的需求和环境的影响。即人的行为是需求和环境的函数,这就是著名心理学家库尔特·列文(K. Lewin)提出的人类行为公式。

$$B = f(P,E)$$

式中:B——行为(Behavior);

f——函数(function);

P——人(person,生理和心理需求);

E——环境(environment)。

交通工效学寻求通过交通环境(交通出行中所处于工作场所的一切方面)适应驾驶员操控能力的要求,使安全性、舒适性、工作效率等达到最佳状态,建立人与交通环境两者之间的关系(图5-13)。在道路交通领域,交通参与者处于人—车—路组成的动态复杂大系统中,存在着人与高速行驶的车辆及道路不适应的问题,这种不适应常表现为交通事故的发生。下面就从几个方面对发生道路交通事故的原因进行分析。

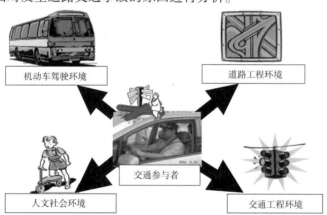

图5-13 交通参与者与交通环境

构成交通环境的要素不外乎人、车、路。行车万里是否安全,人是决定性的因素,机动车驾驶员是人,违章的是人,肇事的还是人。国内外专家在分析造成交通事故的原因时,一致认为在"人""车""路"这三大原因中,人为因素是其中最主要的原因。

从造成道路交通事故的直接原因看,驾驶员素质不高、操作技能差、安全意识不强,是导致道路交通安全事故多发的主要原因。十大"影响事故发生的危险因素"包括:①超速。②使用酒精、药品和毒品。③疲劳。④年轻男性。⑤城市和居民区道路安全弱势群体。⑥在黑暗中旅行。⑦车辆因素。⑧道路因素。⑨环境因素。⑩道路使用者视力欠佳。其中,前6个因素与⑩直接与人有关,而因素⑦、⑧、⑨则间接与人有关的。所以,研究交通事故中人的心理与行为因素,对道路交通安全具有重要的意义。

一、驾驶员与交通安全

(一)驾驶员的生理特性

道路上,相同的车辆在不同的驾驶员操作下会表现出不同的驾驶特点,即每个驾驶员都拥有自己的特点。据统计,2005年来每年因道路交通事故死亡人数6万~10万人,占全国各类事故死亡人数的80%以上。其中,因驾驶员因素造成的交通事故占事故总数的比例在80%以上,而在驾驶员因素造成的交通事故数量中三年驾龄以内新驾驶员造成的事故数又占一半以上。所以,有必要了解驾驶员的驾驶共性,认识驾驶行为与驾驶员生理之间的关系。

1. 性别差异

男性为外向型,积极、富有正义感和意志决定能力。女性为内向型,直观、情绪不定。具体表现为:①男性多强行超车且对这种行为不在乎,女性很少有这种行为且对超车比较慎重。②女性发生事故率与时间成正比。③女性处理紧急事件不如男性。④男性反应时间短,而女性较长。

日本的交通心理学家宇留野让年龄及驾驶经历相同的男女两组驾驶员,在干燥的沥青路面上驾驶相同的小轿车做紧急制动试验。结果显示,男性驾驶员比女性驾驶员的平均制动距离短4m。

2. 年龄差异

动态视觉特征反映的是所有视觉和眼肌系统的整合功能,因此年龄因素的影响十分明显。动态视觉特性衰退得比较早,而且衰退得比较快。此外,随着年龄的增长,驾驶员患眼疾的概率加大,一旦患上白内障、青光眼等疾病,将影响驾驶员眼睛的有效移动,驾驶员不同程度地产生弱视和失明,从而导致视觉机能下降。基于上述理由,对于年龄大的驾驶员(尤其是职业驾驶员),应在驾车时必须要做出合理的限制。年龄与反应速度的关系如表5-3所示。

年龄与反应速度的关系(%)　　　　表5-3

年 龄	知 觉	比较、判断	动作与反应速度
10~17岁	100	72	88
18~29岁	95	100	100
30~49岁	93	100	97
50~69岁	76	89	92
70岁以上	46	69	71

一般情况下和紧急情况下的驾驶考试表明,在一般情况下驾驶,年龄小者发生事故少;在紧急情况下驾驶,年龄在20~25岁者发生事故少。

22~25岁间的男驾驶员,反应时间短,对于夜间眩光后需要的恢复时间,年龄越小越快。年轻的驾驶员视力恢复时间为2~3s,年龄超过55岁,恢复时间大约为10s。45岁以上男驾驶员的身体素质、神经感觉、精力等均有衰退和驾驶机能低落之表现。各年龄组驾驶员的交通事故情况见表5-4。

被调查驾驶员的交通事故情况　　　　　　　　　　表5-4

年　龄　组	被调查驾驶员A(%)	发生事故B(%)	相对事故率(%)
小于30岁	15.2	23.9	1.6
30~45岁	49.3	41.0	0.8
46~65岁	32.0	31.1	1.0
65岁以上	3.5	4.0	1.1
合计	100	100	1.0

3.驾驶员的视觉特性

驾驶员在行车中,有80%以上的信息是依靠视觉获得的,人的眼睛所能见到的范围局限在180°以内的视野空间(图5-14)。视力根据视角的大小而变化,驾驶员的眼睛是保证安全行车的重要保障。

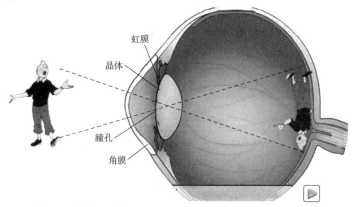

光线通过眼球前部的"角膜",再进入瞳孔,并由晶体聚焦至视网膜

图5-14　人体视觉成像示意图

行驶中,驾驶员的视觉判断能力与车辆速度有关,速度变化时,对于车外环境的判断能力也发生变化。视觉的判断能力在行驶中与静止时完全不同,车辆高速进行时,驾驶员因注视前方,视野变窄。实验表明:速度为40km/h时,驾驶员视野范围低于100°;70km/h时,视野范围低于65°;100km/h时,视野范围低于40°。因此,设计行驶速度较高的道路,特别是高速道路,道路两旁必须要有隔离措施,而且不许行人或自行车走在车行道旁,以免发生危险。

驾驶员的视力分为静视力、动视力和夜间视力3种。驾驶员的驾驶过程是一个动态的过程,即物体是静止不动的,但在驾驶员的眼中依然是一个相对移动的物体。所以驾驶员在驾驶过程中,95%的视觉信息是动态的。动态视觉与静态视觉的视野、视距、空间感有很大的不同。

1)静视力

静视力是指人和视标都不动的状态下检查的视力。一般认为1.0是正常视力。视力共分为12级,用0.1~1.0代表,每级差0.1,此外还有1.2和1.5级。我国通用E字形视力表检查驾驶员的视力。

2)动视力

动视力是指人和视标处于运动时的视力。动视力随车辆行驶速度的变化而变化,速度提高,视力降低。一般来说,动视力比静视力低10%~20%,特殊情况下比静视力低30%~40%。例如,以60km/h的速度行驶的车辆,驾驶员可看清离车240m处的交通标志;速度提高到80km/h时,驾驶员表示看不清160m处的交通标志。

3) 静视力和动视力

静视力好是动视力好的前提,但静视力好的人不一定动视力好。此外,年龄越大,动视力与静视力之差就越大。一般情况下,动视力比静视力低10%~20%,特殊情况下甚至降低30%~40%。因此,在车辆高速行驶时,动视力的降低会使驾驶员的视人距离缩短,影响到驾驶员的感知和观察。

4) 视野

视野是指人的头部和视线固定时,两眼所能够看到的空间范围。通常人的双眼视野范围水平方向为160°~180°,垂直方向为100°~130°。因此,在车辆高速行驶时,动态视力的降低会使驾驶员的视认距离缩短,影响到驾驶员的感知和观察。

汽车的行驶速度越高,驾驶员视野就变得越窄(表5-5)。低速行驶时,驾驶员能清晰地看到前方全景。随着车速提高,近处景物相对汽车移动的速度在提高。当汽车高速行驶时,由于近物也在快速移动,驾驶员的视网膜来不及成像而变得模糊不清,只有远处的景物还可以看清,影响驾驶员对车辆两侧情况的感知,进而影响到交通安全。

驾驶员水平视野范围与车速关系　　　　表5-5

车速(km/h)	40	60	70	80	100
视野范围(°)	100	75	65	60	40

图5-15为不同车速视野与注视点的关系。正常的单眼视野范围,颞侧为90°,鼻侧为60°,上方为55°,下方为70°,两眼的视野可达160°。

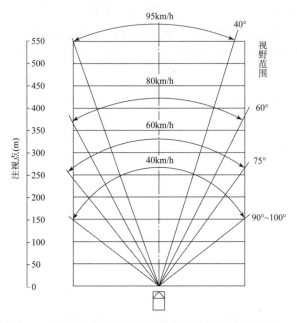

图5-15　不同车速时视野和注视点的关系

视野受到视力、速度、颜色、体质等多种因素的影响。随着车速的增大,驾驶员的视野明显变窄,注视点随之前移,两侧景物变得模糊,如表5-6所示。

车速对视野与前方视点的影响　　　　　　　　　　　　　　　　　　　表5-6

车速(km/h)	视野范围(°)	前方视点距离(m)
40	90~100	183
72	60~80	366
105	40	610

5)夜间视力

夜间视力与光线亮度加大可以增强夜间能力,在强度为0.1~1000lx的范围内,两者几乎成线性的关系。由于夜晚的照度低引起的视力下降叫做夜视。通过研究发现:夜间的交通事故往往与夜间光线不足、视力下降有直接关系。对于驾驶员来说,一天中最危险的时刻是黄昏,因为黄昏时光线较暗,不开灯可能看不清楚,而当打开前照灯时,其亮度与周围环境亮度相差不大,因而也不易看清周围的车辆和行人,往往会因观察失误而发生事故。研究表明:日落前公路上照度达千lx,日落后30分钟降到100lx,而日落后50分钟只有1lx,汽车开近光灯可增至80lx。夜间驾驶员辨认物体距离如表5-7所示。

夜间驾驶员辨认距离　　　　　　　　　　　　　　　　　　　　　　　表5-7

衣物的颜色	白	黑	乳白	红	灰	绿
能发现某种颜色的距离(m)	82.5	42.8	76.6	67.8	66.3	67.6
能确认是某种物体的距离(m)	42.9	18.8	32.1	47.2	36.4	36.4
能断定其移动方向的距离(m)	19.0	9.6	13.2	24	17	17.8

6)适应

适应分为暗适应和亮适应。当光照强度发生变化时,驾驶员的眼睛要通过一系列生理变化过程进行适应。适应需要经过一段时间,不可能在一瞬间完成。所以,当外界光线突然发生变化时,人眼便会出现短时间的视觉障碍,这就是人眼的适应过程。光线突然由亮变暗时的适应过程为暗适应,反之称为明适应。明适应过程较快,不过数秒至一分钟,但暗适应却慢得多。

7)眩目

眩目是由于刺目的光源对眼球中角膜间介质所产生的散乱现象,而出现的耀眼感。眩目的结果是驾驶员的视力明显下降。

引起眩目的光线称为眩光。眩光可分为直接眩光和间接眩光两种。比如驾驶员在夜间受到迎面来的大车强光的照射而产生的眩光,称为直接眩光。它所产生的效应叫失能或减视效应。视力下降的多少,要取决于眩光的强度、视线与眩光的夹角。另外由于街道照明灯反射,给驾驶员一种不适感觉,这种眩光称为间接眩光。不适的原因是由于眩光在眼球内散射而引起的。

夜间驾驶员在眩光的照射下,视力下降。视力的恢复时间与眩光的辉度、持续时间的长短有一定关系,如图5-16所示。一般完全恢复到照射前的视力需3~6s。与眩光有关的另一种现象是消失现象,即当物体同时受到对向车的车灯照射,而在某一相对距离内完全看不清该物。一般站在道路中心线上的行人,当双向车距行人 50m 时,呈现消失现象。因此在夜间横过马路时,站在中心线上是很危险的。

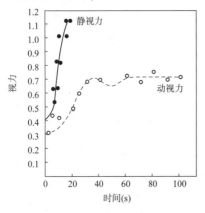

图 5-16 眩光情况下恢复视力的时间

眩目会使人的视力下降,下降的程度取决于光源的强度、光源与视线的相对位置、光源周围的亮度和眼睛的适应性等多种因素。汽车夜间行驶多数遇到是间断眩光,一般认为,在以人眼视线为中心线 30°角以内的范围是容易发生眩目的区域。

如有强光照射,视力从眩光影响中恢复过来需要的时间,从亮处到暗处大约为 6s,从暗处到亮处大约为 3s。视力恢复时间的长短与刺激光的亮度、持续时间、受刺激人的年龄有关。夜间眩光后视力的恢复时间,年龄越小时间越短,年轻驾驶员视力恢复时间为 2~3s;年龄超过 55 岁时,恢复时间大约 10s。

为了防止眩光的影响,可采取改善普通照明、用近光灯、小灯会车,设防眩网,设道路中央分隔带的树木,遮蔽迎面来车的灯光等措施。此外,消除眩光的偏光玻璃前照灯和内服药物等尚在研制中。

4. 驾驶员的空间感

驾驶员对车外运动物体的辨认,主要是根据其位置变化而进行的。当车辆处于行驶状态时,车外物体自身的位置变化相对来讲是慢而细小的,车速越高,驾驶员对这种慢而细小的变化就越难辨认。所以,驾驶员在移动状态下,对外界物体运动状态的辨别能力也会下降。实验表明,当行驶速度为 64km/h 时,驾驶员能看清 24m 以外的物体,而当行驶速度变为 97km/h 时,驾驶员只能看清 34m 以外的物体,要想识别比上述距离更近的物体,几乎是不可能的。因此,对于驾驶员来说,当车速为 97km/h 时,34~427m 的距离可认为是有识别能力的空间。随着行驶速度的逐步提高,该空间范围变小,这就使得驾驶员在高速行驶时对近距离或远距离的观察更为困难,一旦在很近或很远的距离上出现异常情况,驾驶员就难以辨认。

(二)驾驶员的心理特性

不是所有的人都适合从事驾驶工作,也不是所有的人都具备与驾驶工作相适应的心理条件。汽车驾驶员的工作是与接受大量信息、对其进行综合分析并迅速采取行动相联系的。

1. 感觉与知觉

驾驶员认识周围环境是从最简单的心理活动——感觉开始。感觉是客观事物的个别属性作用于人们的感官在头脑中反应。人体器官具有不同的感觉,分为两大类:第一类是外部感觉,包括视觉、听觉、嗅觉、味觉和触觉;第二类是反应机体本身各部分运动或内部器官发生的变化,这类感觉的感觉器位于各有关组织的深处或内部器官的表面(胃壁、呼吸道),这类感觉有运动觉、平衡觉和机体觉。与驾驶行为有关的最重要的感觉有视觉、听觉、平衡觉、运动觉等。驾驶员通过视觉获取 80% 的交通情况的信息,驾驶员根据听到的声音信息区分汽车机件的故障;用手操纵转向盘,用脚踩踏板,手和腿每个关节肌肉的感觉给驾驶员提供行车方向和行车速度的信息;平衡感觉向驾驶员发送物体在空间位置的信息。根据这些感觉,驾驶员可以判断车速、前进方向、相对位置和距离,进一步决定采取的操作,确保行车的安全。

知觉是比感觉更为复杂的认识形式。知觉是客观事物直接作用于感官而在头脑中产生地对事物整体的认识。知觉是在感觉的基础上,对事物各种属性的综合反映,它是同时参与知觉的不同感觉器以某种优势的器官为基础,并综合了两个或若干个感觉器官的感知结果。通常我们所谓的看见物体,不仅意味着感觉到了物体的颜色或气味,而且意味着断定了物体的形状和数量。只有知觉才能断定物体的性质。实际生活中,人们都是以知觉的形式来直接反映客观事物。与驾驶有关的最重要的知觉有空间知觉、时间知觉、运动知觉。

2. 性格

性格是人对客观现实的态度,其行为方式上表现为习惯化、稳定化的心理特征,如刚强、懦弱、英勇、粗暴等。驾驶员由于性格不同,对安全行车的态度和行为方式也不同。驾驶员的性格类型是按照个体的心理活动的倾向性来划分的,有外向型和内向型。不同的人拥有不同的个性和心理。在美国康涅狄格州的一份交通调查资料显示:6年内,4%的事故倾向型驾驶员引发的交通事故量占据交通事故总量的36%。美国的Osbome最早提出了事故倾向型理论的概念。他在该理论中提到,在同样的环境中,一部分人会由于生理或者心理的原因较一般的人群更容易导致事故。虽然,他们占据的数量只是驾驶员群的一小部分,但是引发的交通事故总量却占据了很大的比例,并把这类人群定义成为事故倾向型驾驶员。总结发现,事故倾向型驾驶员往往有以下性格特征:感情冲动、容易兴奋;脾气暴躁;厌倦工作、没有耐心;慌慌张张、不沉着;动作生硬、工作效率低;喜怒无常、感情多变;理解能力低、判断和思考能力差;极度喜悦和悲伤,缺乏自制力;处理问题轻率、冒失;运动神经迟钝、动作不灵活。

3. 情绪

人的情绪可以根据其发生的速度、强度和延续时间的长短,分为激情、应激和心境3种状态。

激情是一种猛烈的、爆发性的短暂的情绪状态。一般与一个人生活中的重大事件有关,还有对立意向冲突和过度抑制,都会引起激情。处于该状态下的人认识范围变得狭窄,理智分析能力受到限制,意识控制作用大大减弱,已不能约束自己的行为,不能正确评价自己行为的意义和后果。

应激是在出乎意料的紧急情况下所引起的情绪状态。在突发情况面前,驾驶员有时过于紧张,做不出避让动作,甚至会做出错误地反应。所以熟练驾驶技能和良好的驾驶习惯,会使驾驶员在紧急情况下下意识地做出恰当的避让动作以避免事故的发生,减少事故损失。

心境是一种微弱而持久的情绪状态,对人的活动有很大的影响。积极舒畅的心境使人心情振奋,朝气蓬勃,用于克服困难,提高工作效率。消极沮丧的心境使人萎靡不振,懒散无力,无精打采。驾驶员在心境不佳时,常常不能集中精力,反应迟钝,因此应尽量保持乐观的心态和积极的情绪。

4. 记忆

驾驶员具有特别有效的记忆能力,这种记忆的品质,主要表现在记忆的范围、速度、准确性、持久性和完备性。其中,记忆的完备性是最有价值的记忆品质。它可以确保在必要时再现所需的材料。有时,在时间紧迫的情况下,驾驶员必须运用自己的知识和动作完成复杂技能。在这种情况下,驾驶员能否采取有效的措施,在很大的程度上取决于其记忆的完备性。记忆的效率不是固定的,很多原因能使其受到影响并发生变化。研究结果表明,工作 6h 以后,驾驶员的记忆会有明显的减退,因此应避免长时间疲劳驾驶。

5. 注意

注意就是人们心理活动对一定事物对象的指向和集中。指向是在每一瞬间把心理活动有选择地指向于一定的对象,而同时离开其余的对象。集中是把我们的心理活动贯注于某一事物对象表现为全神贯注、聚精会神、凝视、倾听等。注意可分为两类,即无意注意和有意注意。无意注意是事先没有预定的目的,也不需要作意志努力的注意,主要是由事物的外部特点所引起,如强烈的光线、一声异响、一声尖叫、浓郁的气味、新奇的外形等。行车途中,车外环境不断变化,如果不能控制无意注意是十分危险的。有意注意是有预定目的的,必要时还要做一定意志努力的注意。它主要是由于安全行车所必须的条件而引起的。

6. 思维

要预见事态的发展必须全面分析、概括事实,得出结论用于其他类似的事实。这个从个别到一般,再从一般到个别的往返过程,是在一个复杂的心理认识过程中实现的,这个复杂的心理过程就是思维。

思维的第一个重要特征就是概括性。人们通过思维获得的信息,是对来自各种事物的大量感性材料进行加工制作的结果。这种信息是这些事物某些最本质特征的概括的形态。思维的第二个重要特征是能够间接地反映客观事实。

人的思维是在概念基础上进行的。概念是思维的一些元素,这些元素的结合能使思维发生变化,能使思维过程以不同的形式进行。任何概念都有其独特的内容,任何思维过程都是解决人的认识和实践活动中产生的某一问题的过程。由于表象和概念间的基本联系引导出一种表象或概念,成为联想。联想能反映现实世界中事物之间的各种本质联系和相互关系。这些联系在人们意识上的反应是以判断的形式进行的。

判断是一种简单的思维活动,它反映事物或现象及其特征之间的联系,是对某一事物加以肯定或否定的思维形式。思维的一种复杂的形式是推理,即由若干个判断推导出一个新的判断的思维形式。推理分为归纳推理和演绎推理。概念和以概念为基础的判断及推理,要使用一些思维程序来形成,即分析、综合、比较、抽象、具体和概括等。

驾驶员的训练越多,他的专业知识就越丰富,因为随着时间的推移,驾驶员逐渐依据分析、综合、比较的方法来工作。思维过程就越严谨,侥幸心理就越少,所采取的措施也就越正确。

7. 意志

意志是一种自觉、具有确定的目的的、与克服某些困难相联系的心理活动。驾驶员在驾驶工作中,为了达到安全行车的目的,充分发挥自己的体力和智力克服困难,正确地处理路面情况,冷静地应付交通冲突。

每一个驾驶员都有自己独特的个性意志特征。人的基本意志特征有坚定的目的性、果断性、顽强性以及自制力和独立自主精神等。坚定的目的性是善于提出和达到具有社会意义的目的所表现的个性意志特征。驾驶活动应以安全行车为目的,这样才能意志坚定,坚持原则,自觉地做到遵纪守法。果断性是指迅速而准确地选择目的和确定其达到的方法所表现出来的个性的意志特征。果断的人能全面而又深刻的考虑行动的目的,以及达到的方法,在危急情况下坚定的采纳一种实现目的的方法,在现有条件下取得尽量好的效果。汽车驾驶员在行车中遇到情况,必须敏捷迅速、灵活机智、果断地采取预防措施,才能确保行车安全。自制力是指能够抑制住妨碍达到目的的心理行为和行为所表现出来的个性意志特征。驾驶员在复杂、恶劣的条件下,应克服不良情绪,保持良好的心境,才能最大程度的保障安全。有独立自主精神的人善于自主的发现问题、解决问题,积极坚持自己的观点,驾驶员在行车过程中,需要积极自主地做出判断和决定,不能优柔寡断,丧失掌控事态发展的良机。

8. 反应特性

汽车的操纵是通过驾驶员在汽车(车内环境)与道路(车外环境)之间来实现的。人和驾驶员装置组成人—机控制系统。驾驶员通过视觉、听觉、触觉正确地收集一切交通信息,经大脑的分析做出安全行车的各种判断,准确无误地操纵转向盘、制动器和变速器等来完成驾驶作业。反应、判断、操作三个环节中有任何一个出现差错都可能引起交通事故。

驾驶员在驾驶车辆过程中,首先要通过自己的感官从外界接受信息,产生感觉,然后通过大脑一系列综合反应产生知觉,并在知觉基础上产生深度知觉,最后形成判断,从而指挥操作。

驾驶员通过仪表能获得车辆行驶状态变化的信息,以此为基础随时改变驾驶操作,使汽车适应道路、交通环境的变化而正常运行。这个系统把人、车、路、环境有机地联系在一起,驾驶员作为运动着的汽车中枢而存在,其意志、欲望、情感、情绪、气质、疲劳、酒精含量、药物选用等,对人—机系统的调节起着主导作用。因此,人的操纵特性对保证行车安全有着极密切的关系。

反应是回答某种刺激所产生的动作。当人接受外界因素刺激(如光、声、振动等)时,会立即产生反应,通过视觉、听觉、触觉等转换成信息,经过相当程度的处理后,由相应的传输系统传到中枢神经,再由中枢神经对信息进行识别、判断、决策,然后向有关部位发出指令,做出反应。

整个行为过程可以简化为对交通信息的感知、判断、动作组成的不断交叉反馈的动态信息处理过程,如图 5-17 所示。

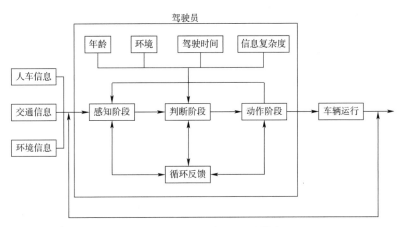

图 5-17 驾驶员驾驶反应行为模式

从接受刺激到做出反应动作所需要的时间,称为反应时间;根据接受刺激的数目,供决策的反应动作种类不同,因此又将反应时间分为简单反应时间和复杂反应时间。简单反应时间是对于一种刺激,只需相应做一种动作所需的反应时间;而复杂反应时间是对于两种以上的刺激,需采取一种以上动作所需的反应时间。驾驶员所需的反应时间一般均为复杂反应时间,因为驾驶员在驾驶过程中所遇到的情况是异常复杂的,是一个识别、判断、反应的复杂过程。

反应时间的长短,因受刺激因素的强弱、刺激时间的长短、刺激次数的多少、刺激种类、反应的运动器官等的不同而不同。

人由眼睛等感觉器官获得情报传入大脑,经大脑处理后发出命令而产生动作,这一段时间称反应时间。因为神经对刺激的传递需要时间,大脑的处理过程也需要时间,这两个时间之和就构成了反应时间。

例如,对于一种刺激,只需要做一个动作即可,这个动作所需要的时间即简单反应时间。对于两种以上的刺激,需按既定的方式,采取一个以上的动作所需要的时间叫选择反应时间。一般简单反应时间较短。反应时间与刺激的关系如表5-8所示。

反应时间与刺激的关系 表5-8

不同感觉	触觉	听觉	视觉	嗅觉
反应时间(s)	0.11~0.16	0.12~0.16	0.15~0.20	0.20~0.80

在驾驶车辆时有一个特别重要的概念是制动反应时间。这个时间是指驾驶员员接收到某种刺激后,脚从加速踏板移向制动踏板的过程所需要的时间。制动反应时间包括:①反射时间。②脚从加速踏板到制动踏板的时间。③脚踩踏制动踏板到制动开始的时间。一般来说,根据室内模拟试验,制动反应时间为0.6s左右,室外实际车辆运行中制动反应时间为0.52~1.34s。

反应时间的特性:①在各类刺激中,以音刺激的反应时间最短。②无论左手或右手,都比脚反应快,如表5-9所示。从经验得知,两种颜色对比鲜明时,反应时间短;两种颜色色彩接近时,反应时间长,而且反应时间的长短因刺激强弱程度的不同而不同。

反应运动系统的种类与反应时间 表5-9

运动器官	反应时间(s)	运动器官	反应时间(s)
左手	0.144	右手	0.147
左脚	0.179	右脚	0.174

(三)驾驶员的信息处理特性

由于交通复杂,信息变化无常,尤其是我国的混合交通,其信息的出现杂乱无章,驾驶员处理信息的负荷很大,要长时间地进行信息快速处理。从发车到收车,一路上各种信息接连不断,而且又变化无常,尤其在高速行驶中,受时间的限制,必须快速处理众多的信息。如果信息处理迟缓,就容易导致事故的发生。特别是从事汽车客、货运输生产的专职驾驶员,工作时间较长(往往超过8h),这就要求他们能够长时间的快速处理信息。

要随时区分必要信息和非必要信息。因为驾驶员接收和处理信息的能力有限,所以在信息超负荷的情况下,驾驶员要善于主动地去接收和处理与交通安全有关的信息,忽略其他不必要的信息。

驾驶员驾驶车辆在道路上正常行驶时,需要不断地认知情况、确定措施并实施操作。认知情况—确定措施—实施操作这一过程,实质就是获取信息和处理信息的过程。驾驶员由环境获取信息,由接收器经传入神经系统传递到信息处理部,经思考判断做出决定,然后经传出神经系统传递到效果器,从而使车辆产生运动。如果效果器在响应上偏差,导致车辆发动响应异常,则必须把此信息返回到中枢神经系统进行修正,经传递由效果器执行修正后的命令。实际上,驾驶员的情绪、身体条件、疲劳程度、疾病以及药物等都与安全驾驶有密切关系,对信息处理得正确与否对响应特性有很大的影响。

驾驶员对信息的处理,是在一定的时间条件下进行,并在一定时间内完成,及时准确地对信息进行处理是安全驾驶的关键。驾驶员的信息处理过程如图 5-18 所示。

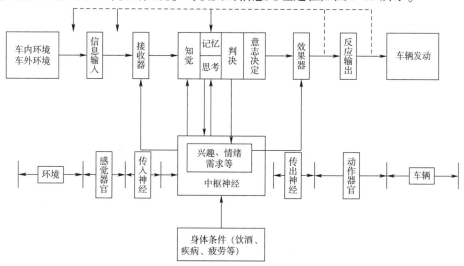

图 5-18 驾驶员的信息处理过程

(四)驾驶员的行为特性

(1)劳动密度高。根据外部空间及时间的不断变化,驾驶员必须随之调整自己的判断和驾驶动作,这造成驾驶员连续的精神紧张和压抑感。

(2)连续性强。一般情况下,驾驶员一旦进入行驶状态,无论是精神上还是身体上一时一刻都不能放松驾驶作业时的状态,这造成驾驶员长时间精神紧张和身体负担。

(3)外部环境依存性强。外部环境好坏与驾驶员承受的负担程度有显著的关系:在交通量大、条件复杂的市区道路上,驾驶员在精神和身体上承受很大的负担。相反在良好的道路条件下(如高速公路),由于受到的外界信息的刺激以及驾驶动作较少,驾驶员在单调少负荷一定时间后易产生瞌睡驾驶,这同事故直接相连,所以驾驶员坚持驾驶的同时,还要战胜瞌睡的折磨,承受着过大的异质性精神负担和痛苦感。而在线形复杂的山区公路,线形变化频繁,易造成驾驶员的疲劳。长时间的疲劳状态,驾驶员很难集中精力,遇到紧急情况反应迟钝(生理上很难在短时间内调整成必要的紧张状态),采取措施不当导致不良后果。

(4)工作空间狭窄。驾驶员的行动受驾驶室的狭窄空间的限制,长时间保持座位姿势,身体受压迫部位血流不畅,导致下肢疲倦麻木等症状,产生痛苦感。

(5)事故的危险性。在驾驶中常有意想不到的突发事件干扰和冲击驾驶员,使其精神处于紧张状态。

(6) 时间不规则。驾驶员作息时间不规则,夜勤多,每天驾驶时间的多少差异大,睡眠时间不稳定或睡眠不足。

(五) 驾驶员方面的直接及间接事故原因

1. 驾驶员方面的直接事故原因

驾驶员在驾驶行为过程的 3 个环节,即接受周围的环境与交通信息、对信息进行判断处理、采取正确的行动的连续过程中,只要有一个环节出错就很可能导致交通事故的发生。因此与驾驶员直接相关的事故原因主要可以分为对即将发生的危险信息感知延误或错误、判断决策错误、反应操作错误 3 种。

1) 感知延误或错误

驾驶员在驾驶过程中感知外界信息时,由于各种原因可能会出现对信息感知延误或错误,忽略某些信息或者歪曲信息,从而导致之后的驾驶操作错误,引发交通事故。感知延误或错误主要体现为:

(1) 注意不当:是指驾驶员在行车中,由于注意范围狭窄、注意力分散、注意力分配不当、注意转移不及时等原因,未能及时注意观察交通情况,致使本可以发现的险情未能被及时发现。

(2) 观察错误:是指驾驶员视线固定,视野狭窄,看不出交通情况的变化和发展,分辨不清危险程度等,造成其知觉延误,观察不准确、不全面。

(3) 视觉阻碍和干扰:是指道路上的障碍物阻挡驾驶员的视线,使其不能及时发现交通安全隐患,来不及采取避让措施。

2) 判断决策错误

主要体现为道路线形判断错误,距离、速度判断错误,超车时机判断错误。驾驶过程中种种原因使得驾驶员开车时注意力分散,反应迟钝,判断决策失误,导致本可以避免的交通事故发生。

3) 反应操作错误

主要体现为转向盘操作错误以及制动踏板操作错误。其主要原因是驾驶员缺乏经验、技术生疏。据统计,驾龄在 1 年以内的驾驶员,发生交通事故的概率是驾驶经验在 10 年以上的驾驶员的 7 倍。另外,在紧急情况下,驾驶员由于精神高度紧张,头脑反应不灵也会导致该类事故。

2. 驾驶员方面的间接事故原因

主要包括 3 个方面:驾驶员生理机能的暂时损伤;驾驶员心理失调或不适应;驾驶员经验、知识、安全意识不足。

1) 酒后驾驶与交通安全

驾驶员酒后开车对行车安全危害极大。酒后驾驶车辆所引起的交通事故,无论在数量上还是在危害程度上都是令人吃惊的。在日本,因酒后驾车发生的交通事故占交通事故总数的 4% 以上;死亡人数则约占死亡总人数的 10%。美国曾对车祸的死亡者做尸体检查,发现有 50% 的驾驶员开车前喝过酒。

众所周知,酒精是一种麻醉剂,它作用于人脑,使神经中枢系统产生抑制作用。过量酒精进入人体,会使饮酒者急性酒精中毒,造成其身体一系列暂时性的损伤。当血液中酒精浓度低于 0.05% 时,酒精会对大多数人产生镇静作用;随着血液中酒精浓度的增加,饮酒者的视觉和知觉判断能力开始下降;当血液中酒精浓度达到中等程度时,饮酒者决策能力降低;当血液中酒精浓度超过 0.15% 时,饮酒者的运动协调能力受损。

酒精对驾驶员的影响主要有:影响驾驶员的颜色视觉;影响驾驶员的触觉反应能力;影响驾驶员对距离、速度等的判断能力;影响驾驶员的操作能力;影响驾驶员的视野;影响驾驶员的记忆力。

2)疲劳驾驶与交通安全

疲劳驾驶是指由于连续作业导致驾驶员周身酸痛、感知觉弱化、思维判断能力降低、动作反应迟钝和不准确等生理与心理上的失调,自觉不适和驾驶作业质量下降的现象。疲劳驾驶是导致交通事故的一个最主要的原因,尤其在行业或职业驾驶中普遍存在。我国许多大型职业车辆的特大交通事故都是疲劳驾驶导致的。

疲劳驾驶驾驶员的主要体现为:怠倦、无力;感知机能弱化;注意力下降;记忆力降低;驾驶动作失调;反应时间显著增长;判断和驾驶失误增多等。

3)吸烟、药物、驾驶经验、交通安全意识与交通安全

长期大量吸烟的人,由于心理机能降低,从事高度准确的动作也会有困难,直接影响到了驾驶安全性。

目前广泛用于治疗感冒、各种炎症的解热、镇痛、消炎止咳药会使服用者的视力、听力和注意力减退,反应、动作协调能力下降,感到疲倦、瞌睡或头晕等,这些都会对驾驶能力产生影响。

驾驶员在行驶中迅速地、果断地把握道路情况,选择合适的行驶速度,对危急情况的应变与处理等都需要驾驶经验的积累。

缺乏交通安全意识则主要体现在以自我为中心、以自己方便为原则、我行我素,法律意识淡薄,侥幸心理,逆反心理等,这些都不利于行车安全。

4)生物节律与交通安全

有人把人体内的生物节律形象地比喻为"隐性时钟"。每个人从诞生之日直至生命终结,体内都存在着多种自然节律。人们将这些自然节律称作生物节律或生命节奏等。人体内存在一种决定人们睡眠和觉醒的生物钟,生物钟根据大脑的指令,调节全身各种器官以 24h 为周期发挥作用。根据生物节律的一些研究,一天 24h 之内开车的 3 大危险时段为:

(1)午间时分:11 时至 13 时,经过上午的劳累,人的大脑神经已趋于疲劳,反应灵敏度减弱。午餐后人体内大量血液作用于胃肠等消化器官,脑部供血相对减少,因此会出现短暂的困倦感和注意力分散。相反,有的长途车驾驶员急于赶路,未及时进食,饥肠辘辘,腹中空空,手脚疲软,极易出现意外。故驾驶员在这段时间不宜疲劳驾驶。

(2)黄昏时分:据不完全统计,每天 17 时至 19 时发生的交通事故数量约占全部事故总数的 1/4,因此在这一时段尤需小心。黄昏时分光线由明转暗,驾驶员容易出现视觉障碍,导致判断失误,措施不当,加上经过一天的劳顿后,会出现眼干、喉燥、头晕目眩、耳鸣、出虚汗、打哈欠等一系列疲倦症状。此时如不停车休息,很容易造成交通事故。

(3)午夜时分:午夜 1 时至凌晨 3 时,万物处于"休眠状态",驾驶员容易产生道路"空

旷"的感觉,易超速驾驶,结果常有长途车驾驶员即将把车撞到路边的树上、建筑物上时还浑然不觉的事件发生。而且这段时间人的生理节律处于大脑反应迟钝、血压降低、手足血管神经僵硬麻痹的状态。由于此时驾驶员极度疲劳,心脏功能不好的驾驶员还容易诱发心脏骤停、心肌梗死和脑血栓等,潜伏着交通事故的危机。

机动车驾驶员数量很多,数量增长速度又很快,但群体文化素质不高,安全驾驶技术水平不高,情绪不稳定,部分驾驶员缺乏职业道德,交通违法行为严重,均是交通事故频发的重要原因。此外,驾驶员在行车过程中休息不充分、疲劳过度、注意力分散、酒后驾车、身体健康状况欠佳等潜在的心理、生理性原因,也容易造成驾驶员反应迟缓而酿成交通事故。根据统计,引发交通事故及造成损失的驾驶员主要违规行为包括疏忽大意、措施不当、超速行驶、违规超车、不按规定让5个因素。其中疏忽大意、措施不当与驾驶员的驾驶技能、观察外界事物能力及心理素质等有关,而超速行驶、违规超车、不按规定让行则主要是驾驶员主观上不遵守交通法规或过失造成的。同时,驾龄在2~3、4~5年的驾驶员发生交通事故次数多,死亡人数多,而驾龄为1年的驾驶员人数在驾驶员总数中并不占优势,但造成损失的比例却是最大的。

5)驾驶习惯与安全驾驶

在车辆行驶过程中,驾驶员安全意识的高低直接影响到车辆的行驶安全与否。驾驶习惯是指驾驶员在长时间驾驶过程中养成的不易改变的驾驶动作、驾驶模式等。如有的驾驶员习惯开快车,有的驾驶员习惯边开车边听音乐等。

(1)不良驾驶习惯:开车打电话;不系安全带;吃零食变道不打转向灯,不看后视镜;超车没有任何提示;单手驾驶;跟车距离太近;疲劳驾驶;酒后、药后驾驶等。

(2)良好驾驶习惯:驾驶员注意观察、不做与驾驶无关的事情;每天出车前按部就班做好安全检查;起步前系好安全带;行车过程中注意力集中、心无旁念;遵守交通规则,按道路交通标志标线的引导安全、文明驾驶;根据交通情况变化随时准备制动,遇到紧急、危险情况提前采取措施,从容应对。

驾驶员养成良好的驾驶习惯是交通安全出行的重要保障。

二、非机动车与交通安全

根据统计:非机动车驾驶员不走非机动车道、抢占机动车道、路口、路段抢行猛拐,对来往车辆观察不够,非机动车制动系统失灵或根本没有制动系统,驾驶技术不熟练,青少年骑车追逐嬉戏等均易造成交通事故的发生。

(一)骑车人的交通心理表现

1. 求快心理

选择自行车出行时省时、省力的到达目的地,是一种普遍的心理需要,特别是上班、上学等时间受限的出行情况,骑行求快心理更加明显。在求快心理的支配下,骑车人常有冲抢、猛拐、急驶等盲目求快的行为,容易造成事故。

2. 畏惧心理

由于自行车稳定性差、无防护装备,骑车人遇到快速驶过的机动车、来来往往的自行车或是拥挤的人群时,往往会产生畏惧心理,特别是骑行技术不佳或力不从心时,这种心理就会更加明显。

3. 离散心理

骑车人希望选择一个相对安全、宽敞、方便的出行空间,自行车行驶的不稳定性和无防护决定了骑车人倾向于选择较宽敞的路面和人、车较少的地方骑行,所以自行车在道路上的分布呈现离散的特点。特别是没有交通指挥管理的情况下更是如此,骑车人各自独行互相避让,在道路狭窄拥挤的地方容易扰乱正常的交通秩序。

4. 从众心理

人们一般认为,只有自己的行为与多数人一致时,心理上才感到安全踏实,骑车人的畏惧心理会刺激骑行者的合群倾向。骑车人在从众心理作用下的合群行为,能有效减少畏惧心理,甚至改变其在交通行为中的传统弱势心理。

5. 其他心理特征

自行车缺乏类似汽车驾驶室的有效屏蔽外界干扰的防护,骑车人注意力极易分散。而且,气候的异常对骑车人的心理影响很大。如雨天环境下,骑车人很少顾及路上的交通状况,穿雨衣者视野狭小、听觉受限、行动不便,对道路交通情况不能及时了解,容易导致事故发生。

(二) 骑车人的违法表现

1. 危险骑行

这类违法行为的主要表现是超速行驶、互相追逐、双手离把、攀扶车辆和逆向行驶等。有的骑车人为了图省力、求快速而攀扶车辆,借用车辆带动自己行驶。当车辆制动时,骑车人由于惯性向前冲撞,常常出现被车辆后轮碾轧、摔倒及左右两侧车辆碰撞的情况。部分骑车人因目的地就在附近,不想绕道而逆向行驶。这样骑行容易与正常行驶的非机动车发生碰撞,在没有机非分隔带的情况下会干扰机动车行驶,导致严重事故发生。

2. 违法转向

在自行车违法行为中,以违法转向最为突出。自行车违法转向主要有下面一些表现。

(1) 提前转向:还没有进入路口就开始转向,有人提前30~50m,有人甚至提前100m。

(2) 不伸手示意:转向前没有任何表示,特别在人多、车多的上下班高峰时和没有交通警察指挥的路口。

(3) 突然转向:骑行中,突然转向或者改变骑行轨迹,不给他人特别是汽车驾驶员反应的时间。

3. 违法承载

骑车人在自行车两旁挂载重物或骑车带人,增加了自行车的不稳定性,容易分散骑车人的注意力,若遇到险情,很难及时采取制动措施。特别是用自行车运载超宽、超重货物时,自行车重心偏高,造成了自行车蛇形轨迹宽度过大,容易被行驶的车辆剐擦、也容易伤及其他骑车人和行人。

4. 侵占机动车道或人行道

骑车人侵占机动车道,干扰了机动车正常行驶,易与行驶的车辆发生碰撞,引发交通事故。在本来设置非机动车道的路段上,有的骑车人占用人行道逆行,容易与行人发生碰撞,影响正常交通秩序。

5. 不符合骑车条件

身体有缺陷者,如手脚不灵便,耳聋听不见机动车、非机动车发出的声音信号,或者是色盲对交通信号无反应者,他们易使机动车驾驶员造成错觉而做出错误的判断。不满12岁的儿童骑车,缺少交通安全常识,再加上他们身体尚未发育成熟,可能四肢长度不够,骑行时臀部离开坐垫,用双脚跳跃式蹬车,自行车左右摇摆,更增加了自行车的不稳定。一遇到情况,他们常常不知所措,且容易摔倒,危险性极大。

(三) 自行车交通事故的情形

在我国许多城市和地区,自行车交通事故已经相当严重,而且有进一步恶化的趋势。一般自行车交通事故的发生有下面几种情况。

1. 正常行驶中的碰撞

自行车的蛇形运动轨迹使其在正常行驶状态下也有与其他车辆发生碰撞的可能。当自行车与机动车同方向行驶时,容易发生尾随性碰撞或侧面刮擦;当自行车逆行进入快车道时,容易与机动车迎头碰撞。这两种碰撞,大多数是发生城区的自行车与机动车混行的道路上,且自行车比较拥挤时,或是骑车人冒险进入机动车道的时候;在郊区,多发生在路面狭窄、机动车会车时,主要由于驾驶员未注意避让引起的。

2. 横穿道路时的碰撞

自行车在行驶中常常表现出很强的随意性,骑车人横穿道路时的突然猛拐,可能与上、下行两个方向的机动车辆碰撞。在这种情况下,机动车驾驶员对突然出现的自行车缺少思想准备,常常来不及采取相应的安全措施。这类事故多发生在中央无隔离设施的道路上。

3. 支干路交叉口碰撞

城市道路中,支干路交叉口特别是一些胡同里弄和道路交叉口,由于建筑遮挡,视野严重受限,如果自行车突然冲出,极可能与主路上的其他车辆相撞。如在英国、美国和丹麦,这类事故占自行车事故总数的17%左右。我国城市中,胡同、里弄和支路与主干道的交叉处,大多缺少交通控制设备,即使有也往往是对机动车有效、而对自行车的约束很小。因此,应当重视对此类事故的防控。

4. 自行车左转向时的碰撞

自行车在路段上或交叉口上左转向时,主要是与同方向直行或右转的机动车相撞。特别是实行两相位信号控制或无信号控制的路口,由于双方不注意避让或抢行而造成的相撞事故极易发生。

5. 公共电车、汽车进出站与自行车碰撞

由于城市中的公共电车、汽车站常设置于道路右侧边缘,在道路不是很宽的情况下,一般都要侵占自行车道。在公共电车、汽车停靠站或起步进入机动车道时,会与自行车多次交叉或交织,影响自行车的行驶路线。在相互躲闪、超越或争抢路线的过程中,常常发生事故。

6. 自行车的其他碰撞

自行车与自行车的碰撞、自行车与其他非机动车相撞、自行车与行人相撞,也是道路上常见的现象。特别是在没有自行车专用车道时,这种碰撞更加频繁。

三、行人与交通安全

行人一般都想选择距离比较短的途径到达目的地,而在觉得通行危险程度高时都能遵守交通规则。但如果行人预见不到危险或时间紧急时就可能冒险采取违反交通规则的交通行为,往往容易酿成事故。很多行人安全意识淡薄甚至缺乏交通常识,有些人认为汽车不敢和自己冲撞,对汽车不注意避让,甚至不懂得汽车从制动到停车还需要一段距离的常识等。另外,因行人无视交通法规的约束,违章行走,不走人行横道、地下通道、天桥;翻越护栏、横穿和斜穿路口;任意横穿机动车道,翻越中间隔离带,青少年或儿童突然跑到道路上使驾驶员措手不及造成的事故时有发生。

第四节　车辆与交通安全

车辆是现代道路交通中的主要元素,影响车辆安全行驶的主要因素是转向、制动、行驶和电气4个部分。机动车在长期使用过程中处于各种各样的环境,承受着各种应力,如外部的环境应力、内部功能应力和运动应力等,加上由于车辆自身结构和使用条件,如道路气候、使用强度、行驶工况等的不同,车辆技术状况参数将以不同规律和不同强度发生变化,导致机动车的性能不佳、机件失灵或零部件损坏,最终成为造成道路交通事故的直接因素。

我国机动车种类多,动力性能差别大,安全性能低,管理难度大。在我国,机动车(各种汽车、农用三轮、装载车与摩托车)拥有量增长迅速(图5-19),且其增长速度已大大超过了道路的增长速度,使得本不宽裕的路面的运营状况更是雪上加霜,加之我国高速公路建设步伐比较快,车辆性能更新速度还未能跟上高速公路的建设步伐,车辆高速行驶可靠性、安全性差,间接造成了交通事故绝对数和交通事故伤亡人数的急剧上升。有一些人贪图便宜购买一些大城市淘汰的、已近报废的车辆,有些个体户的出租车昼夜兼程,多拉快跑,只用不修,导致车辆技术性能差,故障多,这些与机动车相关的因素使得交通安全形势变得复杂。但科学技术的进步、机械制造工艺的不断改进、汽车制造业市场激烈的竞争机制等,都在使车辆性能大大改善。由于车辆的原因造成交通事故的比例在逐年下降。国内外的一些统计资料均表明,同机动车直接有关的交通事故仅占1%~5%,机动车问题并不是引发交通事故的主要原因。

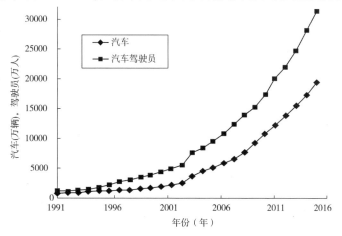

图5-19　我国驾驶员与汽车保有量增长趋势(1991—2016年)

一、车辆主动安全技术

车辆主动安全技术又称积极安全技术,是指车辆避免发生交通事故的各种技术措施的统称,目的是"防止事故"。在未发生事故前,预防车辆发生事故,避免人员受到伤害而采取的安全设计称作主动安全设计。

(一)车辆防抱死制动系统(ABS)

车辆防抱死制动技术就是把传感器所探测到的各个车轮的转速通过计算机进行计算,获得当时车轮的滑移率,以此来确定车轮是否存在抱死的情况,这时可以对执行机构下达调整制动压力的命令,确保车轮在理想的制动情况中运行。车辆制动示意如图5-20所示。

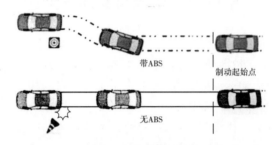

图5-20 车辆制动示意图

对于防抱死制动系统的准确认识是如果驾驶员要进行紧急制动,可以保持车轮在制动时不被锁死,避免方向失控和车轮侧滑,维持转向力进而躲避障碍物的碰撞,不让轮胎在一个点上与地面摩擦从而增大摩擦力,提高制动率至90%以上,同时还可以减少制动的消耗来延长轮胎的使用寿命。装有ABS的车辆在干柏油路路面防滑性能可以达到80%~90%,但是在雨天、雪天等路面防滑性能偏低,分别只有10%~30%、15%~20%。在通常的情况下,防抱死制动技术不可以缩短制动的距离。但ABS系统自身也存在局限性,在以下两种情况下,ABS系统不能提供最短的制动距离:一种是在平滑的干路上,这时需要有经验的驾驶员直接进行制动;另一种情况是在松散的砾石路面、松土路面或者积雪很深的路面上进行制动。

(二)驱动防滑系统(ASR)

车辆的驱动防滑系统是指在车辆起步、加速驱动轮打滑时,运用把调整点的时间和间歇关闭的喷油阀降低至发动机进行转速,从而降低了发动机的扭矩,来保障轮胎不出现打滑,以维持车辆行驶方向的稳定性。

车辆驱动防滑系统是防抱死系统基础上的延伸,是对防抱死系统的进一步完善,两者相辅相成。车辆的防抱死系统是来保障制动过程中的车辆方向的稳定性和可操纵性,而车辆驱动防滑系统则是保障车辆在行驶过程中方向的稳定性和可操纵性。因此车辆驱动系统只能对驱动的车轮进行控制,而车辆防抱死系统可以对全部车轮加以控制。

由于技术、成本等方面的问题,驱动防滑系统暂时只安装在部分高档车上面,但是随着驱动防滑系统与防抱死系统性能和相关技术的贯通,驱动防滑系统有望在未来的几年变得同防抱死制动系统一样普及。

(三)电子稳定程序(ESP)

电子稳定程序是通过各个传感器来获得车辆行驶情况的信息并进行实时分析,对驱动防滑系统和防抱死系统发出纠偏的命令,辅助车辆维持动态平衡。电子稳定程序对于防抱死制动系统和驱动防滑系统具有支持的作用。

电子稳定程序由车轮传感器、侧滑传感器、控制单元、转向传感器、横向加速度传感器等部分组合而成。在车辆的行驶过程中,会将转向的参数不断地传入到电脑,电脑可以结合其他传感器的值对该车辆行驶过程的转向不足进行修正。

(四)电子控制制动辅助系统(EBA)

电子控制制动辅助系统是通过驾驶员踩踏制动踏板的速率来控制车辆的制动行为,当发现制动踏板的制动压力急速增加时,系统会在几毫秒内启动全部的制动力,其反应速度要比绝大多数驾驶员移动脚的速度快许多。电子控制制动辅助系统能够显著缩短紧急制动距离,避免道路拥挤时,车辆在走走停停的交通中发生追尾事故。电子控制制动辅助系统依靠时间基准监控制动踏板的运动,当系统监测到踩踏制动踏板的速度陡增,且驾驶员持续加大踩踏制动踏板的力量,它就会释放出高达18MPa的液压施加最大的制动力。驾驶员一旦释放制动踏板,系统就进入待机模式。在系统的辅助下更早地施加最大的制动力,可以显著地缩短制动距离。

电子控制制动辅助系统是高等级汽车的电子产品,它由传感器、执行器和控制器等部分组合而成。该系统的核心执行器是车内的电子真空助力器,其工作原理是在制动主泵上安装一个压力传感器,通过压力传感器判断驾驶员是否在进行紧急制动行为。系统一旦确定是紧急制动,车载控制电脑将会启动电子真空助力器内部的电磁机构,将制动压力提高到助力器的最大伺服点,来辅助驾驶员进行紧急制动。

电子控制制动辅助系统的本质是实现车辆的线控制动功能。在长程雷达、激光雷达等系统与EBA进行配合时,可以实现车辆的自适应巡航系统、车辆主动避撞等功能。

(五)电子差速锁(EDL)

电子差速锁也是对防抱死制动系统功能的进一步扩展,它是通过ABS系统的传感器来自动探测两驱动轮的转动速度,来判断车辆的轮子是否失去了着地摩擦力,从而对车辆的加速打滑进行控制。

在车辆加速过程中,如果电子控制单元根据传感器传达的轮速信号判断出某一侧驱动轮打滑时,EDL系统将会自动开始工作。因车轮打滑导致两侧车轮的转速不同,EDL系统将通过液压控制单元对打滑一侧的车轮进行适当强度制动,来提高另一侧驱动轮的附着利用率,从而保障车辆的通过能力。在车辆恢复正常行驶状况后,电子差速锁即停止工作。

与其他普通车辆相比,安装有EDL系统的车辆可以更好地利用地面附着力,来提高车辆的运行能力,保障车辆平稳行驶且不损失动力,对车辆起步、加速以及爬坡时有益。

(六)自动巡航控制系统(ACC)

自动巡航控制系统是基于飞机巡航控制系统发展而来的智能化车速自动控制系统,它根据车辆行驶过程中阻力的变化,自动地调节发动机节气门开度的大小,从而让车辆保持恒定速度行驶,因此该系统也称为恒速控制系统。ACC系统主要由车距传感器、转向传感器、轮速传感器以及ACC控制单元等结构组合而成,可以根据当前的交通情况自动采取适当措施,能够适应路况复杂的城市道路行驶。

自动巡航控制系统主要有三大优点。第一是可以减轻驾驶员的劳累程度,提高行驶的安全性;第二是车辆保持匀速行驶,提高乘坐的舒适性;第三是能够减少燃料消耗,提高了经济性和排放性能。ACC 系统提高了驾驶的舒适性,让长距离驾驶成为一种享受,但也容易使驾驶员感到过度的悠闲,导致注意力分散,引发交通事故。

二、车辆被动安全技术

车辆被动安全技术是指在事故已经发生后,车辆本身减轻人员受伤和货物受损的性能,即车辆发生意外的碰撞事故时,通过车内的保护系统,保障车内全部人员受到的伤害降低至最小。

(一) 安全带

安全带拥有长久的历史,它是一条高强度的纤维编织带,具有安全可靠、价格低廉、便于安装等优点。安全带是把乘员约束在座椅上的安全设计,如果出现剧烈碰撞的情况,安全带会把乘员束缚在座椅上,避免乘员的头部和胸部撞到转向盘、仪表板和风挡玻璃而受到二次碰撞的危险,同时保障乘员不会抛离座椅,为其他的安全设施发挥作用奠定基础。我国汽车工业安全带的生产与使用比较晚,在 1993 年强制使用安全带条例实施后,安全带才在汽车上普遍装用。

常见的安全带装置分为两点式、三点式以及全背带式三种,通常由织带、带扣、卷收器和调节件组合而成。织带是构成安全带的主体,与乘员身体直接接触,有充分的机械强度和适当的延伸率。带扣用于结合和脱开安全带,要求结构牢固且使用方便省力。卷收器的作用是将安全带卷起收容起来,在使用时,可以调节安全带长度,发生激烈碰撞时,承受拉力同时约束住乘客的身体。调节件的作用是调节织带的使用长度。如今的安全带技术使用了电子限力预紧的模式,该模式不仅可以精确地锁定安全带,也能够在收紧安全带的同时保障乘车人员身体与椅背紧靠,电子式的安全带和安全气囊隶属于同一套控制设施,当发生剧烈撞击时,安全带就启用自带的收紧装置,比气囊优先工作,更有效的保障乘客的人身安全。

安全带可承受 2.8t 的重量,有效缓冲冲击力,吸收大量动能,显著减轻乘员在事故中的伤害。根据国外研究表明,使用安全带后,驾驶员和副驾驶员的负伤率分别降低 43% ~ 52%、37% ~ 45%,使用三点式安全带,车速低于 95km/h 无死亡事故,也没有甩出车外事故。在所有可能致命的事故中,如果正确使用安全带,可以挽救约 45% 的生命。但是,如果没有使用安全带,即使在 20km/h 车速下发生的正面碰撞,也可能引起驾驶员死亡。

(二) 安全气囊(SRS)

安全气囊系统是一种高等级现代车辆安全技术,其作用是在车辆碰撞事故中,根据碰撞程度来决定是否充气膨胀,避免乘员与转向盘、仪表板等车内结构物发生接触产生二次碰撞,从而起到保护乘员、减轻伤害的作用。总的来说,安全气囊对乘员的保护效果是不及安全带的,但安全气囊与安全带配合使用,可以大幅度减少乘员的受伤指数,尤其是减轻对驾驶员面部的伤害。

安全气囊系统是座椅安全带的辅助保护装置,由传感器、气体发生器及气囊 3 个部分组合而成。安全气囊的分类根据碰撞方式的不同可分为正碰撞气囊、侧碰撞气囊和其他气囊等;根据乘员位置的不同可分为驾驶员气囊、副驾驶气囊和其他乘员气囊等(图 5-21)。驾驶员以及副驾驶员的正碰撞气囊已被广泛使用,侧碰撞气囊也逐渐被广泛运用,对全部乘员进行各种安全气囊系统保护是当今的发展趋势。

根据所有资料显示,安全气囊系统可以使事故致死率降低 18% 左右,跟安全带配合使用,更是降低了 47% 的事故致死率。但安全气囊也存在缺陷,第一是气囊可能在很低车速时打开,造成不必要的浪费,甚至会因为安全气囊的展开而加重碰撞伤害;第二是安全气囊系统的启动会对乘员造成冲击力,且产生的灼热气体也会灼烧乘员;第三是当乘客偏离座椅或儿童乘坐时,安全气囊的启动不仅起不到应有的保护,还可能对乘员造成伤害。

图 5-21 车辆各种气囊

(三)自动求救系统

安装于 GPS 车上的自动求救的系统是最新的被动安全系统。它的作用是当车辆发生严重的碰撞事故后,可以迅速地向救援中心发出求救信号,并把事故发生的位置和车辆所处的状况进行报告,将伤员的信息迅速传达至救援人员。该系统不仅能够预测车内是否有需要救助的乘员,同时可以检测出车辆内部微量的二氧化碳和轻微的震动情况,尽早、尽快为受伤乘员争取宝贵时间,把伤亡指数降低到最低的限度。

(四)安全车身结构

安全车身结构是在车辆发生碰撞时,车身可以有效吸收碰撞能量,并将其分散到车辆其他部位结构中,使车辆的形变降低至最低程度从而保障车内乘员的安全。提高驾驶员室的变形强度、加强车身前部与后部吸收冲击的能力是安全车身结构的主要目标,如车身底部、侧面以及顶部加置一层加强筋来加强车身刚性,形似三个字母 H 的安全车身结构(图 5-22),来保证车辆发动机前仓和其他结构变形后,乘员仓室空间形变减小的可能,确保乘员有效生存空间。

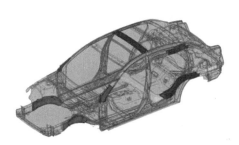

图 5-22 3H 形高刚性车身

(五)安全转向柱和安全玻璃

安全转向柱位于车辆前部,在碰撞力的作用下向驾驶员方向运动,这种运动能量通过安全转向柱以机械的方式吸收,防止或减少直接作用在驾驶员上从而造成伤害;此外,车辆正碰撞时驾驶员受到惯性的作用冲向转向盘的运动,驾驶员的运动动能一部分由安全带和安全气囊吸收,另一部分传递给转向盘和转向柱系统予以吸收。

安全玻璃主要分为钢化玻璃与夹层玻璃,其性能对高速行驶的汽车安全性影响较大,前风窗玻璃在正常行驶状态下要有良好的视觉效果,当发生碰撞时要保证驾驶视野,且碰撞后产生的玻璃碎片不应对乘员造成较大的伤害。

(六)座椅和座椅头枕

座椅是影响汽车安全的重要部位,座椅不仅要求自身有足够的强度,还要求有足够的强度安装在汽车上,以防事故发生时座椅损坏,对乘员造成伤害。近年来,随着汽车工业的发展,陆续研制出许多具有特殊功能的座椅,例如传感器座椅、整体式安全带座椅、气囊座椅、防下滑式座椅等,提高了汽车乘坐的舒适性、安全性以及方便性。

座椅头枕是一种限制乘员头部相对于躯干向后位移的弹性安全装置,可分为固定式和拆分式两种,其作用是在发生碰撞事故时,可以抑制乘员头部后仰,减轻对颈部的伤害。

(七)仪表板

仪表板表面需采用弹性材料覆盖,受到冲击时能产生形变,吸收冲击能量,减轻对乘客身体的伤害。

(八)防止事故火灾的结构

汽车发生严重事故后,可能会引起火灾,造成极大的损失,因此,如何避免汽车在碰撞事故后发生火灾,是设计汽车结构时应该考虑的重要问题。通常采用以下措施:

(1)防止燃料泄漏。
(2)采用阻燃的内饰材料。
(3)保持风窗玻璃的完好,延缓火焰侵入驾驶室的速度,争取营救的宝贵时间。
(4)汽车应装备灭火器。

第五节 道路工程与交通安全

道路是交通运输的基础设施,是影响道路交通安全的重要因素之一。近些年来,我国道路建设步伐逐渐加大,公路里程增加,交通客货用量增加,道路结构和交通条件日益改善,为道路交通安全改善打下了基础。2018年末全国公路总里程484.65万公里,公路密度50.48公里/百平方公里(图5-23)。道路及交通环境是影响交通安全的主要因素。

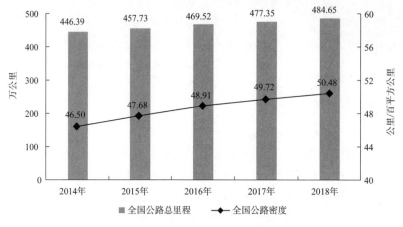

图5-23 全国公路总里程及公路密度

然而,在我国道路网尤其是城市道路交通构成不合理,交通流中车型复杂,人车混行、机非混行问题严重;部分地方公共交通不发达,服务水平低,安全性差;自行车交通比率大,骑车者水平不一,个性不同,非机动车与机动车和行人争道抢行;无效交通如空驶出租车较多、私人车辆增加等无疑恶化了我国城市的交通安全状况。

一、道路线形与交通安全

道路线形主要包括平面、纵断面和横断面。道路中心线在水平面上的投影称为平面图，其反映的是道路的平面线形；道路中心线的竖向剖面图为纵断面图，反映出道路的纵断面线形；横断面是道路中心线法线方向的切面。

道路线形要考虑用路者的视觉、心理与生理方面的要求，也要考虑与地形及地区的土地使用相协调，同时要使道路线形连续，并和平面、纵断面两种线形以及横断面的组成相协调，更要从施工、维修管理、经济和交通运营等角度来确定。线形的好坏，对交通流安全畅通具有极其重要的作用。如果线形不合理，不仅会造成道路使用者时间和经济上的损失、降低通行能力，而且可能诱发交通事故。

道路线形设计应根据道路等级及其功能，正确运用技术指标，保持线形连续、均衡，确保行驶安全、舒适；各技术指标的设置与平、纵线形组合恰当，平面顺适，纵面均衡。道路线形设计应遵循几个一般原则：

(1) 保持平面线形与地形地物相适应，与周围环境相协调。考虑安全与顺畅、美学、经济和环境保护的要求平面线形应直达、流畅，与地形地物相适应，宜直则直，宜曲则曲，不片面追求直曲。

(2) 保持平面线形的均衡与连续性。为使一条道路上的车辆尽量以均匀速度行驶，应注意各线形要素保持连续、均衡，避免出现技术指标的突变。

(3) 保持平曲线应有足够的长度。车辆在道路的曲线路段上行驶，如平曲线长度过短，驾驶员需急转转向盘，行驶速度过高时会使离心加速度变化率过大，存在行车不稳定的安全隐患，乘客会感到不舒适。特别是当曲线转角很小时，容易使驾驶员产生曲线半径很小的错觉。

(4) 保持平纵线形组合的协调性。在平面线形设计中，应考虑纵断面设计的要求，与纵断面线形相协调。特别是平原微丘区的道路，平曲线指标一般较高，平曲线较长，与铁路、主要道路及河流交叉的地方往往是纵断面线形的控制点，在设计平面线形时，应考虑平原区道路纵断面设计的特殊性，为纵断面设计留有余地，以利于平纵线形组合设计。

(一) 平面线形与交通安全

平面线形可分为直线、圆曲线及缓和曲线三种线形。平面线形设计就是按照地形、地物和沿线环境条件，对三种线形进行合理组合达到行车安全舒适美观和工程造价经济的目的。

1. 直线

直线是道路线形基本要素之一，但过长的直线景观单调，易使人缺乏刺激，容易对驾驶员产生催眠作用，使驾驶员感到单调、分散注意力、增加疲劳感、降低反应能力，易造成交通事故；同时直线长度也不宜过短。在选用直线线形时，其最大最小长度应有所限制。

从驾驶心理学的角度来看，过长的单一线形使人感到乏味，驱使人尽快通过该路段区域，从而引发高速驾驶。当直线长度大于 2000m 时，发生交通事故的概率明显增大，因此，直线的最大长度(以 m 计)不宜过长。有关研究资料介绍国外关于直线最大限度的规定：日本和德国规定不超过 20 倍设计速度，西班牙规定超过 80% 的设计速度的 90s 行程，而我国《公路工程技术标准》(JTG B01—2014)中未做明确规定。

在平原地区，由于横向干扰较多，车速相对较低，直线长度的控制根据地形及工程经济性进行了适当放宽;尤其是对于设计速度较高的高等级公路,设计时应尽量避免采用长直线。当道路不可避免的采用长直线时,要求必须进行路侧装饰性的景观绿化,或采用人工构造物,或沿线设置交通安全设施以提高驾驶员的注意力,消除长直线造成的单调驾驶环境,以避免疲劳驾驶。

平曲线直线一般以直线过渡,当直线过短时,驾驶员在短时间内会频繁地转动转向盘。而此时若车辆行驶状态与转向盘转向协调性不良时,发生交通事故潜在危险性将明显提高。

我国规定最小直线长度为:当设计速度≥60km/h 时,同向曲线间最小直线长度(以 m 计)以不小于行车速度(以 km/h 计)的 6 倍为宜;反向曲线间最小直线长度(以 m 计)以不小于行车速度(以 km/h 计)的 2 倍为宜。

对于城市道路来说,由于城市道路网一般呈方格、放射环线等形式,设计速度较低且交通控制设施间距较短,车辆行驶过程中停车次数较多,因而城市道路采用视线良好的直线线形,对行车安全有利。

2. 圆曲线

受自然条件、村镇以及其他因素的影响,道路平面走向会出现转折点,即道路会出现许多弯道,此时,应选择合适的圆曲线半径,适应转折点处的曲线衔接。适当半径的圆曲线,可以使得道路线形流畅,摆脱直线的单调感,给驾驶员适当的紧张感,避免长时间不需要改变驾驶行为而造成的困倦与麻木。第三章中已经介绍圆曲线半径与横向力系数 μ、路面超高横坡度 i 之间的关系。

据统计,平曲线半径太小、超高不适、视距不足都容易造成交通事故。过小的曲线半径不能保证停车视距,使驾驶员不能提前观察到前方转向处的车辆或障碍物,这时一旦发生意外情况,驾驶员稍有疏忽大意则会发生事故。因此,平曲线的半径 R 是弯道的一个重要数据,平曲线半径 R 的倒数 $1/R$ 称作平曲线的曲率 ρ,表示曲线弯曲的程度。半径越小,曲率越大,曲线弯曲的程度越大,事故发生率可能越高;相反,半径越大,曲线弯曲的程度越小,则事故发生率可能降低。

横向力系数 μ 是指单位车中所受的横向力,μ 越大,对行车稳定性越不利。μ 值较大时,增加了驾驶操纵的困难,使车辆的燃油消耗和轮胎磨损增加。μ 值过大时则影响行车的舒适性甚至危及行车安全。对乘员来说,μ 值增大,同样感到不舒适。据试验,随 μ 的变化,乘员的心理反应见第三章表3-5所示。根据已有研究的行车实验数据,横向力系数 μ 驾驶员的心率和血压的关系见表5-10。因此,μ 值必须加以限制,根据相关研究资料,采用最大横向力值如表5-11所示。

横向力系数 μ 与驾驶员生理反应关系　　　　　表 5-10

横向力 μ 值	心率增加值($b \cdot min^{-1}$)	最高血压增加值(kPa)
$\mu < 0.10$	3~13	0.82~3.68
$0.10 \leq \mu < 0.15$	4~18	1.40~5.10
$0.15 \leq \mu < 0.20$	7~21	1.35~5.43
$0.20 \leq \mu < 0.35$	9~22	2.67~6.87
$0.35 \leq \mu < 0.40$	15~25	3.66~7.27
$\mu \geq 0.4$	16~18	4.84~8.37

最大横向力系数　　　　　　　　　　　　　　　　　表 5-11

设计速度(km/h)	120	100	80	60	40	30	20
最大横向力系数	0.10	0.12	0.13	0.15	0.15	0.16	0.17

圆曲线半径过小会降低驾驶员的停车视距,使其不能提前观察到前方转向处,这时一旦发生意外情况驾驶员稍有忽略大意则会发生事故。因此,为保证行车安全,现行《公路路线设计规范》(JTG D20—2017)分别对公路圆曲线的最小半径做了比较严格的规定,见第三章表 3-3 和表 3-4 所示。

3. 缓和曲线

当直线与圆曲线连接,车辆由直线进入曲线时,由于曲率的变化,驾驶员会突然受到离心力的影响而产生不舒适感和危险感,为了缓和这种曲率的突然变化,保证行车安全平顺,需要在其间设置缓和曲线,增强道路交通的安全性。所谓的缓和曲线是设置在直线与圆曲线之间或圆曲线与圆曲线之间的为了缓和曲率变化而设置的一种曲率连续变化的曲线。

此外,在路线的曲线段存在超高或加宽时,都应将其设置在缓和曲线段上。这种情况下,由直线的路拱、定宽路面改变为超高、加宽路面也需要缓和段来实现其间的过渡。通过设置缓和曲线能避免驾驶员在圆曲线的起终点视觉上感知的线形突然变化。

设 R 为平曲线半径,则其倒数即为曲率。回旋线就是曲率按曲线长度成相同比例增大的曲线,其关系为:

$$\frac{1}{R} = CL$$

式中: C ——常数;

　　　L ——曲线长度(m)。

我国《公路路线设计规范》(JTG D20—2017)按设计速度,对回旋线的最小长度规定如表 5-12 所示。考虑到驾驶员的视觉条件,设置回旋线时应取大于表 5-12 中的数值。

回旋线最小长度　　　　　　　　　　　　　　　　　表 5-12

设计速度(km/h)	120	100	80	60	40	30	20
回旋线长度(m)	100	85	70	50	35	25	20

4. 超高

车辆在弯道上行进时,会受离心力的作用,车辆会向圆弧外侧推移。离心力的大小,与行车速度的平方成正比,与平曲线的半径成反比。所以车辆在较小半径的弯道上,车速越快,车身受离心力推向弯道外侧的危险性就越大。为预防这种危险情况的发生,驾驶员必须小心谨慎,降低车速。因此,为抵消车辆在平曲线路段上行驶所产生的离心力,在道路设计时,把弯道的外侧提高,将平曲线段的路面横坡做成向内倾斜的单坡横断面,以抵挡离心力的作用,即道路超高。道路的超高值规定在 2%~6%。

5. 加宽

车辆在曲线路段上行驶时,靠近曲线内侧后轮行驶的曲线半径最小,靠近曲线外侧的前轮行驶的曲线半径最大。因此,在曲线弯道上行驶的汽车所占有宽度较直线段大。所以,弯道上的路面应当加宽。详见第三章第一节。

6. 曲线转角

曲线转角为连接曲线两直线之间的偏转角度。曲线转角对道路交通安全也有影响。图 5-24 为我国某高速公路亿车事故率与路线转角关系的散点图。

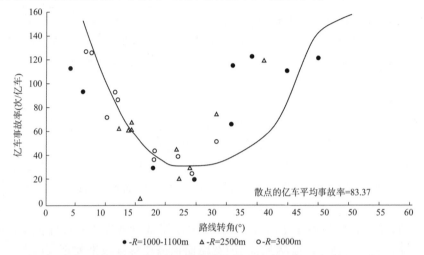

图 5-24 某高速公路亿车事故率与曲线转角的关系

从图 5-24 中可以看出,当曲线转角在 0°~45°间变化时,事故率随着转角的增大在逐渐降低。当转角增大到 25°左右时事故率降到最低值(即抛物线的极值点),此时随着转角的继续增大,事故率又开始上升,变化规律明显。当转角小于或等于 7°(即为小偏角)时,事故率明显高于 30 个样品点的平均值(即平均亿车事故率 83.37 次/亿车),这一统计结果证实了小偏角曲线容易导致驾驶员产生急弯错觉、不利于行车安全这一传统观点。当转角值在 15°~25°间时,事故率最低,交通安全状况最好。曲线转角在 20°左右时,驾驶员在不需要移动视线或转动头部的情况下即可充分了解道路与交通情况,同时也提高了行车舒适性,减少了行车疲劳和紧张感。

事故率与曲线转角之间关系的统计结果表明,在路线设计中合理确定曲线转角对保证行车安全具有重要意义。

(二)纵断面线形与交通安全

通过道路中线的竖向剖面,称为纵断面,它主要反映路线起伏、纵坡与原地面的切割等情况。纵断面线形由平坡线、坡线及竖曲线 3 个几何要素组成。纵断面设计的一般要求为提供足够的视距,足够的排水坡度,保证行车平顺、安全及运营经济。

车辆沿陡坡行驶时,因克服上坡阻力需增大牵引力,车速会逐渐降低,若上坡过长,将引起发动机熄火;若沿陡坡下行,因制动距离比上坡时长,且制动频繁,制动器易发热而失效,易引起交通事故。同时,小轿车爬坡能力强,载货汽车的爬坡能力弱,而往往不同爬坡能力的车辆一起混行。因此,需要采纳适当的纵向坡度和在上坡路段设置爬坡车道,否则会降低道路通行能力,且下坡时增加危险。为保证车辆能以适当的车速在道路上安全行驶,即上坡时顺利,下坡时不致发生危险,在道路设计时对纵坡长度及其坡度设置限值。

1. 纵坡

道路的设计应努力保持全程车辆运行的一致性。纵向坡度的标准值,要在经济容许的范围内,按尽可能少降低车辆速度的原则来确定。具体地说,纵向坡度的一般值,按小客车大致以平均行车速度可以爬坡、普通载货车大致按设计速度的 1/2 能够爬坡的原则来确定。

平均纵坡是指路段高差与水平距离之比,它是衡量线形设计质量的重要指标之一。二级公路、三级公路、四级公路越岭路线连续上坡(或下坡)路段由几个不同坡度值的坡段组合而成时,相对高差为 200~500m 时平均纵坡不应大于 5.5%;相对高差大于 500m 时平均纵坡不应大于 5%,且任意连续 3km 路段的平均纵坡不应大于 5.5%。

合成坡度是指在有超高的平曲线上,路线纵坡与超高横坡所组成的坡度。如果在小半径弯道上且伴有较大纵坡时,由于离心力作用会给车辆行驶造成危险。为防止车辆沿合成纵坡度方向滑移,应将超高横坡与纵坡的组合控制在适当范围内,以确保安全。

2. 坡长

坡长是指变坡点间的水平直线距离,坡长限值包括最小坡长和最大坡长两个方面。在翻山越岭连续上坡的路段,机动车在较长的坡道上行驶,发动机容易过热,引起故障。在连续下坡时,车速越来越快,存在不安全因素,特别是在雨天或有冰雪时,更有滑溜的危险。

最小坡长的限制主要是从车辆行驶平顺性的要求考虑的。如果坡长过短,变坡点增多,车辆行驶在连续起伏地段产生的超重与失重的频繁变化,会导致乘客感觉不舒适,车速越快这种感觉越突出。从路容美观、相邻两竖曲线的设置和纵面视距等方面也要求坡长应有一定最短长度。我国《公路路线设计规范》(JTG D20—2017)对各级公路纵坡的最小和最大坡长规定见第二章表 3-12、表 3-10 所示。

3. 爬坡车道

四车道高速公路、四车道一级公路以及二级公路连续上坡路段对载货汽车的上坡运行速度、路段通行能力、行车安全等产生严重影响的路段,应对载货汽车上坡运行速度的降低值和设计通行能力进行验算。《公路路线设计规范》(JTG D20—2017)规定符合下列情况之一者,宜在上坡方向行车道右侧设置爬坡车道:

(1)沿连续上坡方向载货汽车的运行速度降低到表 5-13 的容许最低速度以下时。

上坡方向容许最低速度　　　　　　　　　　表 5-13

设计速度(km/h)	120	100	80	60	40
最小坡长(m)	60	55	50	40	25

(2)上坡路段的设计通行能力小于设计小时交通量时。

(3)经设置爬坡车道与改善主线纵坡不设爬坡车道技术经济比较论证,设置爬坡车道的效益费用比行车安全性较优时。

4. 竖曲线

竖曲线可以分为凸形竖曲线和凹形竖曲线。凸形竖曲线设于道路纵坡呈凸形转折处的曲线,用以保证车辆按计算行车速度行驶时有足够的行车视距;凹形竖曲线设于道路纵坡呈凹形转折处的曲线,用以缓冲行车中因运动量变化而产生的冲击,保证夜间车辆前照灯视线和车辆在桥下行驶的视线。而且,对竖曲线的最小半径和最小长度设置一定限值。

一般说来,凸形竖曲线路段的交通事故率要比水平路段高,小半径凸形竖曲线的事故率要比经过改善设计后的竖曲线路段事故率高很多。竖曲线的频繁变换会影响行车视距,严重降低道路安全性能,尤其在凸形竖曲线路段,视距受限会大大增加交通事故率。如在凸形竖曲线的顶部设小半径平曲线或反向平曲线,由于凸形竖曲线遮挡视线,驾驶员往往来不及反应,极易造成交通事故。

在白天或夜晚照明充足的情况下,凹形竖曲线的视距并不是影响道路交通安全的关键因素,但是在夜晚没有照明的道路上,由于车灯的位置及车灯照明角度的原因,凹形竖曲线上道路能被车灯照亮的部分是有限的。另外,凹形竖曲线上方的跨线结构物,往往会造成视距障碍,形成安全隐患。因此,凹形竖曲线的设计长度应足够长,进而能满足停车视距的要求。

(三)线形组合协调与交通安全

道路线形作为道路建设之本,是道路总体设计及效果的主要评价标准,而道路线形组合协调的问题,则是重中之重。线形组合协调就是要考虑驾驶员行车特性及环境与线形之间的关系,做好平面、纵断面、横断面3者之间的组合,并同自然环境相协调,使道路线形能够顺畅、平缓,为车辆行驶创造良好的条件。

平、竖曲线组合设计技术指标应相互协调。道路应该按照驾驶员决策最小化以及减少意外情况来进行设计。事故发生的概率随着驾驶员决策次数增加而增加。道路设计以及交通控制设施的一致性在减少决策次数方面扮演着非常重要的角色,因为驾驶员是通过他们来感知在某一道路上期望发生的情况。

道路全线的各项技术指标应保持相对均衡,这意味着车辆在道路上行驶就比较安全可靠,易于操作。不同设计路段相衔接处前后的平纵、横技术指标应逐渐变化,使行驶速度自然过渡。

线形连接应协调。线形连接与驾驶员行车心理、生理特性和视觉及反应有密切关系。若行车速度变化幅度大,对于驾驶员来说,容易发生交通事故。根据驾驶员行车特性,线形连接应协调以下几点:

(1)在高填方的曲线路段,应沿曲线外侧加设护栏、视线诱导标和路警桩、诱导视线。由于驾驶员对曲线大小难以准确判断,行车会偏离车道,酿成车祸。

(2)应避免出现断背曲线。两个同向曲线之间插入一个短直线,称为断背曲线。这种线形,行车条件差,容易使驾驶员产生错觉而导致发生事故。

(3)直线不宜过长。直线过长会使驾驶员行车单调,反应迟钝,不利于安全行车。

(4)应避免采用由很多短坡路段连在一起的线形。在这种线形的道路上行驶,驾驶员只能看见凸出的部分,而看不见凹下隐藏的地方,视线断断续续,超车视距不好,易发生事故。

平曲线与竖曲线的组合。平曲线与竖曲线组合不良,即使两者都符合设计规范,也常常会成为道路交通安全的隐患。根据实际经验,应注意避免以下几种组合形式:

(1)长直线不宜与坡陡或半径小且长度短的竖曲线组合。

(2)长的平曲线内不宜包含多个短的竖曲线;短的平曲线不宜与短的竖曲线组合。

(3)半径小的圆曲线起、讫点,不宜接近或设在凸形竖曲线的顶部或凹形竖曲线的底部。

(4)长的竖曲线内不宜设置半径小的平曲线。

(5)凸形竖曲线的顶部或凹形竖曲线的底部,不宜同反向平曲线的拐点重合,且不宜设置小半径平曲线。

线形的连接以及平曲线与竖曲线的组合,在城市市区道路上,问题并不突出,但对郊区公路尤其是山区公路具有重要意义,必须对这类路段加以改造。对暂时不能改造的路段,应采取相应的交通管制措施,保证交通安全,防患于未然。

在行车时,驾驶员需要观察了解前方路段的道路交通情况,以适应新的行车条件。由于驾驶员顺着直线或某种曲线扫视时,习惯于使视线平顺地向前。因此为保证行车安全,道路几何线形的组合应该自然流畅。如果道路几何线形组成部分的尺寸变化过大,驾驶员就会在驾驶汽车过程中缺乏足够的思想准备,易造成交通事故。此外,路外情况或地形条件的突然变化也不利于行车安全。比如,曲线路段会影响驾驶员的视距,当夜晚行车在曲线路段上时,光照距离也较直线段短,降低了行车的安全性。

(四)视距与交通安全

为了保证行车安全,驾驶员行车时必须看清行驶前方一定距离的物体,以便有充分的时间或距离,采取恰当的措施,防止事故发生。视距是驾驶员在道路上能够清楚看到前方道路某处的距离。前方道路良好的可视性对驾驶员安全有效驾驶车辆尤为重要。为保证安全,道路设计者应提供足够的视距来保证驾驶员能控制和操作车辆来避免道路上的意外事件。行车视距包括停车视距、会车视距、错车视距和超车视距,还有弯道视距、纵坡视距及平面交叉口视距。视距之所以成为问题是由于驾驶员发现前方有障碍物就要在其前面停车(停车视距),或者前方来车需要错开行驶(错车视距),以及在两车道的道路上,要超越其他车辆,就要跨越到另一车道上行驶(超车视距)等情况存在。

图 5-25 为美国事故率与行车视距的关系曲线,事故率随视距的增加而降低。当视距小于 100m 时,事故率随视距减小而显著增加;当视距大于 200m 时,事故率随视距增加而缓慢降低;当视距大于 600m 时,事故率基本不再变化。

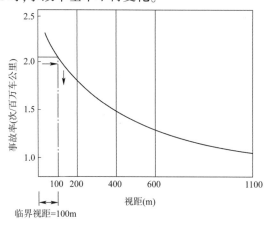

图 5-25 美国事故率与视距的关系

汽车在弯道上行驶时,弯道内侧行车视线可能被树木、建筑物、路堑边坡等障碍物阻挡而使行车视距受到影响。因此,在路线设计时,必须检查平曲线上的视距是否能得到保证,如有遮挡时,则必须清除视距区段内侧横净距内的障碍物。在道路平面上,控制停车视距的主要原因是视线高,其次才是障碍物高,在允许超车的平面线或凸形竖曲线上,视线高和障碍物高都是控制超车视距的重要因素。平曲线内侧及中间带设置护栏或其他人工构造物而不能保证视距时,可加宽中间带、路肩或将构造物后移。

二、道路横断面与交通安全

道路横断面根据道路的使用功能及预测交通量和环境条件,由行车道、路肩及中间带、紧急停车带、加(减)速车道等设施组成。道路横断面形式、车道、路肩及路基设置的正确与否直接影响到交通安全状况。

(一)道路横断面形式与交通安全

道路的横断面指沿道路宽度方向,垂直于道路中心线的断面。道路横断面的组成往往以道路中心线为轴线相对称。城市道路横断面包括道路建筑红线范围以内的各种人工结构物,如行车道、人行道、分隔带、绿化带等。公路横断面一般包括行车道、路肩、边沟、护坡、挡墙等组成部分。横断面设计对于满足交通需要,保证交通运输的通畅和安全,适应各项设施的要求,及时排除地面积水,以及合理安排地上管线和地下管线都具有十分重要的意义。横断面形式分为单幅路、双幅路、三幅路和四幅路四种。

根据我国某城市76条道路的事故调查资料,该城市道路对应不同横断面形式的事故率如表5-14所示。

某城市道路不同断面形式的事故率　　　　　　表5-14

横断面形式	事故数(次)	事故率(次/亿车公里)	道路数(条)	平均事故率(次/亿车公里)
单幅路	1191	10011	61	164
双幅路	111	520	4	130
三幅路	273	1341	10	134
四幅路	220	415	4	104

(二)车道与交通安全

1. 车道数

一般情况下,三车道比二车道交通事故率高,四车道与三车道近似,之后随着车道数的增加交通事故率反而减少。三车道公路对行车安全最不利,当交通量相对较小时,发生事故的可能性还不算太高,当交通量增加时,交通事故相对数也会随着交通量的增加而迅速提高,因为此时车辆往往冒险利用中间车道实现超车,一旦超车失败,车辆很难回到原来的车道上,发生事故的可能性大幅增加。

对于四车道公路,设立中央分隔带将减少对向行车冲突,降低车道数安全影响系数,进而减少交通事故数;当中央分隔带与立体交叉相结合时,对向行驶和转向分向行驶都没有冲突点,车道数安全影响系数较低,安全条件大有改善。

城市道路交通量大,交通组成复杂,因此,交通事故的规律性不如公路明显。但从客观分析可知,在一定范围内,车道数越多,通行能力越大,行车越通畅,道路运营越安全。

2. 车道宽度

根据美国和英国研究的结果,车道较宽时则事故较少。机动车二车道路面宽度如大于6m,其事故率较路面宽度为5.5m的道路要低得多。目前美国的标准车道宽度规定为3.65m,我国公路和城市道路设计速度下机动车车道最小宽度取值见第三章表3-20和表3-21。如果车道过宽,例如大于4.5m,则会导致有些车辆试图利用富余的宽度超车,反而会增加事故。画有车道标线的公路,由于规定车辆各行其道,其事故率会降低。

(三)路肩与交通安全

路肩的作用主要是:增加路幅的富余宽度;保护和支撑路面结构,供临时停车使用;为公路其他设施提供设置场地;汇集路面排水。在我国混合交通条件下,路肩还可以供行人、自行车、助力车等通行使用。

当路肩较窄时,在路肩上停留的汽车会占去一部分路面,以较大速度行驶的汽车极易与其发生相互碰撞。路肩较宽时,可以给驾驶员以较大的操作空间,这不仅可以增加驾驶员的安全感,而且还可以给故障车辆提供临时停靠的地点,不致阻塞交通,有利于行车安全。紧急状态下,路肩还可以作为事故救援的通道。

一般来说,交通事故率随路肩的宽度增加而减少。我国是混合交通较严重的国家之一,目前规范规定的二级公路路肩宽度,尽管满足汽车行驶的要求,但对于通过城镇路段,路肩宽度还应满足非机动车行驶宽度的要求。

另外,在路侧种植树木、设置了公共设施标杆和交通标志等情况后,一定要保证路肩规定的宽度,而且在临水、临崖路段,在路肩外侧应设置安全护栏,以保证交通安全。

(四)分车带与交通安全

分车带对解决机动车与机动车和机动车与非机动车的分离,提高道路通行能力,保证交通安全具有十分重要的作用。按其在横断面上的不同位置和功能,分为中央分车带及两侧分车带。

1. 中央分车带

中央分车带是指在高速公路、一级公路及城市双幅路和四幅路断面道路中间设置的分隔上下行驶交通的设施。

中央分车带具有分隔上下行车流;杜绝车辆随意掉头;减少夜间对向行车眩光;显示车道的位置,诱导视线;为其他设施提供场地等作用。

从交通安全的角度看,能起到分隔对向车流并对车辆及弱势群体有保护作用的设施。中间带除了一般意义的绿化带,还包括设置在道路中线位置的安全防护措施及行人过街保护设施。

2. 两侧分车带

两侧分车带是布置在横断面两侧的分车带,其作用与中央分车带相同,只是布置的位置不同。两侧分车带常用于城市道路的横断面设计中,它可以分隔快车道与慢车道机动车道与非机动车道、车行道与人行道等。

(五)路基高度边坡与交通安全

路基高度是指路堤的填筑高度和路堑的开挖深度,是路基设计高程和地面标高之差。在公路上,由于路基较高,容易发生翻车事故,翻车事故所造成的死亡率高于道路交通事故的平均死亡率,因为此类事故一旦发生均较为严重。尤其在高速公路上,设计标准通常倾向于高设计标准——高路基,而道路上行驶车速非常快,因此一旦车辆失控,易冲出路侧护栏,翻到高路基底部,造成车毁人亡的严重事故。

路基边坡是为了保证路基稳定,在路基两侧做成的具有一定坡度的坡面。路基边坡过陡是导致事故急剧增加的另一因素。车辆在坡度大的陡坡上发生意外时,事故类型接近于坠车。如果减小坡度,使路基边坡变缓,发生事故的车辆可以沿缓坡行驶一段距离,减少冲撞程度,从而减轻事故的严重性。如果采用矮路基或缓边坡,失去控制的车辆一般不会因驶出路外而翻车,事故的严重性大大降低。

三、道路路面与交通安全

(一)路面质量与交通安全

1. 沥青路面质量对交通安全的影响

对于沥青路面来说,具有平整无接缝、结构柔、振动小、噪声低、行车较舒适、施工及成型快、周期短、维修方便等优点,但是其强度和稳定性受基层、土基影响较大,沥青混合料力学性能受温度影响大,因此沥青路面可能发生的病害会对道路安全产生如下影响:

(1)泛油。油黏在轮胎上,降低了行车速度,增加了行驶阻力。在下雨天,多余的沥青降低了路面防滑性能,影响行车安全。

(2)油包、油垄。油包、油垄严重影响行车的舒适性,同时也加剧了机件的磨损。

(3)裂缝。影响路面的平整度,干扰车辆正常行驶。

(4)麻面。严重时可使行车颠簸,对于非机动车交通影响更大。

(5)滑溜。会危及行车安全,对道路交通的影响很大。

(6)松散与坑槽。表现为沥青从矿料表面脱落,在车辆的作用下沥青面层呈现松散状态,以致从路面剥落形成坑凹,进而会引起道路安全的隐患。

2. 水泥混凝土路面质量对交通安全的影响

水泥混凝土路面是一种刚性路面,其内在质量对交通安全有很大影响,主要表现在:其对地基的不均匀沉降适应能力差,地基不均匀沉降及水泥混凝土质量不好会产生断板、错台,且不易修补;接缝多,一旦填缝材料失效,地表水从接缝渗入基层乃至路基,使混凝土板在车辆行驶的作用下,产生挤压力将基层细料掏走,导致板端(底)脱空、断板;若处理不及时,地表水渗入积聚在破损后的基层内并透过基层渗入路基,使基层和土基吸水软化、失稳、支承力下降,引起路面损坏加剧,直接影响行车舒适性,危及行车安全。

3. 路面强度及路面稳定性对交通安全的影响

路面强度是指路面整体对变形、磨损和压碎的抵抗力。路面强度越高,耐久性越好,则越能适应较大的行车密度和复杂的车辆组成,即路面抵抗变形、磨损和压碎的能力越强,其使用耐久性越好,保证行车安全及行车舒适。因此,路面应具有足够的强度,在行车和自然因素的作用下,不产生不允许的变形、过多的磨损和压碎现象。

路面稳定性是指路面强度不随气候、环境(如温度、湿度)变化而变化的能力。如由质量不高的沥青铺装的路面在高温时会变软而产生轮辙和推移等现象,在低温时易变脆、开裂;又如路基中若含水分过多,在春融季节,路面强度会降低,在车辆作用下发生路面翻浆现象。这不仅影响行车过程的舒适性,还极易引发交通事故。为了保证路面使用的全气候性,应使路面强度随气候因素变化的幅度尽量减小,具有足够的稳定性。

(二)路面平整度与交通安全

平整度是路面表面相对于真正平面的竖向偏差,它是道路路基质量和路面质量的直接反映。平整度差的道路会加剧车辆磨损、增大燃油消耗、影响行车舒适性、降低行车速度、危及行车安全。路面平整度不好主要反映在两个方面:一是形成波浪或搓板;二是有坑槽、车辙或凸起。车辆在有波浪或搓板的路面上行驶,车辆上下(或左右)起伏、摆动,时而行驶在短波长、高频率、低振幅路段,时而在长波长、低频率、高振幅的路面上行驶,造成驾驶员和乘客心理紧张,旅行劳累,在弯道上行驶或超车时,稍有疏忽,车辆便会驶离正常车道,发生交通事故。

车辆在有坑槽、凸起的道路上行驶,极易损坏轮胎和钢板(弹簧),造成驾驶员和乘客心理紧张,也容易引发行车安全事故。

(三)路面抗滑性与交通安全

路面抗滑性反映了路面安全方面的使用性能,可通过测定路表抗滑性能指标来评定。路面的抗滑性能必须满足两个方面要求:表面的抗滑性和耐久性。抗滑性与路面结构、表面的纹理和表面处理有关;耐久性则与路面的内在质量,即与路面材料的耐磨性有关。

美国宾夕法尼亚州调查的路面状况和交通事故率的关系表明,如果路面干燥时发生事故危险的比例是1的话,那么路面潮湿、降雪和结冰时,危险比例大致相应为2、5和8,如表5-15所示。

路面状况与交通事故率关系　　　　　表5-15

路 面 状 况	每百万车公里交通事故率	路 面 状 况	每百万车公里交通事故率
干燥	1.6	降雪	8.0
湿润	3.2	结冰	12.8

路面抗滑性能是指车辆轮胎受到制动时沿路表面滑移所产生的力。路面抗滑性能主要是取决于路表的细构造和粗构造。细构造是指路面集料表面的构造(粗糙度);粗构造指面层表面外露集料之间形成的构造。为了行车安全需要,路面的抗滑性应当达到一定的标准。当道路表面的抗滑能力小于要求的最小限度时,车辆行驶中稍一制动就可能产生侧滑而失去控制。特别是道路表面潮湿或覆盖冰雪时,发生侧滑的危险性增大,在弯道、坡路和环形交叉处,尤其容易发生滑溜事故。

为保证车辆安全行驶,路面必须有较大的摩擦因数。我国采用一定车速下的纵向摩擦因数或制动距离作为路面抗滑能力的指标。考察事故原因,单纯因路滑造成的事故仅占一定比率,加大路面的摩擦因数虽可减少事故与损害程度,却不能根除事故。反之,如摩擦因数过大,则行驶阻力大耗油量大、车速降低且舒适性差。因此,路面防滑也要综合地从安全、快速、经济等多方面考虑。

四、道路作业区与交通安全

道路作业区是指在道路交通事故处理和道路养护维修过程中临时关闭一个或几个车道形成一段禁行区域。它属于行车条件变化路段,为了保障作业区施工人员安全及该路段影响区域车辆顺利通行,需要对施工养护影响区内车道进行控制。

导致施工区交通事故发生的原因有许多,包括驾驶员的过失、视距不足、道路表面状况差、施工障碍物、交通控制和信息不够、施工材料、设备和人员管理不善等。施工区的交通事故主要特点有:严重伤害事故与施工前相比增多;主要事故类型包括追尾事故、同向剐蹭、撞固定物等,其中追尾碰撞占35%~52%,总体事故率较施工前高;夜间事故与施工前相比增加较多,且伤害程度较高;交通事故主要发生在上游过渡区、缓冲区和工作区,特别是工作区。

(一)道路作业区的区域划分

道路作业区一般分为施工预告区、上游过渡区、缓冲区、施工作业区、下游过渡区和施工终止区6个区域,如图5-26所示。

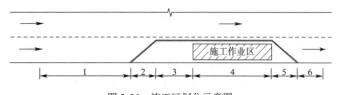

图5-26 施工区划分示意图

1-施工预告区;2-上游过渡区;3-缓冲区;4-施工作业区;5-下游过渡区;6-施工终止区

1. 施工预告区

施工预告区是指从作业控制区起点设置施工标志到上游过渡区之间的路段,用以警告车辆驾驶员已经进入施工作业路段,提醒驾驶员前方需要变道行驶,使驾驶员在到达施工作业区之前有足够的时间按交通标志调整行车状态。按《城市道路施工作业交通组织规范》(GA/T 900—2010)规定,施工预告区长度设置参照表5-16。

施工预告区长度设置　　　　　　表5-16

设计速度 V(km/h)	施工预告区长度 L(m)	设计速度 V(km/h)	施工预告区长度 L(m)
$V \leq 50$	$L \geq 40$	$70 < V \leq 80$	$100 < L \leq 300$
$50 < V \leq 70$	$40 < L \leq 100$		

2. 上游过渡区

上游过渡区是在施工作业区前使交通流变化车道转移出原来正常的行驶路径,引导交通流驶入临时通行道路上的一段渐变段区域,其最小长度见表5-17。

上游过渡区长度最小值　　　　　　表5-17

设计速度 V(km/h)	最小值(m)	设计速度 V(km/h)	最小值(m)
20	20	60	40
30	25	70	70
40	30	80	85
50	35	>80	100

3. 缓冲区

缓冲区是过渡区到施工区之间一段空间,它的设置主要考虑到假设行车驾驶员判断失误,有可能直接从过渡区闯入施工区,造成人员伤害和设备的损坏,其长度根据道路限制速度确定,见表5-18。

缓冲区长度　　　　　　　　　　　　　表 5-18

限制速度 V(km/h)	<40	40	60	80
缓冲区长度(m)	15	40	110	160

4. 施工作业区

施工作业区是道路养护维修作业的工作场所,也是作业人员工作、堆放建筑材料、停放施工设备的地方。为了减小道路施工作业对交通的延误影响,必须规定工作区路段的最大长度,一般不得超过 3km。

5. 下游过渡区

下游过渡区是指保证车辆平稳地从施工工作区旁边的车道横向过渡到正常车道的路段,其长度与道路缩减宽度相同。

6. 施工终止区

施工终止区是为通过或绕过养护维修作业地段的车辆提供一个调整行车状态的路段,施工终止区长度见表 5-19。

施工终止区长度　　　　　　　　　　　表 5-19

限制速度 V(km/h)	终止区长度(m)	限制速度 V(km/h)	终止区长度(m)
≤50	10~30	50~80	30~35

(二)道路作业区的安全作用

1. 道路维修养护作业区的安全作用

道路维修养护作业区是道路施工、养护、改造的活动场所,在保证养护设备和施工人员安全的前提下,实现不中断交通的道路路面维修养护作业。因此,道路维修养护作业通常是在不封闭交通的情况下进行的,高速的交通流和复杂的现场作业环境容易造成道路上养护作业的高风险性。同时,由于维修养护作业须占用部分车道,从而使得道路上车道数减少或车道变窄,形成道路瓶颈路段,造成交通不畅和堵塞。此时一旦养护作业管理不力,交通标志、安全设施摆放不完善或驾驶员、施工人员稍有疏忽,极易引发道路交通事故,同时维修养护作业区构成了道路空间范围内的障碍物,增加了车辆与固定物相撞的危险。

由此可见,道路维修养护安全作业不仅关系到维修养护作业的正常进行,也关系到人民生命和国家财产安全。因此,为保护维修养护作业人员和设备的安全,使维修养护作业人员能够按照规定进行作业,同时,为了保证车辆能够安全通过维修养护作业控制区域,给道路使用者提供必要的畅通及安全的交通环境,加强维修养护作业安全管理具有极其重要的意义。

2. 道路事故处理作业区的安全作用

确立适当的道路交通事故处理作业区,是事故现场处理工作中十分重要的一个环节,也决定着事故处理作业区的安全程度。

道路上发生交通事故后,为了对事故责任进行认定,需要进行事故现场勘查和现场救护,因此,往往需要关闭一个或几个车道形成作业区。确定合适的事故处理作业区,一方面要能够尽可能保持交通运行,另一方面要使得现场救护和现场勘查工作能够顺利进行。作业区的确定目前没有通用的方法,处理人员一般要根据路段的宽度、车道数目、车流量大小、周围替代道路条件以及事故本身的严重程度来综合判断合适的作业范围,确定采取全封锁、单向封锁、缩减车道、改道等管制方式。为了避免路过车辆与事故现场发生冲突而导致二次事故,需要设置一段缓冲区。缓冲区的大小要考虑封闭车道的宽度、车辆行驶速度等因素。当被封闭的车道越宽,路过车辆躲避现场的回旋空间越小,因此,需要设置更长的缓冲区;而车辆的限速越高,后续车辆的可能速度越大,应该相应加长缓冲区长度。

在作业区前限制车速可以保障事故处理的交通安全,但过低的限速会降低作业区的道路利用率,降低作业区的通行能力,在作业区前方易形成较大的速度方差和交通拥挤或堵塞,引起驾驶员的急躁情绪和争道抢行等行为,反而会降低作业区的运行效率和安全性。因此,限速需要与其他交通安全设施一起进行。现象管制设施主要有警车、交通锥和红色警示灯等。交通锥是最常用的管制设施,除了警示作用外还可以完成引导交通的功能。警示设施根据现场保护和管制的要求布置在现场前方的适当位置。在事故现场实施管制时,要根据道路条件、交通状态、事故状态以及是否存在中央分隔设施来确定合适的管制形态,管制形态有干线管制、隧道管制、交叉路口管制等。

第六节 天气自然景观与交通安全

天气对行车安全有着很大的影响。据统计,恶劣天气下的交通事故率显著高于正常的气候条件下。对行车安全影响较大的几种天气主要包括:雨天、风雾天气、冰雪天气、炎热天气等。

雨天导致路面积水,有水的路面与轮胎之间的附着系数减小,高速行驶时很容易出现侧滑或水膜滑溜,导致车辆的制动效能降低。雨天行车视距不良且车辆前风窗玻璃上会有水雾及雨滴,影响驾驶员对前方路况的判断,此时,应开启示宽灯、尾灯并低速行车。

雾天行车,行车视距不良,能见度低,为了保障安全,车辆应开启雾灯并减速慢行,在转向处,鸣笛警示,听到来车鸣笛时,应鸣号回应,会车时应当加大横向间距,以免发生撞车事故。

积雪结冰道路最明显的缺陷是道路的附着系数低,车辆很容易打滑。在冰雪道路上行车,尽量保持均匀的车速,行驶过程中转动转向盘或者制动不可过急,尽可能低速行车。冰雪路面光线发射刺眼,容易使驾驶员产生视力疲劳。此外,冰雪天气下,气温较低,影响车辆状态,较为容易出现不易起动甚至"死火"的现象。

炎热天气下,由于气温较高,发动机冷却液温度较高,供油管出现气阻现象,轮胎气压过高。遇到这些情况时,驾驶员应选阴凉处停息,待胎温胎压恢复正常后才可继续行车。同时应注意制动性能,特别是液压制动,要注意制动皮碗的膨胀和制动液的蒸发,尤其是下长坡前,应检查制动器的性能,切勿在制动性能出现异常时冒险行车。

一、雨天行车安全

降雨是最常见的天气现象之一,由降雨引发的交通事故也最为普遍。雨中行车的安全隐患主要表现为:降水对路面有影响,容易导致车辆侧滑和控制失灵。以上海地区为例,

2004年日降雨量与相应的日均交通事故指数关系如图5-27所示。图中日总降水量在10mm左右事故率最高,随着降雨量增大,事故率反而下降,这与交通量减少、驾驶员更加谨慎有关。

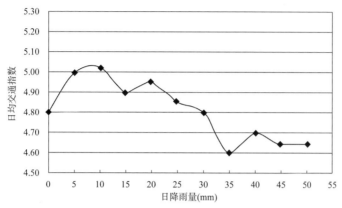

图5-27 日降雨量与日均交通事故指数关系

雨天的事故类型有:

(1) 撞击路侧安全设施或行人。雨天环境下,驾驶员的视野受到刮水器运动范围的限制,前风窗玻璃和侧后视镜附着雨水影响驾驶员清晰观察路侧环境,使其不能及时发现障碍物而引发碰撞事故。在交叉口,车辆左转时,驾驶员容易忽略前照灯照射范围外人行横道上的行人,也可能诱发事故。

(2) 追尾事故。雨天时,因路面潮湿,与干燥的路面相比车辆的制动距离更长。因此尾随前车的后车若以同晴天一样的跟车距离,则遇到意外情况突然停车时,容易发生追尾事故。

(3) 正面碰撞。由于车辆轮胎和路面的摩擦因数下降,车辆轮胎的横向摩擦力减小,在弯道处,由于离心力作用,车辆易产生滑移与对向车道上的车辆发生正面碰撞。

雨天行车,视线障碍较大,且雨天情况下的路面摩擦因数不到干燥铺装路面的一半,因而车轮极易打滑。另外,干燥路面上,车辆加速,附着系数几乎没有变化;而在潮湿路面上,随着车速增加,路面的摩擦因数急剧减小,车辆制动距离逐渐增大,湿润状态下不同车速下制动距离见第三章表3-16,对行车安全造成极为不利的影响。不同状况下的道路摩擦因数如表5-20所示。

不同状况下的道路摩擦因数 表5-20

道路状况	摩擦因数	道路状况	摩擦因数
干燥水泥路面	0.7~1	下雨开始时	0.3~0.4
潮湿水泥路面	0.4~0.6		

车辆在积水路面上行驶时,轮胎与路面的直接接触受到妨碍,轮胎一边排开积水一边向前滚动,轮胎接地处只有一部分直接与路面接触,其余部分是通过水膜与路面间接接触,随着车速的提高,虽然有较多的积水被轮胎高速排出,但由于水的惯性作用,部分未能及时排出的积水,在轮胎与路面间形成楔形水膜,由此引起的浮力支撑了轮胎的垂直负荷,使轮胎

浮起,轮胎将在路面的积水上向前滑动,这种现象称为"水膜滑溜现象"。这种"水膜滑溜现象"易造成车辆失控,导致事故发生。

二、雾天行车安全

雾是一种常见的天气现象。大雾天气下,公路交通事故的发生概率是比较高的。大雾引发的道路交通事故有以下特点:

(1)由于生理条件的限制,驾驶员很难确切感知大雾的严重程度。

(2)由于地理、气候条件的差异,不同路段大雾的能见度不同,驾驶员很难根据各路段不同的能见距离及时调整车速和车间距。

(3)在大雾情况下,可视距离会远远小于绝对安全间距,一旦发生追尾相撞,容易引发多车追尾事故和二次事故。

雾天对行车产生的影响有两个方面:一是大大降低能见度,驾驶员看不见运行前方和周围的情况,可变信息标志、标志标线及其他交通安全设施的辨别效果较差,前后车辆的最短安全间距无法保持,驾驶员的观察和判断能力受到严重的影响,尤其是浓雾天和雾带(或团雾)的出现,极易引起连锁追尾相撞事故;二是由于雾水与积灰、尘土混合,轮胎与路面的附着系数减小,特别是北方冬季时,冰雾会在高速公路路面形成一层薄冰,轮胎与路面的附着系数下降更为明显,从而导致制动距离延长、行驶打滑、制动跑偏等现象发生。因此,不同雾天状态下需采取不同的驾驶行为和管控措施,如表5-21所示。

高速公路雾天行车措施　　　　　表5-21

种　类	视　距	行车措施
淡雾	300~500m	适当减速
浓雾	50~150m	限速50km/h
特浓雾	<50m	停止行驶

三、冰雪天气行车

冰雪天气给人们出行带来极大不便,积雪和低温易导致车辆零件冰冻,引发故障,使车辆控制难度增大;积雪和冰冻严重危害桥梁等结构物,给交通带来安全隐患;冰雪降低公路的通行能力,当冰雪达到一定厚度时,可阻碍车辆通行,严重时甚至发生雪崩、雪阻,使交通完全中断;飘雪导致能见度降低;雪花会覆盖交通标志板面,使标志失去作用;最后,当雪后天晴时,由于积雪对阳光的强烈反射作用,产生眩光,即雪盲现象,也会使驾驶员视力下降,成为安全行车的潜在危险。据英国的气候条件与交通事故资料统计,降雪时高速公路事故发生率是干燥路面的5倍,结冰时事故发生率是干燥路面的8倍。路面状况与滑溜事故车辆数关系见表5-22。

冰雪天气对行车的影响比下雨天大得多。积雪对行车的危害,首先表现在路况的改变。路面积雪经车辆压实后,车轮与路面的摩擦力减小,车辆易左右滑摆。同时,车辆的制动距离也难以控制,一旦车速过快、转向太急有可能发生交通事故。冰雪对交通的危害如表5-23所示。

第五章 交通工效学与道路交通安全

路面状况与滑溜事故车辆数关系(英国) 表 5-22

车 种	路面状况					
	干燥			降雪、冰冻		
	滑溜事故(起)	总事故(起)	占比(%)	滑溜事故(起)	总事故(起)	占比(%)
小轿车(veh)	17987	171297	10.50	3656	6499	56.25
公共汽车(veh)	288	9522	3.02	78	212	36.79
1.5t 以下的货车(veh)	1191	12900	9.23	270	540	50
1.5t 以上的货车(veh)	1111	8072	13.76	163	431	37.82

冰雪对交通的危害 表 5-23

冰雪现象	对车辆行驶的影响	对交通的危害
降雪或风雪流	妨碍车辆行驶,影响视距	降低行车速度,降低道路通行能力,增加交通事故率
积雪	驾驶困难,易发生事故	
风吹雪堆		
路面结冰		
雪花覆盖标志	弱化标志作用,降低车速	
积雪荷载	可能破坏防护工程	
雪崩	阻断交通	
路面冻胀	妨碍行驶	
冰雪融化	边坡可能垮塌,影响道路交通条件	

四、景观条件与交通安全

道路景观包括路侧的绿化、广告牌、交通标志、视线诱导标志等。良好的道路景观不仅给交通参与者带来视觉的美感,还可以使驾驶者心情愉悦、不易疲劳,而且还可以起到良好的视线诱导作用,有利于行车安全。现代道路景观包含的内容较多,表 5-24 列举了道路景观构成的主要要素。道路不仅仅具有承载交通运输的功能,而且为人们提供美好、舒适的视觉效果。道路景观从美学观点出发,在满足交通功能的同时,充分考虑道路空间的美观、用路者的舒适性以及与周围景观的协调性,让使用者(驾驶员、乘客以及行人)感觉安全、舒适和谐的道路景色。道路景观设计涉及的学科知识较多,包括城市规划、环境设计、建筑及空间设计、道路美学、园林学、环境心理学等。种植或者修剪不当的树木会遮盖掩藏交通信号、交通标志、诱导标志等,容易导致交通事故。过多的广告牌、标语牌、霓虹灯等容易令驾驶员分神,甚至与交通信号、交通标志相混淆。而过于单调的道路景观会对驾驶员产生催眠作用,导致疲劳驾驶。和谐的道路景观会产生视觉上的和谐性与连续性,使旅客与驾驶员在路上感到心情愉悦,提高道路交通系统安全性。

道路景观构成要素 表 5-24

类 型	具 体 形 式	内 容
道路线形要素的景观协调	视觉上的协调	视觉上,平面线形和纵断面线形各自协调
	立体上的协调	平面线形与纵段面线形互相配合,形成立体线形

续上表

类　　型	具体形式	内　　容
道路与道路沿线的景观协调	行车道旁边的环境	中央分隔带的绿化;路肩、边坡的整洁;标志清楚完整
道路与道路沿线的景观协调	构造物环境	对跨线桥、立体交叉、护栏的设计有一定的艺术特色
道路与自然环境及社会环境的协调	道路与自然环境、社会环境的协调	道路与沿线的底线、地质、古迹、名胜地区风景间的协调

(一)道路景观的构成要素

道路景观按照不同的结合方式可以分为:道路线形要素的景观协调、道路与道路沿线的景观协调、道路与自然环境及社会环境的协调。道路景观所包括的具体内容见表5-24。

道路景观与交通安全之间相辅相成,既相互促进又相互制约。优美舒适、功能科学合理的道路景观设计不仅能起到美化道路交通环境、保护自然环境的目的,也能对良好的交通安全环境起到积极地营造和辅助作用。同时,由于功能要求的差异,道路景观和交通安全两者之间又存在相互制约的方面,不合理的道路景观设施或施工养护行为会对交通安全造成不利的影响。

(二)道路景观的安全作用

1.道路线形的安全作用

道路线形是影响道路景观的一个重要的因素。直线线形具有很明确的方向,给人以简洁明了的感觉,但直线线形道路从车行道或人行道的视线上看比较单调、呆板,静观时路线缺乏动感,容易使驾驶员注意力不集中,产生事故。曲线线形流畅,具有动感,在曲线上行驶可以很清楚地判断方向变化,看清道路两侧景观,并可能在道路前方封闭视线形成优美的街景,有利于驾驶安全;并且曲线容易配合地形,同时可以绕越已有地物,在道路改造时容易结合现状。

交通安全与道路线形的视觉设计有着密切的联系。纵断面线形对道路使用者视觉及街景变化也有影响,尤其凹形竖曲线对道路景观影响较大。道路设计中尽可能采用较大的竖曲线半径,以免产生街景的驼峰点,导致景观不连续,破坏道路空间序列,引起驾驶不舒适感。线形的视觉设计的好坏将直接影响到公路交通安全,图5-28和图5-29的设计效果容易引起驾驶员的视觉不适。因此应充分考虑视觉的要求,避免线形条件不良的设计,尽量给驾驶员营造舒适、安全的行车环境,确保驾驶员的行车安全。

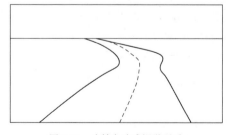 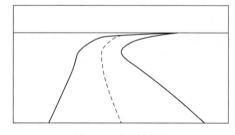

图5-28　小转向造成视觉不适　　　　图5-29　急剧转向段

2.道路照明的安全作用

合理的道路照明布局,可以给驾驶员提供前方道路方向、线形等视觉信息,使照明设施具有良好的诱导性。同时,合理的照明设计,又可以体现道路夜间景观的魅力,具有美化环境、改善景观的作用。随着夜间交通量的日益增加,为避免交通事故的发生,保持夜间交通的通畅,提高道路服务水平,必须让驾驶员和行人得到障碍物的状况、信号、标志等视觉信息,以减少和防止交通事故的发生,道路照明必须满足交通的要求,具有明视的功能、正常的显色,并要保持相对稳定性。

路段、交叉口、场站、桥梁和隧道等道路工程设施以及所有的交通管理设施和服务设施,在夜间或光线不足的情况下,都需要借助道路照明来保障夜间的交通安全。交通管制的信号和标志也离不开光和色彩,因此道路照明在交通系统中,起着便于各种信息进行传递的作用。

3. 道路绿化的安全作用

道路绿化在视觉上给人以柔和而安静的感觉,并把自然界的生机带进了城市。它的形状、色彩和姿态具有可观赏性,丰富了道路的景观,有助于创造优美的视觉环境,提供舒适的行驶条件。

道路绿化景观由多种景观元素组成,主要涉及树种的选择、植被高度、株距及绿化效果,这些方面对交通安全有着十分重要的作用。道路的绿化设施设置不当时,可能存在两个安全隐患,一是潜在的碰撞危险,二是可能会遮挡视距,如图 5-30 所示。季节性生长的树叶可能会遮挡道路标志和信号。行人在穿越无信号控制道路前,树木可能会影响行人的视线。道路两边树距离道路过近时,可能会增加车辆侧碰或二次碰撞发生的概率。一般情况下绿化应与道路环境中的景观诸元素相协调,应该让道路使用者从各方面来看都有良好的效果。绿化应具有诱导视线、防眩、缓冲、遮蔽、协调、指路标记、保护坡面、沿线等安全功能。

图 5-30 环形平面交叉中心岛视距不良

4. 路侧建筑的安全作用

现代城市中,街道上建筑艺术的视觉效果与道路的交通性质、交通组织和交通管理有着密切的关系。城市道路景观,可以看成是路和建筑与其他元素组成的景观。

一条道路的景观好坏,建筑是否与道路协调是最主要的因素,而建筑与道路宽度的协调则是关键。不同交通性质的道路的建筑高度 H 与道路宽度 D 的比例关系不同。一般认为,$1<D/H<2$ 时,既具有封闭空间的能力,又不会有压迫感。在这种空间比例下的步行和驾车可取得一定的亲切感和热闹气氛。对于商业街,D/H 宜小,这样空间紧凑,显得繁华热闹;居住区对建筑群会有一定的观赏机会,这种 D/H 比例就应大些;交通干道的道路宽度较大,建

筑物的尺寸、体量也会较大，而且高低错落，这时可按低的建筑高度 $D/H = 1/4$ 来控制。

第七节　交通工效学在道路交通安全中的应用

交通工效学是从交通参与者的角度，利用人机工程学的方法，提高人—车—路(环境)系统协调性和安全性的科学，可使道路交通环境更安全、舒适的应用性科学，其研究的核心问题是交通系统中交通参与者、交通工具及交通环境三者间的协调，包括研究方法、评价手段、涉及的工程技术等多个领域。研究目的是从交通参与者的立场出发，通过各学科知识的应用，来指导交通工具、驾驶行为和交通环境的设计和改造，使得交通活动在快捷、安全、畅通、舒适等几个方面的特性得以提高。

一、道路交通参与者与安全化应用

交通参与者的本质是人，人是交通活动的主体，因此交通安全的关键在于人，人是交通安全的核心。有研究表明，绝大多数的交通事故是由人的原因引起的。因此，人的安全化是预防和减少交通事故的重要途径。

当人的行为中出现不安全因素时，就有可能导致交通事故的发生，造成人员伤亡或财产损失。行为是基于人接收了外界信息的刺激，人体做出行为反应的过程，在这过程中，人体多种感官同时产生作用，经过察觉、识别、判断、决策以及执行等几个环节。任何一个环节出现误差或失误，人的行为中都会出现不安全因素。通常，导致人出现不安全行为的原因有很多，无法一一列举，相反，人的安全行为模式可以总结为具有以下特征：

(1)感觉机能良好。人的感觉机能包括视觉、听觉、触觉、嗅觉等，这些感觉机能保持状态良好，可以正确、如实、客观地接收外界的交通信息、交通变化，对交通安全而言是非常重要的。人体各感觉器官能够平稳正常地工作是避免交通危险的前提，若出现工作异常或者波动较大等情况都会对交通安全造成威胁。此外，各感官之间应相互协调、相互配合，及时且全面正确地反映外界的环境信息及其变化。交通参与者的感觉机能不应低于交通法律法规规定的最低标准。

(2)处理信息能力较强。通过感觉器官接受了环境信息后，需要有较强的处理信息能力。人体处理信息的能力受信息数量、信息复杂程度、人对该信息的熟悉程度等多种因素的影响。较强的处理信息能力指的是人体能在特定的交通环境下和容许的时间内，及时、准确地分析交通信息。只有正确的处理信息才可以引发正确的交通安全行为。

(3)判断能力良好。在交通安全中，人在意识到危险时，必须判断该如何对这一危险做出反应，而这一判断过程相当复杂，不同的人体在不同的环境下会做出不同的判断。但是对处理后的交通信息能够做出及时、合理准确的判断是交通安全的重要保障。

(4)熟练的操作技能。熟练的操作技能是保障交通安全的必要条件。考取驾照、设立实习期、对交通协管员进行辅导等都是为了提高交通参与者在交通中对于自己角色的熟练程度。交通参与者准确、及时的操作是避免交通事故发生的决定性条件，它与前面几个环节同等重要。

交通参与者本身在进行交通行为时，会受到自身生理心理状态、交通环境以及交通管理措施的影响,因此可以通过改善以下3个方面来提高交通参与者的安全性,减少交通事故的发生。

(一)人的安全化

人作为交通的主要参与者,也是其中有意识的个体,人自身安全素质的提高是交通安全的根本。要提高交通参与者的交通安全性,就应该对以下因素进行优化,促进人的安全化。

1. 强化交通参与者的交通安全意识

安全意识是人们参与交通活动,自觉遵守交通法律、法规,确保交通安全的心理状态。由于交通活动是人们有意识的活动,只有当人们真正意识到"安全第一"的重要性时,人们才会主动遵守交通法律、法规,才有可能去主动调整自己的交通不安全行为,使其朝着有利于交通安全的方向发展,而不是被动地接受交通安全管理。

强化交通参与者的交通安全意识,可以通过提高交通参与者的文化素养,加强个人素质教育,并且需要建立完善的交通安全规章制度,强化责任检查机制,加大交通安全的宣传力度和安全意识的教育力度。

2. 强化交通参与者的感官敏感程度

交通环境无时无刻不在变化之中,会不断出现新的信息,而人们的视觉特性、听觉特性、触觉特性等直接影响着接收信息的能力,只有当这些感觉器官能够正确及时地接受交通环境中的信息刺激,才可以保障人们获得交通信息的准确性,从而可以随着交通环境的变化做出正确的反应,较少交通事故的发生。

现实生活中,应严格审查申请机动车驾驶资格人员的感官敏感度,对于视力条件、听觉条件不达要求者,不予以考取驾照的资格。另外严查严惩酒驾毒驾,也是为了避免因酒精药物而被降低了感官敏感程度的驾驶员上路,造成严重的交通事故。

3. 保持交通参与者良好的心理状态

人的心理状态直接影响人的行为。合理调节人的心理状态,有利于减少失误,促进人的行为安全性。驾驶员在驾驶车辆时应保持良好平稳的心理状态,同行乘客或者交通管理者则应该帮助驾驶员保持良好的心理状态,当驾驶员情绪出现较大波动以至于不适合驾驶车辆时,应立刻让其暂停驾驶行为。人的日常生活工作环境对人的心理影响非常大,因此,对于专职从事驾驶行为的驾驶员而言,良好的工作氛围显得相当重要。可以通过改善工作环境,降低工作的单调性,采取必要的监督、检查和奖励制度来缓解驾驶员精神上的紧张情绪。

4. 提高交通参与者的安全技能

交通意识、交通知识的丰富不代表驾驶员就可以安全地进行交通活动,应该将安全知识变成安全技能,才能够实现理想的安全效果。若交通参与者已经拥有较为完善的交通安全概念,可以加强交通参与者分析问题、解决问题的能力。解决问题绝不是几个简单步骤的相加,而是一种思维方式,因此应该训练交通参与者认识问题、分析问题和解决问题的能力。

(二)管理安全化

管理安全化是通过交通管理的手段和方法,达到人安全化的目的。如果说上述的人的安全化是从交通参与者这一主动方面达到交通安全目的的话,管理安全化就是从被动的角度达到交通安全的目的了。管理安全化包括提高民众的文化素养、加强交通安全教育和培训、建立健全的交通管理法律法规、重视交通安全的奖惩制度和加强对驾驶员身心素质的管理等。其中提高民众的文化素养、加强全面素质教育是交通安全管理长远之计,而交通安全教育和培训是消除人的不安全行为的重要管理手段,是最基本的措施。法律法规对人的行为具有强制约束力,可以更好地规范交通参与者的交通行为,同时,交通法律法规必须具备科学性、严肃性、适应性和系统性。由法律法规所带来的交通行为奖惩也应该合理和规范,对于守法守纪、安全驾驶,做出一定贡献者,给予荣誉或物质利益以作奖励,对于故意或者过失,造成交通违法或者交通事故者,必须予以处罚。奖惩制度要做到实事求是,精神奖励和物质奖励相结合。目前对于驾驶员的管理和培训主要依靠的是驾校,因此对驾校的规范化管理尤为重要,严格驾驶员的考核,不断提高驾驶员的素质,建立健全的驾驶员审核制度,对于驾驶技能差、驾驶态度差且屡教不改者取消其驾驶资格。

(三)工作环境安全化

人的交通行为受到交通环境诸多因素的影响,有的不利于人们的交通行为,如噪声、强光、高温、剧烈抖动等,也包括一些道路线性设计、车辆构造等。优化工作环境有利于改善人们的心理和生理条件,有效减少交通事故的发生。对于驾驶员来说,依据人类工效学对驾驶工作条件进行全面的检查和必要的修正,设计更符合人体工效或者心理需求的道路以及交通设施,给交通参与者一个更加安全更加舒适的工作环境有利于改善驾驶员的心理条件,自然也有利于道路交通安全性。

二、车辆与安全化应用

车辆是交通的主要元素,车辆本身的技术状况与交通安全密不可分。车辆的制动系统、转向系统、动力系统等出现问题都会直接影响车辆状况,导致交通事故。而车辆内饰、安全带、安全气囊等内部设计也直接关系到驾驶员和乘客的交通安全。因此,提高车辆安全性能可以有效减少交通事故及其损害后果。车辆的安全化应用主要有两个方面:主动安全性和被动安全性。

(一)车辆的主动安全性

车辆防止事故发生的能力就是车辆的主动安全性,影响车辆主动安全性的因素包括车辆视野性能、车辆灯光、制动性能、操纵稳定性等。

1. 车辆视野

在车辆行驶过程中,80%的信息是通过驾驶员视觉得到的,因此确保良好的视野是预防交通事故的必要条件。车辆视野主要指驾驶员的前方视野和后方视野。前方视野是驾驶员在正常驾驶状态下通过前风窗玻璃和侧方窗户所看到的范围,后方视野一般包括驾驶员通过内后视镜和外后视镜观察到车辆后方的范围。

改善驾驶员的视野条件就是减少驾驶员的视觉障碍,尽量让驾驶员得到完整充分的视觉信息。可以通过扩大风窗玻璃、车窗玻璃的有效面积,减小前方风窗玻璃的倾角并使之尽量靠近驾驶员的眼睛;降低发动机罩的高度,缩短发动机罩的伸出长度;减少座椅靠背的倾角,尽量布置驾驶座靠近车辆前段等措施来改善驾驶员的前方视野条件。后视镜采用变曲率设计,对反射路面的镜面采用大曲率半径,保证其较强的真实感,而对于反射路侧景物的镜面,采用小曲率半径,以得到更大的视野范围。同时,车辆的夜间照明系统也应适当调整,使前照灯尽可能照亮驾驶员视线所及的路面。另外,电子技术的应用对提高驾驶员视野也有着积极作用,可以通过电子技术将后方、侧方的视野实时状况投影到中控屏幕上,有利于驾驶员判断车辆的位置。

2. 车辆灯光

车辆灯光系统主要功能是为车辆行驶提供照明以及将自身行驶状况向交通流上的其他参与者发出信号以便对方做出恰当的反应。

车辆的灯光系统包含了多种不同功能的灯组。据统计,照明良好的路段,事故发生率仅为没有照明或照明不良道路的30%。

前照灯分为近光灯和远光灯,当车辆行驶前方或者对向有其他交通参与者时,为了避免引起对方眩目或者产生不适感,应使用近光灯照明;当前方无其他交通参与者且路况复杂,周边照明条件差时,可使用远光灯进行照明。

制动灯是用于向车辆后方其他道路使用者表明该车正在减速或者正在进行制动的灯具,主要用于防止发生追尾事故。目前,汽车都安装了第三制动灯(高位制动灯),位于汽车后风窗玻璃下部中间内侧,与尾随车辆驾驶员视野高度相当。据美国的调查表明,汽车安装第三制动灯后,追尾事故减少了53%。

转向灯用于在车辆即将进行方向改变时,驾驶员手动开启用于告知周边交通参与者,以便相关交通参与者做出合适的行为。对于车身较长的车辆,车身两侧须设转向信号灯。同时,驾驶室内也应装有转向指示灯,与转向信号灯同步,用于提醒驾驶员并且可以让驾驶员几时发行鼓掌采取相应措施。除此以外,有的车辆还应该根据需求安装示宽灯、倒车灯、危险警报灯等。

3. 主动安全新技术

随着科技的进步,一些新技术也开始应用到车辆安全上。例如 ABS 制动防抱死系统、ASR 驱动防滑系统、EBD 电子制动力分配、LCA 变道辅助系统等。还有安装各种电子传感器、雷达等,将车辆所处位置及其周边情况实时地传送给驾驶员,也可以让驾驶员及时知道车辆的状况,如车辆偏离车道、气压不足、轮胎温度过高、发动机温度过高、车门没有关好等情况出现时,车辆就会通知驾驶员,以便驾驶员做出相应的调整。另外,发展车联网技术和交通广播,如卫星定位系统、地理信息系统等,可以让驾驶员了解到视野以外的交通信息,有助于交通安全。

(二) 车辆的被动安全性

当发生交通事故时,车辆能够保证乘员免受伤害或把伤害降到最低的能力就是车辆的被动安全性。通过改善车身结构设计、安全带、安全气囊、座椅、靠枕等,可以提高车辆被动安全性。

1. 车身结构设计

车身的结构设计直接影响车辆的安全性,当汽车发生碰撞时,安全车身设计能够有效减轻乘客受到的伤害。为了尽量降低膨胀给乘客所带来的伤害,车身必须尽可能地缓和并吸收车辆及乘客所具有的动能。车体前部结构要尽量多吸收碰撞能量,另外,还需要防止车轮、发动机、变速器等刚性部件侵入驾驶室。同时,还需要确保车辆在碰撞之后能够给乘客保留一定的生存空间,以易于逃脱和接受外部救援,而车身的坚固可靠是保证乘客生存空间最直接、最有效的方法。

2. 驾驶室内部设计

为了减轻在碰撞过程中驾驶室内部人员的伤害程度,驾驶室内部的配饰要求软化,包括仪表板、遮阳板、座椅靠背、扶手、车门内衬等。另外,一些边角边缘部位也要求圆滑化,减少由于冲击碰撞带来的身体伤害。车辆一般安装安全玻璃,如钢化玻璃,区域钢化玻璃和夹层玻璃等,这些特殊玻璃的特性可以减少玻璃破碎时对驾驶室内部人员的伤害。钢化玻璃破碎时不易划伤乘员,区域钢化玻璃能够在玻璃撞碎之后仍然保持一定的视野,夹层玻璃由于黏结物的作用,破碎后玻璃不会发生飞散,降低乘客被玻璃渣子划伤的可能。车辆的门锁设计要保证碰撞后门框变形在一定范围内,车门不会自行开启的同时,也需要保障在驾驶员主观意识需要开启门锁时,门锁可以开启自如,以便事故后的抢救工作。

3. 其他保护方法

除了上述的车身结构设计和驾驶室内部设计以外,还有其他的车辆安全保护系统,包括乘员约束系统等。

安全带和安全气囊属于乘员约束系统统计表明,佩戴安全带使碰撞事故中乘员伤亡减少 15%~30%。安全气囊则需要与安全带配套使用,汽车发生碰撞后,在乘员与车内构件碰撞前,迅速地在两者之间打开一个充满气体的气垫,以缓和冲击并吸收碰撞能量,达到减轻乘员伤害的目的。

除了一些所有车辆都配备的安全措施以外,对于一些有特殊用途的车辆、外形较为特殊的车辆有一些特别的保护措施,例如为了防止与大型车辆发生碰撞事故后,小型车辆、非机动车和行人被卷入大型车辆下,通常要求大型车辆车后或者车侧安装安全防护栏;为了避免汽车碰撞后燃油箱漏油燃烧或者发生大火,车辆的燃油箱应具有一定的刚度且随车配备相应的消防设施。

三、交通环境与安全化应用

在人—车—路系统中,道路环境是影响交通安全的主要因素。据统计,10%~30%的交通事故是直接或间接由道路工程及行车环境所导致。道路环境与行车交通安全相关因素在前面相关章节已有论述,以下主要介绍交通量对交通安全的影响。

交通流量具有时空分布的特性。在其他条件相同时,行车事故的数量取决于交通量,因为交通量决定行车速度、交通流的行驶规律以及驾驶员的精神紧张程度。当交通量较小时,车辆的行驶主要取决于道路条件和车辆本身的性能,由于没有其他车辆的干扰,车速往往相对较快。随着交通量的增大,车辆相互干扰,互成障碍,超车不当、避让不及等常常会引起交通事故。但当交通量很大以至于造成交通拥堵时,由于平均车流速度的下降,交通事故数有所下降。

因此,交通事故与交通量的大小有密切关系,图 5-31 为交通事故率与交通流饱和度的关系,交通量对交通事故的影响分为以下几种情况:

(1) a:交通量很小时,车间距较大,相互间干扰少,驾驶员很大程度上可以自由选择期望速度和行驶方法。绝大多数驾驶员都能保持符合车辆动力性、制动性和安全性的行驶速度,只有当个别驾驶员忽视行驶安全而冒险高速行车,遇到紧急情况时,采取措施不及时导致交通事故发生。

(2)$a \rightarrow b$:当交通量逐渐增加时,驾驶员不能仅凭自己的习惯驾车,必须同时考虑与其他车辆的关系。路上车辆数的增多,使得驾驶行为更加谨慎,因而交通事故相对数量有所下降。

(3)$b \rightarrow c$:当交通量继续增大时,在道路上行驶的车辆大部分尾随前车行驶,形成稳定流。在这种情况下,超车变得比较困难,因而与超车有关的事故也有所增加。

(4)$c \rightarrow d$:交通量进一步增大,形成不稳定流。此时,超车的危险越来越大,交通事故相对数量也随交通量的增加而增大。

(5)$d \rightarrow e$:当交通量增加到使超车成为不可能时,车辆间距已大大减小,交通流密度增大,形成饱和交通流。由于饱和交通流的平均速度低,因此事故相对数量也降低。

(6)$e \rightarrow f$:交通量进一步增加,产生交通阻塞。这时,车辆只能尾随前车缓慢行驶,道路服务水平大幅度下降的同时,交通事故也大为减少。

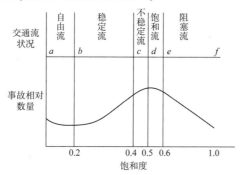

图 5-31　交通事故率与交通流饱和度关系图

城市道路中,道路交叉口及附近、高架道路进出口及上下匝道附近、城市道路下穿隧道出入口及附近等;公路中,高速公路进出口特别是出口及附近、高速公路隧道进出口特别是进口及附近;一般公路中,城郊区路段等,是常常发生交通流量、交通密度及行车速度不稳定状态,也是交通事故追尾事故多发区域。为有效根据行车环境不良状态调整驾驶行为和提升管理水平,应从人—车—路及管理手段等方面加大交通工效上的研究。

第六章　交通工效学实验方法及应用

第一节　实验技术概述

掌握心理和工程实验的一般方法,或者说理解一项心理学实验,需要了解两方面的问题:一是实验中的各种变量;二是实验设计。

一、实验中的各种变量

实验中涉及的各种变量包括主试、被试、自变量和因变量等。

1. 主试

主试(Experimenter)是指实验者,即主持实验的人,发出刺激给被试,通过实验收集资料。

2. 被试

被试(Subject)即实验的对象,接受主试发出的刺激并做出反应。

3. 自变量

自变量,又称刺激变量,它是由主试选择、控制的变量,决定着被试行为或心理的变化。

以下用一个简单的反应实验说明自变量的含义。我们很熟悉这样的情景:在道路交叉口,某一方向绿灯刚刚变亮,这个方向通行的汽车加速进入交叉口。从绿灯变亮的一刹那到驾驶员开始加速操作的一刹那,这一段时间在心理学上叫作反应时间,简称反应时。一个人的反应时间的长短可以用实验测量出来,以下是一个可行的方案:请被试安静地坐在桌子旁边适应实验环境,主试打开被试面前的红色灯并说预备,此时被试用右手握住反应器,大约2s后主试改变灯光为绿灯以模拟实际情况的红绿灯转换情景,被试在接受绿灯刺激后尽快按下反应器上的按键。这个实验中,从绿光出现到按下按键的时间就是反应时间,它可以由一个电钟记录下来。为了准确地测得某被试的反应时间,同样的测量应该进行几百次,然后求得这些数据的平均值(ms)可作为该被试的反应时间。

实验中,声音和灯光就是自变量,它决定着反应时间的长短。主试选择自变量的目的是用自变量来改变行为。同样以上面的实验为例,这个实验方案进行的是对信号变换的反应时间实验,测得的是被试的视觉反应时间。如果把灯光刺激换成声音,同样可以测得反应时间,即听觉反应时间。而视觉反应时总是比听觉反应时长,这就是说,由灯光引起的行为反应与声音引起的行为反应快慢是不同的。另外,即使是同一个变量也有不同的水平。在上面的例子中,如果主试增加声音的强度,反应时间就会缩短,被试的行为发生了变化。强的声音和弱的声音都叫作声音的自变量,但它们处在不同的水平;同样的,强的灯光与弱的灯光引起的反应时也不同,这两种灯光刺激也处在不同的水平。当自变量的水平(数量)有了变化而导致行为的变化,我们就说行为是处在自变量的控制之下,或者说,自变量是有效的。

自变量可分为以下4种:

(1)刺激特点自变量。即刺激的不同特性会引起被试不同的反应。例如对灯光与声音两者的反应时不同,强度不同的声音引起的反应时也不同等,把这类自变量称为刺激特点自变量。

(2)环境特点自变量。进行实验时环境的各种特点,如温度、是否有不利天气条件、是否有噪声、白天或晚上等,都可以作为自变量。时间也是一个重要的自变量,例如在车辆进入隧道的暗适应过程中,正是随着时间的流逝,处在黑暗中的眼睛的感受性逐渐提高了。另外,时间在记忆研究中也无时不在,甚至可以说,几乎没有不用时间作自变量的记忆实验。

(3)被试特点自变量。一个人的各种特点,如年龄、性别、职业、文化程度、内外倾个性特征、左手或右手为利手、自我评价高或低等,都可以作为自变量。驾驶员反应时间的研究中常把老年人与青年人的反应时间做比较;在大型车辆驾驶心理研究中,被试性别的选择十分重要,这就是在对被试特点自变量进行考虑。被试特点自变量的特点在于,主试只作选择而不能改变它,这和主试可以任意调节刺激特点自变量的强度是不同的。

(4)暂时造成的被试差别。当被试来到实验室时,他们在各方面都是大致相同的。但是当主试对被试进行分组时,一组被试与另一组被试的差别便产生了。当然,被试的暂时差别通常是由主试给予不同的指示语造成的。

4.因变量

因变量是指被试的反应变量,它是自变量造成的结果,是主试观察或测量的行为变量。在刚才叙述的反应时间实验中,测得的反应时的长短就是因变量。

对因变量的测量与选择有几个因素需要考虑:

(1)因变量的可靠性即信度。信度指一致性,即同一被试在相同的实验条件下应该得到相近的结果。但在实际实验中,同一被试在相同的实验条件下有时(结果)得分很高,有时得分很低,则这种因变量(或测量被试反应的方法)是不可靠的,它缺乏一致性。

(2)因变量的有效性即效度。当自变量的确造成了因变量的变化,而因变量的变化确与其他各种因素无关,则这种因变量是有效的。反之,如果因变量的变化不是自变量造成的,而是由其他因素造成的,则这种因变量是无效的,或者说产生了自变量的混淆。

(3)因变量的敏感性。自变量发生变化可以引起相应的因变量的变化,这样的因变量是敏感的。如果自变量的变化不能引起相应的因变量的变化,则这样的因变量是不敏感的。不敏感的因变量有两类典型的例子。一类叫高限效应(Ceiling effect),当要求被完成的任务过于容易,所有不同水平(数量)的自变量都获得很好的结果,并且没有什么差别时,即认为实验中出现了高限效应。在这种情况下,这一指标(因变量)是不敏感的。另一类不敏感的因变量的例子是低限效应(Floor effect),与高限效应相反,当要求被完成的任务过于困难,所有不同水平的自变量都获得很差的结果,并且没有什么差别时,即认为实验中出现了低限效应。

实验中如果选择的因变量是不可靠的、无效的或不敏感的,那么从实验结果抽出的结论并不能证实原来的假设,而只是反映了实验方法的不合理而已。

5.控制变量或自变量的混淆

在一次实验中,当确定了自变量与因变量以后,就应该使实验的其他条件保持恒定,只有这样,实验中的因果关系才能得到明确的说明。所以,控制变量就是在实验中应该保持恒定的变量。如果应该控制的变量没有控制好,那么它可能会造成因变量的变化,在这种情况下,研究者选定的自变量与这些未控制好的因素共同造成了因变量的变化,引起自变量的混淆。因此,控制变量就是潜在的变量。

6. 实验结果的不重复性

实验当中,自变量的影响以及因变量的选取特性,会出现在相同实验条件下,多次实验的结果出现偏差,即实验结果的不重复性。这时若偏差不大,可以取多次实验结果的平均值作为实验的总结果,但若各次实验结果偏差较大时,就必须进一步分析产生偏差的原因,并考虑对结果进行回归或重新选取自变量。

二、实验设计

上述三种变量指的是实验中的各种成分,相对来说是静态的;实验设计则是考虑如何在一项实验中构造、安排各成分的位置,怎样进行实验,相对来说是动态的。

在辨认交通标识时,看10s与看50s的辨认效果是不一样的,可以考虑做一项实验来探讨辨认时间与辨认效果的精确关系。现有两种实验方案:第一种,请15个被试看20个交通标志,分别看10s,请另外15个被试看同样的交通标志分别看50s,然后用再现或再认比较辨认效果;第二种,请15个被试对20个交通标志分别看10s,对另外20个标志分别看50s。然后比较辨认成绩。第一种办法叫作组间设计,第二种办法叫作组内设计;以下分别介绍两个概念。

组间设计就是把数目相同的被试分配到自变量的不同水平或不同自变量上,组间设计这一概念的英语表述有三种形式:Between- group design、Between- subjects design 或 Independent- group design。

组内设计就是使每个被试轮流分配到自变量的不同水平或不同的自变量上,组内设计这一概念的英语表述同样有三种形式:Within- group design、Within- subjects design 或 Repeated- measures design。

以下举例说明组间设计和组内设计的区别。

假设想知道视觉反应时长还是听觉反应时长,有32个学生参加实验。在这里,灯光或声音是自变量,反应时长短是因变量。如果采用组间设计的方法做实验,那么必须把被试群体分成人数相等的两组:每组16人,一组参加声音反应实验,另一组参加灯光反应实验。而为了得到等量的数据,且采用组内设计的方法作实验,就只需16个被试,请16个被试轮流对声音和灯光作反应即可。

组间设计和组内设计都各自拥有不同的优缺点,归纳如表6-1。

组间设计和组内设计实验优缺点对比　　　　　　　　表6-1

实验设计	定义	优点	缺点
组间设计	一组被试只在一种实验条件下进行实验	实验条件互不干扰	不同组之间被试的差别可能与自变量混淆
组内设计	每一被试都在不同实验条件下进行实验	被试的差别不会与自变量混淆;节省被试	实验顺序造成各种实验条件相互干扰

对比组间设计与组内设计可以看到,组间设计的缺点即它可能使被试差别与自变量混淆,而组内设计不存在这个问题,这也恰恰是它的优点所在;另一方面,组内设计的缺点在于各种实验条件可能相互干扰,而组间设计的优点正是它可以避免实验条件的相互干扰。那么,可不可以把这两者结合起来,取长补短呢?事实上,当在一项实验中运用两个自变量时,若条件允许,可以同时进行两个实验,取两者之长而避两者之短。在同一项实验中用两种不同的设计是合理的,并且这样做能够更好地达到实验目的。这样的实验设计方法称为混合设计。

三、实验软件

目前在心理学实验中普遍采用的心理学实验软件有 psychELab、E-Prime、D-master 等。E-Prime 作为一种常用的心理物理实验操作平台,其主要优点包括:

(1)可嵌入性强,可插入文本、图片、视频和声音等外界刺激以及相互组合,可外接其他多种类型的输入或输出设备,并且支持多种类型数据的输入和输出。

(2)实验流程组织方便,可快速生成大量自定义心理学实验。

(3)输出结果精确,例如:时间可以精确到 ms 级(包括呈现时间、反应时间等)。

(4)可应用的领域广泛,例如:视知觉、感知觉、记忆、注意等,涉及学科包括心理学、生理学、工程心理学、社会心理学、认知神经科学等。

四、实验方法

极限法是测量阈限的直接有效的心理物理方法,其特点是:将刺激按递增或递减序列的方式,以间隔相等的小步变化,寻求从一种反应到另一种反应的瞬时转换点或阈限的位置。实验中变量(如速度、时间)刺激强度序列分为递增和递减两种,递增序列的变量刺激强度从一个低值持续地增长,其起点安排在被试基本感觉对比实验场景的变量慢于标准场景的变量;递减序列的变量刺激强度从一个高值持续地下降,其起点安排在被试基本感觉对比实验场景的变量快于标准场景的变量。当被试感受到相反刺激时,此时所得即为感知阈限。但这样得到的阈值存在一定误差,即在递增序列中所测阈值都有个固有的升高;反之,在递减序列中所测的阈值会有个固有的降低。

第二节 实 车 实 验

一、实验概述

实车实验,根据实验目的不同方法也有所区别。

在实验进行前,应先确定本次实验的目的,根据实验目标选取合适的实验场地、自变量及因变量,并设计合理可行的实验方法;同时对实验过程中可能出现的各种情况也应有所准备(驾驶员疲劳驾驶、实验设备用电、实验地点的天气因素等);在实验进行时,严格按照实验方法进行实验,并认真记录实验所得数据资料。在实验结束后,保存实验数据,完成实验报告,总结本次实验过程中存在的疏漏不足。

二、部分仪器介绍

在实车实验时,根据所选自变量、因变量不同,一般会采用专业仪器进行测量。

(一)眼动仪 EMR-8B

眼动仪 EMR-8B 为日本 NAC 影像科技公司(NAC Image Technology Co.)生产的,它是由 EMR 主机、控制器、摄像机以及数据分析软件等部分(图 6-1)组成的一个仪器系统。EMR 主机包括两台微型高速摄像机和其他光学部件,是仪器的输入端,它的功能是输入被试观察场景或物体时的眼球运动信息,完成视点运动规律以及场景停留时间等数据的获取。控制器的功能是对仪器进行调试、视点标定以及初始环境变量的设置。场景摄像机是仪器系统的输出端,用于存储 EMR 主机获取的眼球运动信息和场景影像数据。室外工作电源可以选择山特电子(深圳)有限公司生产的 C2K 型 UPS(Uninterruptible Power Supply,不间断电源)电源(图 6-2)。

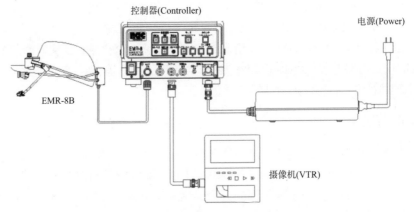

图 6-1　EMR-8B 系统的硬件组成

图 6-2　SANTAK C2K 型 UPS 电源

眼动仪 EMR-8B 使用过程中,被试眼球运动信息以及场景图像画面存储在摄像机磁带中,数据为多媒体影像格式,不能直接被分析系统兼容。需通过仪器配置的数据处理卡(Date Process Board-8,DPB-8)和 MSGIIO5RH 多媒体控制卡转化为分析系统所能兼容的数据格式(*.emr),然后导入计算机进行分析处理。数据分析系统结构见图 6-3。

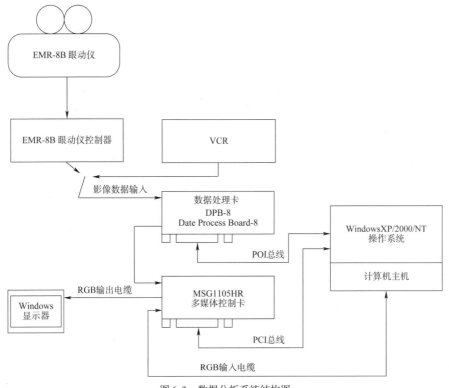

图 6-3 数据分析系统结构图

眼动仪 EMR-8B 的主要功能为获取被试的眼球运动信息。主要包括：视点停留时间、视点运动轨迹等，获取的信息经数据分析系统处理可实现以下主要功能：

(1) 视点停留轨迹分析，分析视野平面内视点的停留轨迹。
(2) 视点停留轨迹时变化分析，分析视点停留轨迹以及瞳孔直径随时间变化情况。
(3) 视点停留次数分析，分析视野平面内不同位置的视点停留次数。
(4) 视点停留时间分析，分析视野平面内不同位置的视点累计停留时间。
(5) 停留时间的频率分析，分析不同停留时间长度的直方图。
(6) 移动速度的频率分析，分析不同视线的移动速度的直方图。
(7) 移动方向分析，分析视点不同移动方向的次数。
(8) 注视范围分析，分析一定时间内视线的运动分布范围。
(9) 瞳孔反应分析，分析瞳孔的直径变化情况。

(二) Polar 心率表

Polar 心率表是一种实时测量心率表，具有数据存储与转移的功能，并可在移动端(手机或计算机)对数据进行读取或存储，目前主要有胸带式和臂带式两种款式。胸带式心率表佩戴在胸前，臂带式心率表则佩戴于前臂或上臂。它主要由两部分组成，弹性带与传感器。传感器测量心率，并将数据进行存储或转移，可以说是整个系统的测量器与传送器；弹性带则主要起到固定传感器的作用。常见胸带式心率表和臂带式心率表如图 6-4 和图 6-5 所示。此外，为获得准确的心率测量，Polar 心率表在开始心率测量前一般需佩戴几分钟。

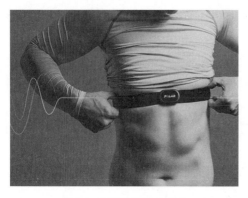
图 6-4　胸带式 Polar 心率表

图 6-5　臂带式 Polar 心率表

三、注意事项

实车实验是在实际道路环境中进行的,其基本要求是:

(1)在道路条件比较复杂的情况下,应尽量控制某一种变量或分别控制几种变量,以观察记录其他因变量的变化。

(2)自变量及因变量的选择应来自实际情况。

(3)实验对当地道路交通影响较大时,应在获得有关部门的批准后方可进行实车实验。

(4)要取得被试的理解和支持配合,像平常一样地进行驾驶等活动,使所得结果更切合实际。

(5)实验过程中应严格遵守各项交通法规,保证被试及主试人身安全。

第三节　驾驶模拟器

一、模拟驾驶实验平台简介

虚拟现实技术是一种可以创建和体验虚拟世界的计算机仿真技术。它利用计算机生成一种模拟环境,通过多种动力学装置及辅助模拟设备为用户提供逼真的三维视、听、触等感觉,使人成为虚拟过程的参与者,自然地对虚拟世界进行体验和交互。使用者进行位置移动时,电脑可以进行实时复杂的运算,将精确的 3D 影像传回虚拟世界产生一定程度的现场感。

驾驶模拟系统是虚拟现实技术的一个重要应用。驾驶模拟系统利用虚拟现实仿真技术建造出一个虚拟的驾驶环境,使用者通过操作驾驶模拟器的配套硬件设备与虚拟的环境进行交互。

汽车驾驶模拟器是一种研究"人—车—路—环境"交通特性的重要工具,由于其具有重现性好、安全性高、成本低等优势,被广泛应用于交通研究方面。尤其因为驾驶模拟器能够在危险场景中采集多种车辆数据和驾驶行为数据,近年来其在交通安全方面的研究进展飞速。

(一)简单计算机驾驶模拟器

简单计算机驾驶模拟器如图 6-6 所示,在这种模拟器上,安装有一台或者几台计算机和屏幕显示器、转向盘、离合器、挡位等部件。操作部件上还安装有传感器,传感器可以检测受试人的动作,通过传感器采集系统进行信息获取,然后输入计算机进行处理,再通过显示器和传感器反馈给用户,这种驾驶模拟器主要应用于汽车驾驶员和飞行员的训练。

图6-6　简单电脑驾驶模拟器

(二) 多自由度驾驶模拟器

多自由度驾驶模拟器如图6-7所示,这种模拟器基于液压伺服装置,其运动系统可以模拟多自由度姿态,动力学模型非常完善,视景仿真系统复杂逼真。在这种模拟器中,用户可以体验到与驾驶真实车辆相同的感受。多自由度驾驶模拟器主要用于研制和开发车辆以及交通安全科学研究,价格比较昂贵,但是精度高且功能全。

图6-7　多自由度驾驶模拟器

同济大学依托"985"二期项目,引进创建了交通行为与交通安全模拟实验平台。该平台是国际一流的驾驶仿真模拟平台,由8自由度运动系统、视景系统、声音系统、数据采集系统、操作及反馈系统、安全控制系统组成,能高逼真度模拟车辆驾驶的过程。

系统软件为法国OKTAL公司开发的SCANeR™,软件提供3D场景设计、车辆动力学模型构建、实验情景设计、仿真实验、数据导出和分析等功能,软件提供的API接口可以供用户调用和开发特定的场景;实验平台能够实时记录400多个参数,供用户导出后进行实验分析,如车辆动力学模型参数、交通参数、环境参数、驾驶员操作参数等;实验平台的运动系统为8自由度,各项关键指标均达到国际先进水平。驾驶舱为封闭刚性结构,内置车辆为Renault Megane Ⅲ,位于球体中央,去除发动机,加装转向盘、制动、换挡的力反馈设备及数据采集设备。视景系统有5个高清投影仪构成,场景投影到柱面屏幕上,水平视角为250°,后视镜为 3 块 LCD 屏。驾驶模拟器内部图如图 6-8 所示。

图 6-8 驾驶模拟器内部图

二、模拟驾驶实验平台的应用

驾驶模拟器在交通安全领域的应用和研究十分广泛,主要包括:驾驶分心、道路设计、交通设计、交通事故、和驾驶疲劳等方面。

(一)驾驶分心

驾驶分心是指驾驶员在驾驶过程中,注意力从驾驶主任务转移到其他次任务或其他与驾驶主任务无关的一种行为。对于分心驾驶的研究,一方面分心驾驶可能会导致严重的交通事故,如果进行实车实地的实验,会存在较大的事故风险;另一方面驾驶模拟器与实车实验相比可以更方便的采集车辆与驾驶员的相关数据(如车道偏移数据、踏板力数据、反应时间数据、脑电数据、眼动数据等),所以国内外众多学者利用驾驶模拟器研究驾驶分心对驾驶行为的影响。

(二)道路设计

驾驶模拟器有较为真实的还原实际道路的功能,并且具备重复性好、成本低等优势,并且能测试驾驶员对不同类型的道路的可接受程度,从而对道路的安全性、科学性和人性化做出评价,在道路修筑前便能够找出潜在的危险,所以在道路设计规划阶段,驾驶模拟器的应用一方面可以为道路设计规划提供有利的参考,同时另一方面也可以通过驾驶模拟器实验结果与相似道路的实车实地实验数据结果的对比,去修正驾驶模拟器的某些参数,使驾驶模拟器的仿真效果更加真实。

(三)交通设计

在道路环境交通设计中,交通标志是交通设计的重要内容之一。交通标志的视认性、位置的科学性、标志信息的有效性等方面与交通设计密切相关,亦与驾驶员的主观认知和感受联系密切。利用驾驶模拟器进行的交通设计研究中,众多研究都将方向放在了交通标志的设计与研究上。驾驶模拟器可以记录驾驶员与交通标志进行的信息交流时较为真实的驾驶行为和反应,从而可以定量化分析在车辆运动状态下的驾驶员对交通标志的主观感受,为交通标志的设计和评价提供可靠的参考依据。

(四)交通事故研究

驾驶模拟器凭借其低成本和安全性可以模拟重现各种接近现实生活中的危险场景,如醉酒驾驶、突遇行人等突发交通事件,并且可以详细采集被试在各种场景下的操作信号和车辆状态参数,通过对这些参数的分析,找出交通事故发生前后驾驶员的驾驶行为变化以及引起交通事故的影响因素等。

(五)疲劳驾驶

疲劳驾驶是造成严重交通事故的一个原因。驾驶模拟器可以较方便地采集到驾驶员的驾驶参数(如速度、加速度、方向盘转角、车道偏离等),通过使用驾驶模拟器进行疲劳驾驶相关实验,可以提取出驾驶疲劳状态的指标,建立疲劳驾驶的识别算法。

目前,国内外的很多大学、科研机构和企业都在积极开展或者引进开发驾驶模拟器。从设备本身来看,未来科学技术的革新必将推动驾驶模拟器的技术发展,驾驶模拟器驾驶舱的行车驾驶感将更加逼真,大大降低使用驾驶模拟器过程中造成的不适感,同时对于场景环境的构建也会更加真实。针对不同研究目的驾驶模拟将会有专门特定的驾驶模拟器,如卡车驾驶模拟器。未来驾驶模拟器还会有很广泛的应用,在城市交通事故研究、驾驶行为参数标定、特殊驾驶员的驾驶行为研究等方面将发挥巨大的作用。

第四节 自然驾驶实验

传统的交通安全研究较少考虑作为人—车—路—环境组成的交通系统中人的主体作用,交通事故数据的采集都来自对事故现场的调查和驾驶员或目击证人的证词,无法全面、系统地分析驾驶员的行为和事故原因。自然驾驶研究就是为了解决这个问题。自然驾驶研究即在车辆上安装数据采集系统,全时监测和记录实际驾驶过程。自然驾驶研究对于研究驾驶员行为、交通事故的直接诱因、驾驶员对先进的主动驾驶安全系统的反应、人机交互特征,以及下一代智能交通系统等都有着重要的意义。

一、自然驾驶研究

自然驾驶研究(Naturalistic Driving Study,NDS)是指在自然状态下(即无干扰、无实验人员出现、日常驾驶状态下)利用高精度数据采集系统观测、记录驾驶员真实驾驶过程的研究。自然驾驶车辆安装有包括雷达、摄影头、数据集成记录器等在内的一套数据采集系统,全时记录驾驶员的实际驾驶过程。四路摄像头可分别监测驾驶员的面部、车辆前方道路、车辆后方道路以及驾驶员的手部操作。

二、自然驾驶研究进展

为了建立在真实交通环境下的驾驶行为研究,美国国家公路交通安全管理局(FHWA)于2000年初分别启动了下一代仿真(Next-Generation Simulation,NGSIM)与100-Car-Naturalistic Driving Study 项目,极大地推动了基于真实数据采集的驾驶行为研究。NGSIM 项目利用设置在高速公路路段上空的摄像头,通过视频处理,提取车辆的行驶轨迹。该数据对于战术层驾驶行为的分析,特别是加速度与换道模型中车辆的交互行为研究起到重要的支持作用。然而数据采集受到摄像头设置等诸多条件的制约,视频处理也往往需要大量的手工作业,成本昂贵。NGSIM 数据库仅包含在少量路段采集的覆盖区间约 1km、时长约 1h 的数据,数据样本有限。

为了在更长的路段区间、不同的道路交通环境中采集真实数据，100-Car-Naturalistic Driving Study 项目通过研制车载数据采集装置，并由 100 名参与者在其日常交通中分别驾驶安装有相应设备的试验车，开展了历时 1 年的驾驶任务。试验车的数据采集设备能够在后台不间断运行，并且不会对驾驶员的正常驾驶形成干扰，采集的数据包括车辆加速度、雷达测距、车道线偏离参数，以及驾驶员头/手/环境的视频等多模态数据（称为自然驾驶数据），用于战略层驾驶安全研究。在上述项目的基础上，美国于 2007 年启动了公路战略研究计划二期（SHRP2），其中安全领域计划于 2013 年底完成 3900 人/年的自然驾驶数据采集。然而遗憾的是，这些数据中没有包含环境车辆的行驶轨迹，无法定量地分析在驾驶过程中环境车辆对主体车驾驶行为决策与实施的影响。

自 1998 年美国密西根大学交通研究中心（UMTRI）开展对自适应巡航系统的大规模现场运行测试开始，自然驾驶研究方法经历了近 20 年的发展。目前代表性自然驾驶项目有弗吉尼亚理工交通研究中心（VTTI）2003 年开展的 100-Car-Naturalistic Driving Study 自然驾驶研究，以及美国交通运输研究委员会（TRB）于 2010 年主导的世界上规模最大的 SHRP 2 自然驾驶项目。自然驾驶研究由最初的美国发展到全世界（澳大利亚、中国、加拿大、欧盟国家）；由最初的几十辆车发展到超过 4000 辆的自然驾驶实验车辆、数以万计的自然驾驶实验者、数以千万小时计的自然驾驶时长、超过 4000 万英里❶的自然驾驶里程、2.5PB 的自然驾驶数据；实验车辆类型也由单一的轻型车发展到绝大部分的陆上交通工具：小轿车、小/大型货车、越野车、公交汽车、摩托车、自行车；由单一的样本发展到更具人口统计意义、类别特征意义的样本：青少年/老年人样本，城市/郊区驾驶样本。

三、中国首个自然驾驶研究

2012 年 9 月 12 日，通用汽车中国公司、同济大学、美国弗吉尼亚理工大学交通研究中心三方在同济大学嘉定校区联合启动中国首个"自然驾驶项目"，旨在研究中国驾驶员的车辆使用、车辆操控以及安全意识，为提升交通安全提出建设性意见和建议。该项目为中国第一次规范并且系统的使用自然驾驶方式进行研究。

参加实验的驾驶员应满足：
(1) 具有 2 年以上的驾驶经验。
(2) 年龄在 25~60 岁之间。
(3) 需要每天驾驶车辆。
(4) 不能是职业驾驶员或者出租车驾驶员。
(5) 对驾驶员的职业没有特定的标准，但可作为参考因素（诸如教育行业、金融业、法律、政府单位、管理部门、医药行业、技术人员或交通领域等）。

数据采集从 2012 年 12 月开始，截至 2015 年 12 月，已采集 60 名中国驾驶员的日常驾驶数据，累计车公里达 161055km。本次"自然驾驶项目"驾驶员每人 2~3 个月内的自然驾驶状态数据会被记录。

项目使用 5 辆配备了 SHRP2 NextGen 数据采集系统的乘用车辆采集真实交通环境下的

---

❶ 1 英里 = 1.61km.

驾驶数据,SHARP2 NextGen 数据采集系统包含:车辆总线数据接口、三轴加速度计、可跟踪 8 个目标的雷达系统、温度及湿度传感器、GPS 定位系统和四路摄像头。数据采集系统的不同设备设置了不同的采样频率,分布在 10~50Hz 之间。数据采集系统在车辆点火后自动起动、熄火后自动关闭。测试车上安装有主动安全系统,包括前向避撞预警系统(FCW)、车道偏离预警系统(LDW)、行人冲突警示系统(PCW)等,这些系统会在前方道路有行人、车辆压线、抢道等情况下对驾驶员发出警报,并且在每位驾驶员测试的第 2 个月激活,收集和对比驾驶员对安全系统的适应情况。

为了收集最真实的驾驶状态数据,采集仪器设备都被装在通用测试车的隐蔽之处,不会对驾驶员产生任何干扰。收集来的数据将被用于研究驾驶时路况是否良好、驾驶员的注意力是否集中、汽车操纵是否正确等。这无疑会对驾驶行为及交通安全的研究和对车辆先进技术的开发提供有力的基础数据支撑。自然驾驶车辆及视频数据采集场景如图 6-9 所示。

图 6-9 自然驾驶车辆及视频数据采集场景

四、自然驾驶数据采集

在民用轿车上安装先进的数据采集系统,以全时监测驾驶员的实际驾驶过程。数据采集系统包含:雷达系统、GPS 定位系统、三轴加速度计、4 个同步的摄像头、数据集成记录器等,以全程记录驾驶员行为、车辆运行特征及交通环境信息。驾驶员按照日常的驾驶行为和习惯进行驾驶,采集驾驶员在自然状态下的真实驾驶行为。每位驾驶员在上海市域范围内驾驶研究车辆 2 个月,输出的数据包括车辆前方、后方、驾驶员面部和车内操作的视频,前向雷达数据、GPS 数据和传感器数据。自然驾驶数据结构如图 6-10 所示。

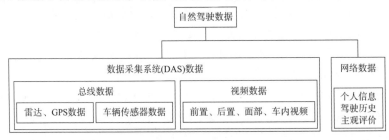

图 6-10　自然驾驶数据结构

第五节　驾驶员生理状态及实验

驾驶员生理状态判断阈值在驾驶员注意力分散状态的判定和预警中发挥着十分重要的作用。

由驾驶员注意力分散状态引起的事故占交通事故总量的比例较高,其中与驾驶疲劳和使用手机两种状态有关的重大交通事故频发,造成严重的人员伤亡。我国机动化和高速公路建设的推进及智能手机的普及已使得驾驶疲劳和驾驶过程中使用手机的危害进一步扩大。注意力分散状态的判定是降低注意力分散下事故风险的重要手段,也是注意力分散预警的理论基础。它通过识别驾驶员在行车过程中的驾驶行为、生理特征,来判定驾驶员是否处于注意力分散状态。

一、驾驶员生理状态研究现状

随着研究的不断成熟和发展,研究驾驶员注意力分散的热点已经由研究注意力分散对驾驶行为、生理特征的影响过渡到研究如何识别驾驶员注意力分散状态。识别驾驶员是否出现注意力分散状态即通过统计学、计算机技术等方法识别出驾驶员是否处于次任务操作的状态。目前关于驾驶员注意力分散状态的检测思路主要集中在当注意力分散状态发生后,驾驶行为和生理特征变化的检测,大体上可以分为基于驾驶操纵行为、驾驶视觉和信息融合技术的检测。

(一) 基于驾驶操纵行为特征的检测

该方法主要通过车辆传感器获取的数据间接测量驾驶员是否处于注意力分散的状态。在美国 NATSA 机构的 SAVE-IT 计划中,研究人员开发出一套适应驾驶员注意力分散警示的系统。结果表明,通过车内传感器获取的数据评估并预测出的驾驶员注意力需求率与驾驶员自我评估表中的注意力需求率的皮尔逊相关系数达到 0.79,较高的相关性说明该套注意力分散警示系统的算法能够有效预测驾驶员是否处于注意力分散的状态。

(二) 基于驾驶视觉特征的检测

目前,国外大量基于视觉的注意力分散状态检测研究主要采用眼动检测法、视觉遮挡法和外周视觉检测任务法 3 种。

眼动检测法能够实时、准确、全面地获取眼动的频率、扫视路径、注视时间及头部转动等数据,可应用于真实驾驶条件和模拟驾驶条件中,但对于设备成本要求较高,且无法获取驾驶员疲劳状态或使用手机的眼动数据。

目前应用科技产品研究驾驶员注意力分散为视觉遮挡法(Visual Occlusion Technique,VOT),使用简便,成本较低,多适用于简单判定次任务下驾驶员视觉负荷模式是短暂扫视或需要持续的视觉注意,但由于需要驾驶员长时间视线离开路面,故一般只适用于驾驶模拟器中。

外周视觉检测任务法相比前两种方法对设备要求简单且方便、易用,对驾驶任务的干扰也最小,因此它不仅适用于模拟器条件,同时也适合于现场研究,尤其适合于评定车载设备所造成的分心。

(三)基于信息融合技术的检测

随着科学技术的不断普及和发展,越来越多的学者融合计算机科学、信号处理、生理学等多学科技术开发出驾驶员注意力分散检测系统或算法,用于识别驾驶员注意力分散状态。驾驶员注意力识别系统一方面能够用于警示驾驶员;另一方面可根据驾驶员状态辅助其他系统(如防碰撞系统和车道偏移预警系统等)及时更改预警策略。

二、驾驶员生理状态指标

(一)脑电波

脑电波信号一向被视为用于监测驾驶员注意力集中程度,尤其是疲劳状态的"金标准",相较于其他生理信号,更能直观准确地反映大脑警觉度,且具有较好的实时性。频率变化范围主要在 $0.5 \sim 30Hz$ 之间,根据频率不同可将脑电信号分为 δ 波(频率 $0.5 \sim 3Hz$)、θ 波(频率 $4 \sim 7Hz$)、α 波(频率 $8 \sim 14Hz$,其中慢 α 波 $8 \sim 9Hz$、中 α 波 $10 \sim 12Hz$、快 α 波 $13 \sim 14Hz$)、β 波($14 \sim 30Hz$)4 种频带。目前的研究中主要通过这 4 个频带的绝对能量或能量比值变化反映驾驶员的注意力集中程度,脑电指标的变化与驾驶员的注意力集中程度或疲劳程度的关系总结如表 6-2 所示。

脑电指标与注意力分散或疲劳的关系表　　　　表 6-2

研 究 人 员	注意力集中程度/疲劳程度	脑电指标变化趋势
Pfurtsheller G 等	出现注意力分散/瞌睡状态	慢 α 节律成分下降
		δ 节律的能量慢慢增加
Belyavin A 等	注意力分散	θ 节律增强而 β 节律削弱
Budi Thomas Jap 等	疲劳程度上升	$(\theta + \alpha)/\beta$ 明显上升
		α/β 上升
		$(\theta + \alpha)/(\alpha + \beta)$ 上升
		θ/β 上升
殷艳红		$\theta/$慢 α 上升
		$(\theta +$慢 $\alpha)/($中 $\alpha +$快 $\alpha)$ 上升

(二)反应时间

反应时间是指驾驶员对特定刺激(视觉、听觉等)做出正确有效反应的时间间隔,分为选择反应时间和简单反应时间两类。选择反应时间是指多种刺激下,驾驶员根据不同刺激做出不同反应的时间,简单反应时间是指给驾驶员一种刺激,驾驶员以最快的速度反应所需的时间。为防止测试过程中对驾驶员注意力造成过大的干扰,选择进行简单反应时间的测试。驾驶员因为使用手机、驾驶疲劳、GPS导航等出现注意力分散时,驾驶员的认知、视觉等注意力转移到与驾驶无关的活动上,此时对前方道路突发事件的感知、判断、操纵均有较大影响,带来极大的安全隐患。因此,可利用简单反应时间来间接评价驾驶员注意力分散状态对交通安全的影响。

(三)眼动指标

PERCLOS算法是指眼睛闭合时间占某一特定时间的百分率,是用于评价驾驶员由于疲劳时视线被眼睑长时间遮挡而引发视觉注意力分散的重要指标。PERCLOS方法被认为是目前最有效、最快速的评价由驾驶疲劳引发注意力分散状态的方法,其求解原理如图6-11所示。在具体实验中PERCLOS有P70、P80、EM(EYEMEAS)三种测量方式,三种方式定义如下:P70是指眼睛闭合程度大于或等于70%所占的时间比例;P80是指眼睛闭合程度大于或等于80%所占的时间比例;EYEMEAS(EM)是指眼睛闭合程度大于或等于50%所占的时间比例。研究表明,P80与疲劳程度间具有最好的相关性。

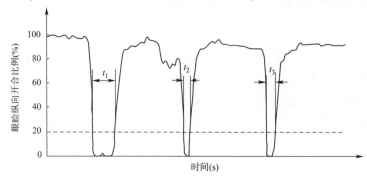

图6-11 PERCLOS求解原理

视线偏离时长是指驾驶员的视线从前方道路转移到其他区域后又回到前方道路的时间。研究表明,正常驾驶状态下,视线偏离时长小于1.1s,仪表盘的关注时间均值为0.49s,车辆后视镜关注时间均值是0.46s,对其他驾驶辅助设备关注时间为0.83s。研究中也显示,当驾驶员视线离开前方道路2s以上时,可认定已经发生了严重注意力分散。驾驶员偏离时长越长,聚集在驾驶主任务上的注意力越少,对道路突发事件的应急反应时间也越久。因此,视线偏离时长可作为评价驾驶员注意力分散的重要指标。

视线偏离频次是指驾驶员单次驾驶任务中视线离开前方的次数。视线偏离频次能够反映驾驶员对于非驾驶主任务的关注程度,当视线偏离频次较高时,相当于在整个过程中,驾驶员不断处于脱离前方视野的状态,使得驾驶员未能完全获取前方的道路信息,而无法及时意识到危险的存在。

视线偏离时间百分比是指驾驶员在驾驶任务过程中,视线离开前方区域的时间长度占整个过程总时长的百分比,是表示次要任务的加入引发驾驶员注意力分散状态程度大小的重要指标。

三、驾驶员驾驶疲劳应用实例

(一)实验设备

1. 驾驶模拟平台

驾驶模拟平台由 Driving Simulator 2011 和罗技 G25 双引擎力反馈天驹转向盘构成。

Driving Simulator 2011 是由美国的 Wendros AB 公司开发的一款超真实 3D 驾车环境,它具有自由的行驶场景、逼真的 3D 世界和车辆、更复杂的照明、智能的 AI 车辆、驾驶基于物理计算(Ageia PhysX)、编辑和 Modding 功能、多种多样的任务等特点。使用者需要掌握各种真实的路况下不触犯道路交通法规,泊车、限速、红绿灯、单行线等规则。场景中可选择各种规模多样化的车辆,不论是大型或小型双座汽车,通过不同角度的视点查看,可拥有完整的驾驶视野,如图 6-12 所示。

图 6-12 罗技 G25 转向盘和 Driving Simulator 2011 驾驶环境

罗技 G25 高仿真度转向盘提供了迄今为止转向盘模拟器上所能具备的所有先进功能。例如六个前进挡变速器、不锈钢材质的加速、制动和离合器踏板、两个高转力反馈发动机、真皮全手工缝制的转向盘和排挡杆等。

2. 脑电仪

脑电仪是获取驾驶员脑电波变动数据的主要仪器。本实验使用的脑电波测试仪器是由日本株式会社脑力开发研究所生产的脑电波仪,如图 6-13 所示。它的工作原理如下:通过佩戴在受试者额头上的感应器获取受试者的脑电波数据,通过红外线感应传输给电脑主机,在测量的同时进行数据记录。记录的主要内容是驾驶员在单位时间内(通常为 s)各个频率(0~23Hz)的脑电波出现的次数,记录结果可以非常清晰地借助 Microsoft Office Excel 软件给予体现,方便分析。另外,此仪器所获取的数据可以用于其相对应的分析软件 Mind Sensor Ⅱ for Windows

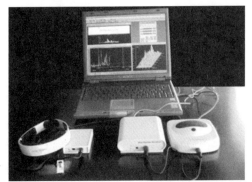

图 6-13 脑电仪的硬件组成及分析系统

Version 4.0 进行分析。

3. 人体反应时间测试系统

本实验选用复旦大学自主研发的 FD-HRT-A 人体反应时间测试系统，测试驾驶员在各种状态下的反应时间，如图 6-14 所示。本测试系统结构合理、实验内容丰富，可模拟驾驶员的行车制动和骑车人的制动器等动作，分别从视觉、听觉两个角度来研究人的反应时间。应用该测试系统可以完成以下实验：①研究信号灯转向时的制动反应时间。②研究听到汽车喇叭声时驾驶员的制动反应时间。根据研究的需要，本次实验通过仪器获取听到汽车喇叭声后的反应时间。

图 6-14 FD-HRT-A 人体反应时间测试系统

反应时间测试原理如图 6-15 所示，当实验系统信号灯由绿灯转为红灯或仪器上方的喇叭发出声音时，系统开始计时。受试者在感知到信号灯或声音的变化后迅速踩下制动踏板的同时，制动拉线拉动铁片使其产生位移，同时压下位于铁片位移同方向的计时开关，计时结束。该段时间即视为受试者对信号灯及声音的反应时间，反应时间的计时精度为 1ms。

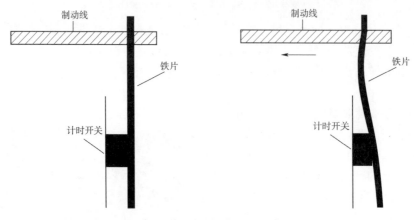

图 6-15 人体反应时间测试系统工作原理

4. 驾驶员安全监控演示系统

驾驶员安全监控演示系统通过图像传感器，并利用计算机视觉算法提取人脸特征点位置信息，以此来估算人脸三维姿态、形状参数和动作参数，以达到采集实验过程中驾驶员眼动状态数据的作用。

本系统在硬件上由一台计算机和一台 Kinect 传感器构成,如图 6-16 所示。Kinect 传感器用来采集驾驶员头部的 RGB 图像和深度点云信息;计算机对 Kinect 采集的数据进行实时处理,获取驾驶员眼动、头部朝向等指标,分析驾驶员注意力状态程度。

(二) 实验设计

1. 实验受试人员选取

本次实验招募受试驾驶员主要考虑驾驶员的性别和职业类型。职业类型上主要分为职业、非职业驾驶员两大类。职业驾驶员主要指将驾驶车辆作为工作并从中获利的驾驶员,如公交车驾驶员、出租车驾驶员等;非职业驾驶员是指驾驶车辆主要出于方便出行的目的,且未从驾驶车辆中获利的驾驶员。本次实验共招募 35 名受试驾驶员,经筛选有 4 名驾驶员对驾驶模拟仿真实验产生不良反应,因此有效受试驾驶员共 31 人。年龄最大 48 岁,最小为 21 岁,平均年龄

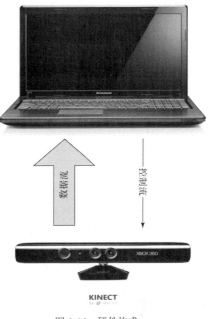

图 6-16　硬件构成

29 岁。表 6-3 为实验受试人员的样本结构,其中男性 26 人,女性 5 人;职业驾驶员 8 人,非职业驾驶员 23 人;所有受试驾驶员要求身体健康、持有效驾照,驾龄在两年以上,实验前一周内无药物服用史,测试前 24h 内不允许饮用咖啡、酒或者其他功能性饮料。

实验受试人员样本结构(人)　　　　　　　　　　　表 6-3

职业类型	男　性	女　性	合　计
职业驾驶员	6	2	8
非职业驾驶员	20	3	23
合计	26	5	31

2. 疲劳控制

为了使驾驶员在有限的实验时间内出现驾驶疲劳的状态,可采用两种方法对驾驶员进行实验前的疲劳控制:生理低谷法和睡眠缺乏法。

生理低谷法是选取在人体极易出现困倦的时期进行实验。午饭后和深夜是人体的生理低谷期,因此选用下午(13:00~15:00)和深夜(23:00~2:00)进行实验。

睡眠缺乏法是指选取刚上完夜班的人员进行测试,主要对象有:医院夜间值班人员、24h 便利店店员、夜班的出租车驾驶员、夜间执勤保安等,本实验在该方法上选择夜间执勤保安作为受试对象。

3. 实验设备布置

本实验所用到的仪器有:驾驶模拟平台、脑电波仪器、驾驶员安全监控演示系统、人体反应时间测试系统、三台计算机、一个白色大屏幕、投影仪和两台摄像机等。被测者坐在座位上,前方为一投影大屏幕,计算机 1 通过投影仪在大屏幕上显示,计算机 1 连接驾驶模拟平台,运行 Driving Simulator 2011 驾驶模拟软件。受试者通过操作 G25 转向盘进行模拟驾车行

为。将脑电波仪器的测试极点终端戴在受试者头部,通过无线信号来传递并记录脑电波信息,利用驾驶员安全监控演示系统获取受试者眼动特征、两台摄像机同时记录实验中驾驶员面部表情和身体运动状态,另外 FD-HRT-A 人体反应时间测试系统可获取实验过程中驾驶员的反应时间。实现仪器布置示意和现场布置分别如图 6-17 和图 6-18 所示。

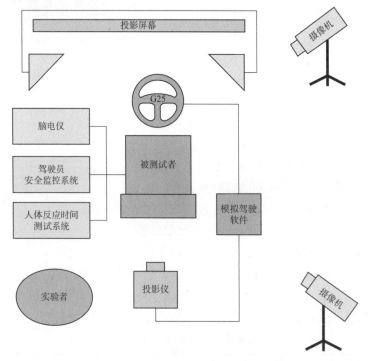

图 6-17　实验仪器布置示意图

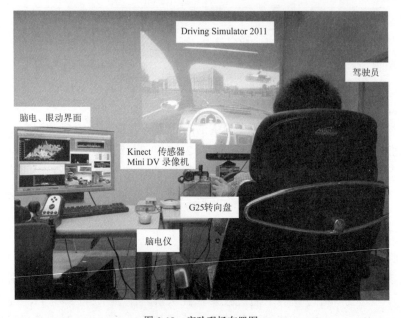

图 6-18　实验现场布置图

4. KSS 询问

驾驶员主观疲劳等级评价是在实验过程中,工作人员会询问驾驶员的疲劳程度。本实验采用 10 级卡罗林斯卡嗜睡量表(Karolinska Sleepiness Scale,KSS)进行主观疲劳等级评价,主观感受和疲劳等级对照如表 6-4 所示。

KSS 主观疲劳程度对照表　　　　　　　　　　　　　　　　　表 6-4

主观感受描述	KSS 疲劳等级	主观感受描述	KSS 疲劳等级
极度清醒	1	开始出现瞌睡的征兆	6
非常清醒	2	瞌睡,不用努力来保持清醒	7
清醒	3	瞌睡,用一些努力来保持清醒	8
有些清醒	4	昏昏欲睡、完全用巨大的努力来保持清醒	9
既不清醒也不瞌睡	5	熟睡	10

(三)实验步骤和流程

(1)布置实验现场,调试仪器,选择 Driving Simulator 2011 的驾驶场景,联系驾驶员。

(2)实验者记录实验的基本情况,包括日期、天气和室内温度等,被测试者填写问卷调查,向驾驶员介绍实验仪器和实验安排。

(3)驾驶员佩戴脑电仪,熟悉驾驶模拟平台和行驶路线。

(4)开始实验,脑电仪、驾驶员安全监控系统和摄像机同步开启,每隔 20min 测试驾驶员的反应时间,并询问驾驶员主观评价的疲劳等级。试验时间持续 120min 左右。

(5)实验结束,保存录像及仪器数据等资料。

实验总流程如图 6-19 所示。

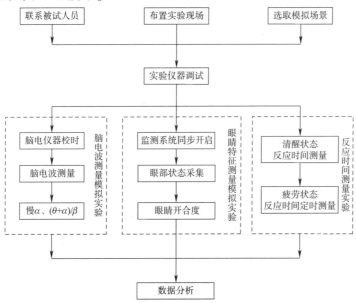

图 6-19　实验总流程图

四、驾驶员使用手机应用实例

(一)实验设备

1. 驾驶模拟平台

本实验使用的驾驶模拟平台是由同济大学道路安全与环境教育部工程中心购置的日本 FORUM8 公司开发的 UC-win/Road 驾驶模拟系统。该系统可提供各种道路环境和驾驶情景的实验设计,具有高仿真度、高安全性、低成本等优点,在实验者可控的条件下,提取模拟场景中驾驶员的操纵行为、车辆运行状态等数据。

驾驶模拟平台由硬件系统与软件系统两部分构成。

驾驶模拟平台硬件系统中的车辆操控台主要由罗技 G25 双引擎力反馈天驹转向盘构成,罗技 G25 转向盘的加速、制动踏板、转向盘等部件与真实车辆的体验具有极高的相似度。视觉模拟系统主要有 3 块 23 寸的显示屏组成,通过这 3 块显示屏能够完整地获取模拟的道路环境和交通状况。

驾驶模拟平台的软件系统主要由 UC-win/Road 组成,可实现实验所需要的道路环境的建立、交通模拟(包括交通流模拟)、信号控制交叉路口自动生成、大规模空间实时表示等功能,并且拥有较为逼真的环境噪声和动态模拟系统,能对车辆运行时的加速、制动减速的声音和车辆前后运动、上下振动的感觉有较为真实的模拟,使驾驶员能够感觉到车辆的相对运动,达到更加逼真的模拟驾驶效果。主要包含场景建模模块、车辆参数模块、情景建模模块、实验仿真模块、数据分析模块。场景建模模块主要用于建立实验所需要的道路环境,可通过图形化的逻辑层编辑界面生成道路、隧道、桥梁等;情景建模模块可设定实验环境参数(天气、光照、交通流等)、驾驶车辆和环境车辆等参数;车辆参数模块主要用于设置车辆的性能参数,如车辆的载质量、车型、发动机排量等;实验仿真模块主要功能是对驾驶模拟实验过程综合控制,如控制实验的开始和结束、选择记录哪种数据等;数据分析模块主要用于将实验过程中的数据导出成可分析的文本文件,并展示各指标在驾驶过程中的变化曲线等。驾驶模拟平台如图 6-20 所示。

图 6-20 驾驶模拟平台实景图

2. 手机

实验过程中,驾驶员在进行驾驶的同时,需要通过 4 种不同方式(手持打电话、免提打电话、微信、短信)使用手机。通过调查问卷结果可知,有 63.8% 的受访者使用的是 4.7~5.5 寸的大屏智能手机,且认为 5.0 寸是单手操作和屏幕视觉体验最合适的尺寸。因此试验中选用的手机是屏幕大小为 5.0 寸的安卓智能手机魅族 MX3,如图 6-21 所示,实验过程中需利用该手机依次完成手持打电话、免提打电话、收发微信和收发短信等任务。实验过程中开启手机振动并将电话铃声、微信和短信提示音音量调至最大。

3. 其他实验设备

利用 FD-HRT-A 人体反应时间测试系统测试正常驾驶和使用手机情况下的反应时间,SONY 摄像机记录整个驾驶过程中视线行为和驾驶操纵等(图 6-22)。

a) 人体反应时间测试系统测试　　b) SONY摄像机

图 6-21　实验手机　　　　　　　图 6-22　其他实验设备

(二)实验设计

1. 实验道路场景设计

本实验主要研究驾驶员使用手机对驾驶操纵行为及驾驶安全的影响,由于不同道路场景、车速及行人等对驾驶员影响较大,因此选择城市道路和高速公路作实验路段,分别进行驾驶模拟实验。

1)高速公路场景设计

高速公路场景由双向六车道直线路段构成,如图 6-23 所示,车道宽 3.75m,中央分隔带宽 3.5m,路段限速 120km/h,全长 20km,实验场景中道路的技术参数均满足《公路路线设计规范》(JTG D20—2017)和《公路工程技术标准》(JTG B01—2014)。

图 6-23　高速公路实验路段场景图

2)城市道路场景设计

城市道路场景由双向六车道城市主干路段构成,如图 6-24 所示,全长 10km,路段限速 60km/h,车道宽 3.75m,中央分隔带宽 7.5m。实验场景中道路的技术参数均满足《城市道路工程设计规范》(CJJ 37—2016)和《城市道路交通规划设计规范》(GB 50220—95)。

图 6-24　城市道路实验路段场景图

2. 手机通话内容设计

总结已有研究可知,目前针对手机对话内容设计主要有两种方式:一是通话内容中涉及不同难度的问题,如:"你哪年开始工作的""今晚打算做什么""你的生日是哪天"等。二是利用数学加减法运算,个位数和多位数的加减法分别代表不同的对话难度,如"3 加 5 等于""28 加 16 等于"。

使用手机方式作为本次驾驶模拟实验过程中的对比变量,在同一受试者不同使用手机方式之间应保持同一难度的通话内容。为便于量化,本实验的通话内容主要为两位数加减法运算。

3. 实验受试人员选取

本次实验共招募 20 名受试驾驶员,经筛选有 2 位驾驶员对驾驶模拟仿真实验产生不良反应,因此有效受试驾驶员共 18 人,年龄最大 45 岁,最小为 22 岁,平均年龄 27 岁。表 6-5 为实验受试人员的样本结构,其中男性 15 人,女性 3 人;职业驾驶员 4 人,非职业驾驶员 14 人;所有受试驾驶员要求身体健康、持有效驾照,驾龄在两年以上,实验前一周内无药物服用史,测试前 24h 内不允许饮用咖啡、酒或其他功能性饮料。

实验受试人员样本结构(人)　　　　　　　　表 6-5

职业类型	男性	女性	合计
职业驾驶员	3	1	4
非职业驾驶员	12	2	14
合计	15	3	18

(三)实验步骤和流程

1. 使用手机调查问卷阶段

在实验准备之前,随机抽取 48 名有驾照的驾驶员进行调查问卷,主要调查结果如下:

(1)使用手机是驾驶过程中最常发生的注意力分散状态之一。

(2)48 名驾驶员中使用智能手机的比例高达 100%,且 57.8% 的驾驶员手机屏幕尺寸在 4.7~5.5 英寸之间,其次是 3.5~4.7 英寸的 28.3%。

(3)接打电话、收发微信语音、收发短信和听音乐已成为驾驶过程中使用手机最常用的 4 个功能。

(4)驾驶过程中,有 62.8% 的驾驶员使用手持方式打电话,21.3% 的驾驶员会开免提,使用蓝牙耳机的比例较小。

通过以上结论,确定选用 5 寸屏幕的智能手机作为实验设备,选取免提打电话、手持打电话、微信和短信这 4 种使用手机的方式作为研究对象,分析他们对驾驶员注意力的影响。

2. 实验准备阶段

实验准备阶段首先启动驾驶模拟操作平台、G25 转向盘、显示屏、音箱等设备，然后对 G25 转向盘进行角度校正，确保实验采集的数据精确。另外在实验之前，还需填写《注意力分散（Ⅱ）：开车使用手机实验调查问卷》，了解驾驶员的基本信息，如姓名、性别、年龄、职业、驾龄等。

实验开始前需对受试驾驶员进行培训，让驾驶员熟悉驾驶模拟器材的使用，尽量降低正式测试阶段驾驶模拟环境给驾驶员带来的不适感，若有严重不适者，必须立即终止实验。在驾驶模拟平台熟悉阶段，允许驾驶员进行加减速、变换车道等操作，并告知不能故意违反交通规则，为受试驾驶员讲解实验流程和行驶路线，帮助受试驾驶员顺利完成实验任务。此阶段持续时间 10min。

3. 正式测试阶段

前期准备工作完成后，可安排受试驾驶员正式开始实验，共有高速公路和城市道路两个场景，首先受试驾驶员在高速公路场景中驾驶，要求车速控制在 120km/h 以内，驾驶员将依次完成手持接打电话、免提接打电话、收发微信语音、收发短信 4 个任务，整个过程大约持续 10min。高速公路场景测试完成后，受试驾驶员休息 5min，接着在城市道路场景上依次完成上述 4 个任务，要求车速控制在 60km/h 以内。每位驾驶员完成 1 次实验，共需要花费约 25min。

第七章 一般公路交通工效学应用实例

第一节 平原公路应用实例

一、平原公路交叉口安全改善

(一) 平原公路某交叉口背景及事故原因

以平原地区某城镇间的一级公路连接线为例,该公路交通事故特点在城镇化进程中的公路建设具有一定代表性。事故统计资料表明,按主要交通事故形态划分的事故发生次数构成比例,依次是不按规定让行占比32.0%、驾驶员违章行为占比22.7%、超速行驶占比20.6%、未保持安全距离占比12.4%、其他机动车原因等占比12.4%。不按规定让行造成事故较多的原因往往是公路沿线开口过多,交叉口的视距不良,支路与主线车辆易冲突发生交通事故。驾驶员违章行为造成的交通事故中,主要是因交叉口的存在不明显,使抢道行驶和违法变更车道造成的交通事故占多数。

超速行驶的主要原因是平原公路的主线线形较好,在高速行车中驾驶员在不明显的交叉口突然出现横向干扰时,减速不及时易造成交通事故。对交叉口安全改造按传统的方法可采取减少不必要的支路交叉口的数量,交通组织上采用右进右出的形式,改善通视条件和加强交通设施的建设等。本研究针对交叉口视认性不明显的特点,试图在视觉上提高交叉口的可识别性,使驾驶员在接近交叉口时能提高警觉和降低行驶速度,达到安全通过的目的。

(二) 视错觉原理及视错觉标线效果实验

视错觉是知觉判断的视觉经验同所观察物实际特征之间存在着矛盾,就是当人观察物体时,基于经验主义或不当的参照形成错误的判断和感知,观察者在客观因素干扰下或者自身的心理因素支配下,对图形产生的与客观事实不相符的错误的感觉。在公路交叉口交通安全改造中,可探讨运用佐尔纳错觉的平行线[第二章第二节图2-3e)]被斜线分割后,两条平行线(可视为行车道地面标线)间距在视觉上宽窄不同的原理,对交叉口进口道地面标线进行交通设计。

关于佐尔纳错觉线形组合形式,有关斜线与直线交角的大小,日本学者大山研究的结果是交角为25°时错觉量达到最大,但对斜线间距的大小没有明确的说明。因此,本实验对斜线间距的大小进行了错视觉动画效果对比实验。实验设代表小轿车和大型车的驾驶员视线高为1.1m和2.5m,斜线间距分别取1.5m、2.0m、2.5m、3.0m,被试者包括有驾驶执照在内的人员计 132 名。实验中设定模拟行车速度为 60km/h,被试者通过观看设定不同斜线间距的连续视觉动画,选择错视觉效果最好的组合形式。实验结果见表 7-1,图 7-1 是视线高 1.1m、斜线间距 2.5m 视觉动画中的断面示意图。

选择最好错视觉效果人员比例(%) 表 7-1

视线高(m)	斜线间距(m)			
	1.5	2.0	2.5	3.0
1.10	9.1	27.3	42.4	21.2
2.50	15.2	39.4	24.2	21.2

图 7-1　错视觉效果实验示例

在模拟行车速度为 60km/h、斜线与直线交角为 25°的条件下,错视觉动画效果实验表明:视线高为 1.1m 时,认为错视觉效果最好而选择斜线间距 2.5m 的人员最多达 42.4%;视线高为 2.5m 时,错视觉效果最好而选择斜线间距 2.0m 的人员最多达 39.4%。选择结果的差异主要是受视线高的影响使观测角度不同造成的。

(三)视错觉标线划线方法

在交叉口附近交通标线设计中,运用佐尔纳错觉原理,在交叉口进口道一定距离内采用图 7-2 所示方法划线,使驾驶员视觉上感到前方车道变窄,从而达到降低速度的目的。另外,危险区间或路段的交叉口均采用佐尔纳错觉划线形式,也使驾驶员形成条件反射,即遇到这样的标线就可意识到前方是交叉口,提高驾驶员的注意力,达到警示和降速的目的。考虑道路通行车辆为大小车型混合和行车速度对视觉效果的影响,根据上述实验结果的分析,斜线间距选择 2~3m 之间较为适宜。运营速度较小或大型车所占比例较多时采用小值、运营速度较大小型车辆所占比例较多时采用大值。

典型交叉口改善方案示意如图 7-3 所示,在主线距离交叉口一定距离内(30~50m)利用佐尔纳错觉

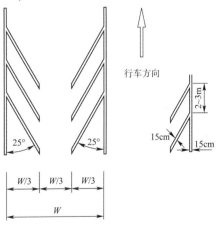

图 7-2　交叉口标线方法

原理划线,一方面在物理上压缩行车道宽度使驾驶员意识到前方交叉口的存在,另一方面在视觉上使驾驶员感到前方车道变窄,提高驾驶员的注意力和提前降低行车速度,保证交叉口的行车安全。同时斜线材料选择防滑涂料设计为车道感觉减速标线的形式,期望可提高改善方案的效果和安全性。

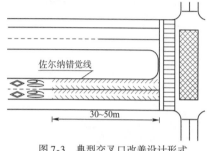

图7-3 典型交叉口改善设计形式

车道减速标线可分为感觉和视觉两大类。横跨车道且行车轮胎碾压有明显凸凹感觉的标线属于车道感觉减速标线,利用视觉效果使驾驶员感到前方车道变窄的标线为车道视觉减速标线,上述探讨的改善方案中利用佐尔纳错觉原理施划车道减速标线,可为车道感觉和视觉减速标线兼有的功能。从交通工程学和交通心理学的角度分析,给机动车驾驶员以振动刺激、车道变窄的视觉效果和冲击,可提高驾驶员的注意力和减速通行,减少交叉口的交通事故。图7-4、图7-5为参考上述视错觉标线的实验设计方法,在实体道路中实施的梯形视觉减速标线实例,起到了降低车速及减少交通事故的效果。

图7-4 一般公路交叉口前的实例

图7-5 高速公路隧道群间的实例

二、色彩心理与交通安全

(一) 色彩心理

色彩是眼睛对不同波长的光所产生的视觉,人们根据不同的色彩把各种事物区别开来,并从中获取有关这些物体的形状、位置等诸方面信息,这是一种生理作用。但是这种生理作用进一步冲击到人们的心理,往往会产生不同的情绪,这种冲击基本上是在不知不觉中作用于人的心理的,所以也就产生了色彩心理。色彩心理有不同的分类,其中比较有影响的是俄国画家、美术教育家康定斯基把人们对色彩的感受分为色彩的直接性心理效应和色彩的间接性心理效应。

直接性心理效应来自色彩的物理刺激对人的生理产生直接影响。可以依据人对颜色的心理将颜色分为冷色和暖色,红色、橙色和黄色等为暖色,紫色、蓝色和绿色等为冷色。由生理学知,暖色给人视网膜的刺激强,冷色给人视网膜的刺激弱。这是由暖色类色相的波长较冷色类色相波长较长所决定的。从不同波长给视觉造成的这种错觉出发,可把色彩分成两大类,即红橙黄等长波长的暖色类——前进色;绿青紫等短波长的冷色类——后退色。这两大类色有如下特点:长波长暖色类具有大、重、膨胀、硬、干、热的性质;短波长冷色类具有小、轻、收缩、软、温、冷的性质。

间接性心理效应是以对色彩的联想为媒介知觉于人的感受,是颜色对人的情绪的影响。颜色本身只是一种物理现象,但人们却能够感受到色彩的情感,这是因为人们长期生活在一个色彩世界中,积累着许多视觉经验,一旦视觉经验与外来色彩刺激发生一定的呼应时,就会在人的心理上引出某种反应。例如:草绿色与黄色或粉红色搭配,就会引起一种欢快、生机勃勃的情绪,使人联想到躺在嫩绿的草坪上晒太阳,周围盛开着黄色、粉红色野花的情景。当然,这种间接性心理效应同人的知觉经验、环境、情绪等多种因素有关,不同的人或者同一个人在不同时候看到某种颜色时的间接性心理效应是不完全一样的。

(二) 典型颜色的色彩心理

红色:红色是热烈、冲动、强有力的色彩,它能使肌肉的机能和血液循环加快。接触红色过多,会感到身心受压,出现焦躁感,长期接触红色还会使人疲劳,甚至出现精疲力竭的感觉。由于红色容易引起注意,具有较佳的明视效果,常作为警告、危险、禁止、防火等警示用色。

橙色:橙色是欢快活泼的光辉色彩,是暖色系中最温暖的色。橙色明视度高,比较容易看到,所以火车头、登山服装、背包、救生衣等都采用橙色。橙色能产生活力,但彩度不宜过高,否则,可能使人过于兴奋,出现情绪不良的后果。

黄色:在工业用色上,黄色常用来警告危险或提醒注意,如交通标志上的黄灯、工程用的大型机器、学生用雨衣、雨鞋等,都使用黄色。

绿色:绿色是公平、安静、智能、谦逊的象征,它有助于消化和镇静,促进身体平衡,对好动者和身心受压者极有益,自然的绿色对于克服晕厥疲劳和消极情绪有一定的作用。

蓝色:蓝色是永恒的象征,它是最冷的色彩。纯净的蓝色表现出一种美丽、文静、理智、安详与洁净。但从消极方面看,也容易激起忧郁、贫寒、冷淡等感情。

紫色:紫色是波长最短的可见光波。对运动神经系统、淋巴系统和心脏系统有抑制作用,可以维持体内的钾平衡,并使人有安全感。

(三) 色彩心理在道路交通安全中的应用

1. 道路及附属设施色彩

目前的道路一般多为灰色或黑色,灰色和黑色对人的神经系统有镇定作用,但长时间注视单调的灰色路面会使驾驶员注意力变得迟钝,诱发疲劳,甚至昏昏欲睡,使发生交通事故的危险性增大。在路面适当部位着色,可以改善驾驶员的视觉环境,提醒驾驶员注意特殊路段,刺激驾驶员的神经系统,有助于驾驶员保持清醒的驾驶状态。如果在陡坡、转向和限速区涂以黄色或红色,则会提高驾驶员的警惕性;在交叉口、居民密集点和停车点附近涂以红色,驾驶员则会小心谨慎;在学校、医院等处涂以蓝色,表示安静,则驾驶员就会放轻机器声并不鸣喇叭。

瑞典在阿尔卑斯山上的某些特别危险的路段涂上了红颜色,结果交通事故减少了

85%~90%。法国巴黎东北处有一条32km长的着色公路,通过在道路上使用色彩改变了由于黑色或白色所引起的使人感到单调而紧张的状态。我国也曾做过相关的试验,为了降低因车速过快而造成的事故,曾在长距离的路段上涂上几十条相间的白色线条,驾驶员通过这些白色相间的线条,看起来犹如水中的波纹一般,感觉速度过快,从而自觉地降低车速。实践证明,着色公路的确有单纯的黑色沥青或者白色水泥公路所没有的优点,其较为突出的方面是丰富色彩能刺激驾驶员大脑,缓解驾车疲劳程度、保持良好情绪、降低事故隐患。

如果所经之处是青山绿水或者周围的绿化比较好的公路,应该避免把绿色背景下的道路护栏涂成蓝色或者绿色。因为如果护栏的颜色和背景反差很小,一方面,护栏不能起到视觉引导作用,另一方面,在高速行驶下尤其是光线暗淡的情况下,驾驶员很可能看不清护栏或者不能正确判断护栏的位置而导致交通事故的发生。

2. 道路景观色彩

研究资料分析表明,在造成道路交通事故的因素中,道路本身的因素占有相当的比例,而在这些道路因素中又往往包含了不良的道路景观。色彩是道路景观中的重要影响因素,在道路景观中合理的使用、搭配色彩,可以有效地防止和减少交通事故的发生。在道路景观设计时,可用色彩的胀缩感来改善局部的不良状况:如立交桥粗大的桥墩可涂绿色等冷色,使之在感觉上变得细些,减少突兀感;如桥墩很细时,可用涂明亮的浅色或暖色,使之在感觉上变粗些,减少下穿驾驶员的恐惧感。调查结果表明,很多环岛和绿化带的外缘经常可以看到车撞的痕迹,建议可以把这些设施的外缘涂以橙色或者黄色,因为这两种颜色具有膨胀性,可以提醒驾驶员注意,并且这两种颜色在晚上和雾天的视认性也比较好。

在道路景观植物的选用上,除重视植物的工程性质外,对植物的颜色也应根据公路所处的区域或环境有针对性地选择。在炎热地区应多用冷色花卉,能使人感觉清爽,蓝色、青色与青紫色冷感最强,在夏季青色花卉不足的条件下,可以混植大量的白色花卉,仍然不失冷感,但各色冷色花卉要间隔栽植,因为色调变化很少的组合易使人感到疲劳;在冬天青色花卉应与其补色如橙色系花卉混合栽植,可以降低冷感,变为温暖的色调。寒冷地带宜采用暖色花卉,可打破寒冷的萧索,使人感觉温暖、热烈,红色与橙色暖感最强,在冬天花卉很少的情况下可以用常绿植物给萧条的冬景营造出一片生机;在夏季暖色系花卉应减少,应混合栽植冷色系花卉,变为冷暖适中的色调。

在温带的春秋两季宜用冷暖色系混植;夏季宜用冷色系,各色冷色花卉也要间隔栽植;而冬季则用暖色系,但暖色系色调高,过强的暖色或观看暖色时间过长都会感到疲劳、烦躁和不舒服,所以要每隔一定距离变换一下颜色种类,并要间隔栽植绿叶植物,这样即可利用鲜艳花卉的高色调来烘托出温暖感,并刺激驾驶员的神经系统,使驾驶员保持清醒的驾驶状态,又可以避免鲜艳色调过强给驾驶员造成疲劳。

3. 交通标志

交通标志是向行人或驾驶员传递特定信息的交通语言。目前,我国的道路交通标志按功能可分为警告、禁令、指令、指路及各种辅助标志等类型。这些标志通常设置在道路的右侧或上方,是用形状、颜色、符号和文字向人们传递有关交通信息的,其中色彩是设计者要着重考虑的。

交通心理学研究表明,交通标志背景的颜色很大程度上决定了驾驶员能否有效地视认交通标志以及准确地判断交通标志的意义。色彩对比强烈,视认时间短,效果才好。实践证明,对交通标志易读性的顺序是黄底黑字、白底绿字、白底红字。黄底红字虽不易读,但最能引起驾驶员及有关人员的注意,这是因为驾驶员对红色、黄色有一种警觉自适性反应。红色视认性最好,这也是红色用作禁行标志的依据。因此,我国对道路交通标志的色彩设计明确规定:警告标志的颜色为黄底、黑边、黑图案;禁令标志为白底、红圈、红杆、黑图案;指示标志为蓝底、白图案;指路标志高速公路为绿底、白图案;一般公路为蓝底白图案。

4. 车辆色彩

车身颜色也影响交通安全。据日本和美国调查,发生事故的车辆中,车身颜色是蓝色的和绿色的多,而黄色的最少。为此美国和日本都减少了蓝色和绿色的车辆。根据色觉心理可以知道,蓝色和深绿色为收缩或退后色,看起来比实际的要小。尤其是傍晚或下雨天,常不被对方车辆和行人注意而诱发事故。黄色为膨胀色或进攻色,看起来比实际要大,不论远近很容易引起对方来车和行人的注意,特别是雨天或雾天,所以消防车、工程抢险车用红色和黄色。

驾驶室是车辆的控制中心,因而汽车内部色彩也很重要。驾驶室内如涂刷暗灰色颜色,会使驾驶员感觉沉闷忧郁,如涂刷强刺激颜色,会使驾驶员感觉亢奋烦躁,这些都会影响驾驶员的情绪,进而影响行车安全。驾驶室内的颜色宜采用低纯度弱对比的色相,一般上明下暗,给人以稳定、安静、明快的感觉,以利于驾驶员的自我放松和调整,减少驾驶员行车中的疲劳感。

5. 行人服饰色彩

人们对服装色彩对交通安全影响的认识,是经过无数次惨祸之后才得到的。日本的一些交通安全专家在交通事故研究统计中,通过对大量的交通事故受害者调查分析后发现,人们穿着的服装、佩戴的头饰的色彩与交通事故有密切的联系。他们发现被撞的行人中着暗淡、青色的较多,而红、黄、白等鲜艳衣服者少。这是因为红、黄等鲜艳色彩能引起人兴奋感,驾驶员驾驶时,耀眼的着装颜色刺激着驾驶员,使其全神贯注驾驶,减少交通事故发生。

在复杂的交通条件下行车,尤其是在城市驾驶时,驾驶员往往把注意力集中在那些涂着或穿戴颜色醒目的物体和行人,而忽视了颜色平淡的物体和行人,从而肇事。研究发现,当行人穿黑色或灰色衣服时,车辆速度为64km/h,至少有50%的驾驶员不能发现行人,或者即使发现也来不及采取措施。为了避免这种情况的发生,可采用日本的经验:建议行人在下雨时打发光雨伞,在夜间行走时特别是晚上散步时,佩带发光标志或穿有色衣服;建议儿童和学生戴红帽子或黄帽子,穿色彩鲜艳的衣服,下雨时穿彩色雨鞋、彩色雨衣等。通过这些有效的措施,可预防车撞人的交通事故的发生。

综上所述,色彩对人们的心理活动和精神状态影响很大,而人们的心理活动和精神状态又与人们随之而采取的行动息息相关。为实现道路交通的安全和顺畅,除重视安全措施的工程技术研究外,还应注意色彩的心理效应与道路交通安全之间的关系。要在道路及附属设施、交通标志、汽车、行人服饰和道路景观的设计中重视色觉心理的影响,趋利避害,为社会营造一个快速安全的道路交通环境。

第二节　山区公路应用实例

　　山区公路受自然环境的限制,整个路网呈现出弯道特别是急转向多、坡度大且以长大上、下坡居多、视距不良等特征。山区公路是事故的多发地带。据不完全统计,山区公路交通事故发生率很高,而且以重大或者特大交通事故居多,占全国重大交通事故一半以上,万车死亡率极高。诱发交通事故发生的因素是多方面的,受行车速度、道路条件、车辆状况、驾驶员行为、驾驶员的文化素质和社会背景、道路交通与自然环境等因素的综合影响。其中道路交通环境的宜人性程度不仅关系到驾驶环境的舒适性、顺畅性,更关系到驾驶的安全性。交通工效学在山区公路上的应用对提高山区公路的交通安全具有重要意义。

　　山区公路的交通事故与平原地区的交通事故相比,其事故特征、产生原因有着不同的特点。长大下坡小半径曲线是山区公路常见的线形组合形式,经国内外研究证明这种线形组合容易导致事故的发生。我国山区公路的设计标准多为山岭、重丘二级,局部路段的公路线形技术参数超过了极限值,特别是双向双车道公路上的小半径曲线,常常会发生最小安全视距不足、无法满足正常的行车安全需要。研究表明,山区公路小半径曲线段事故形态常表现为车辆迎面相撞或侧翻。现从驾驶员视觉心理以及行车动力学的角度,以某省山区二级公路事故多发路段(长大下坡小半径曲线)存在的安全问题为研究对象,分析产生事故的原因并提出改善方案。

一、事故原因

　　事故黑点位于长大下坡的小半径曲线处(图7-6),为双向两车道公路,行车道宽度为9m,其中内侧车道宽度为5.5m,外侧宽为3.5m,半径$R=75m$,横向超高$i=5\%$。事故主要原因是:在连续下坡数公里后,车辆的下坡速度过快,当行驶小半径曲线时,由于前方道路线形或路况变化,信息不明确,驾驶员来不及做出有效及时的反应,造成判断、操作失误。事故形态表现为车辆迎面相撞、侧翻;此外,连续下坡频繁制动和车辆超载引起的制动失灵也是诱发交通事故原因之一。

 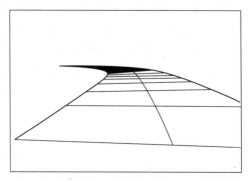

图7-6　事故黑点现场及透视图

　　驾驶员在直线行驶时,车速较高,而到达小半径曲线时由于前方视距不足以保证驾驶员能正确的感知前方的道路特征,驾驶员会采取减速措施,使得行驶速度骤变,导致行驶轨迹改变。根据对现场的实地调研,车辆在进入弯道时总是朝内侧偏移,而出弯道时,其轨迹朝外侧偏移。对于相同半径的小半径曲线,进入曲线前的车速越快,朝内侧偏移量也越大,且车辆穿过道路中心线作割线行驶。车辆在事故黑点处的现场调查行驶轨迹如图7-7所示。

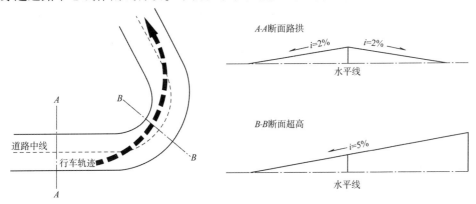

图7-7 事故黑点车辆行驶轨迹

不良的道路平纵组合对驾驶员的视距和视野影响较大。由于事故黑点曲线半径较小($R=75m$),同时位于下坡段,在车速较高时,急弯加下坡的不良线形使得行车视距受到一定的限制,同时提供给驾驶员的前方道路信息量过低,导致从驾驶员视觉上看,道路中心线向外侧偏移,形成视觉上路面"内宽外窄"的错视觉,所以驾驶员要借对向车道行驶,以确保获得更多的道路信息满足行车安全的需要。而考虑双向有车的情况下,这种驾驶行为将增加与对向车相撞的概率。

而现在曲线处横向坡度的作用主要还是为了抵消车辆在曲线路段上行驶时所产生的离心力,提高车辆行驶在曲线上的稳定性与舒适性。在直线段的横向坡度,为了排水需要,形式如图7-7中的A-A断面所示,在曲线段如B-B断面所示,这种形式对视觉诱导作用弱,不能起到平衡空间视觉内偏的作用。

二、曲线加宽设计

车辆行驶在曲线上,前后轮半径不同,其中以后轮轨迹半径最小,且偏向曲线内侧,故在曲线内侧增加路面宽度,以确保曲线上行车顺适与安全。通过上节行车轨迹的分析,这种加宽方式容易使靠外侧行驶的驾驶员,在视觉上产生内侧路面较宽、较安全的感觉,而采取占对向车道行驶的行为。

单条车道曲线加宽计算的一般方法以普通汽车为例:

$$b_{单} = \frac{A^2}{2R} \tag{7-1}$$

式中:A——汽车后轴至前保险杠的距离(m);

R——圆曲线半径(m)。

根据传统的行车动力学,计算曲线加宽值时,公式(7-1)中A的取值为后轴至车辆保险杠前端的距离,如图7-8所示。但根据实际行车轨迹驾驶员视觉分析,当平曲线半径过小时,A值应该以汽车全长为计算依据比较合理,此种现象曲线半径越小越明显。考虑驾驶员视觉需求取车辆全长,改进后计算图示如图7-9所示,这样提高了驾驶员对对向来车的辨识能力,可以更早地做出反应。且曲线应不仅在单侧加宽,而应在两侧同时加宽。表7-2为推荐小半径平曲线加宽值,具体设计时需考虑以下要点:

(1)在工程设计上缩小内宽外窄的现象,可大大增加道路的容错空间,提高道路的安全性能。

(2)在视觉上避免道路中心线向外侧偏移的错觉,避免驾驶员行驶时占对向车道的安全隐患。

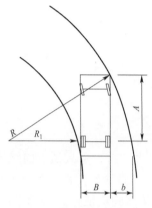

图7-8 普通汽车单侧加宽

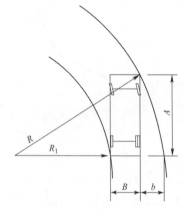

图7-9 改进后计算图

平曲线加宽值对比表　　　　　　　　　　表7-2

平曲线半径(m)	70～100	50～70	30～50
单侧加宽值(m)	1.2	1.5	2.0
两侧加宽推荐值(m)	1.35	1.7	2.25

三、改善方法

依据对山区小半径曲线安全上存在问题的分析,从汽车动力学和交通工效学的角度提出小半径平曲线的安全设计的方法:

(1)在道路横断面设计上,对事故黑点小半径曲线部的改造采取加宽和增加超高等办法。首先道路两侧同时加宽,减少了道路中线往内侧偏移的视觉效果;同时将曲线部外侧车道的超高值增加到8%,采用"横向断面变坡度"的设置方法,既能提高排水效率,又能提升曲线路段的行车稳定性,还能加强道路线形对驾驶员的视觉引导效果,如图7-10所示。

(2)在交通设计上,在单侧加宽的道路曲线上,将道路中心线向曲线内侧偏移适当距离,以提高道路中心线对驾驶员的诱导性。改造后的道路透视效果如图7-11所示,偏移后道路中线两边的宽度 h_1+e 和 h_2 在视觉上的接近相等,改善了道路的安全性。中心线偏移时注意道路线形的处理,可适当延长缓和曲线,使线形流畅,不产生折点。

(3)设计中心交通标线时,可对小半径曲线中心线渠划设计来起到引导车辆正确行使轨迹的效果,如图7-12所示。渠化后,可对驾驶员产生有效的视觉诱导,使进入曲线的车辆能正确地在各自的车道上行驶。

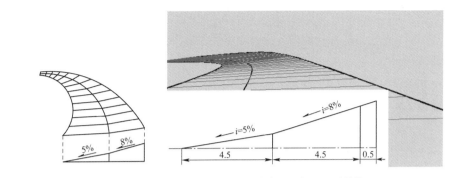

图 7-10　道路横断面改善设计及改善效果示意图(尺寸单位:m)

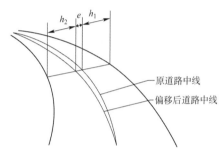

图 7-11　中心交通标线偏移

图 7-12　中心交通标线的渠化设计

山区公路由于地势限制等原因,在线形设计上采用长大下坡加小半径的组合不可避免,容易引发道路交通事故。但通过安全分析发现,曲线处按现行设计标准设计的曲线加宽、横坡及中心线等不能满足正确引导驾驶行为的需求,因此需利用交通工效学的原理进行适当的改善。

第八章 高速公路交通工效学应用实例

第一节 高速公路隧道应用实例

从交通工效学中针对驾驶员进行视线诱导的角度对贵州省双山隧道交通安全改善技术进行介绍,基于视觉参照系重构的方法,进行逆反射系统设计,旨在改善高速公路隧道因光环境剧烈过渡引起的视觉不适和超速、视错觉等不良现象。

一、方案设计

双山隧道为双向四车道的分离式隧道,设计速度为 80km/h,左右洞长度分别为 1205m 和 1240m,属于长隧道,应该构建舒适型视觉参照系。隧道路段分为入口段、过渡段、中间段(包含提醒区)、出口段。隧道中部基本照明考虑使用左右各开一半的灯,交错开灯的形式。本节主要对长度为 1205m 的左幅隧道进行逆反射系统设计。

(一)入口段/出口段逆反射系统设置方法

入口段线形为曲线半径为 4000m 的圆曲线,出口段线形为曲线半径 910m 的圆曲线,根据《公路隧道照明设计细则》(JTG/T D702-01—2014)规定,按照设计速度 80km/h 计算,入口段计算得 85m(3.8s 行程),取 4s 行程(90m),出口段为 60m(为 2.7s 行程)与入口段保持一致,因此取 4s 行程。按照入口段中频设计单元(50m)设置计算,因灯具一般都是从隧道入口 10m 开始设置,90m 路段需 1.6 个设计单元,偏向安全考虑,即至少需要 100m 来进行设置,故取 110m,出口段与入口段保持一致。

考虑灯具布置是从隧道入口(出口)10m 处开始,按照入口段(出口段)中频设计单元(50m)设置间隔,共 3 个反光环。在隧道电缆沟侧壁上左右对称设置 LED 诱导灯(12.5m/道),在左右行车道外设置猫眼道钉,12.5m/道,见图 8-1 和图 8-2。视觉平面上参照点数量为 6个,信息设置频率为低频:高频 = 1 : 4。

本方案中,反光环为低频大尺度信息,可以提高驾驶员整体方向感;LED 诱导灯和猫眼道钉均用作高频小尺度信息,能够起到提升驾驶员速度感的作用,同时 LED 诱导灯能够帮助驾驶员看清检修道路缘轮廓,猫眼道钉能够帮助驾驶员看清车道边线轮廓。

(二)过渡段逆反射系统设置方法

反光环、反光条间隔设置,反光环、反光条间距均为 100m;猫眼道钉设置 12.5m/道,在电缆沟侧壁上设置 LED 诱导灯 12.5m/道(横向上与猫眼道钉在同一断面),如图 8-3、图 8-4 所示。

第八章 高速公路交通工效学应用实例

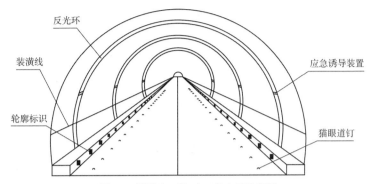

图 8-1 隧道入口段/出口段布置示意图

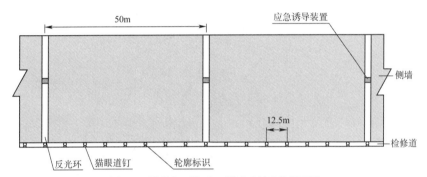

图 8-2 隧道入口段/出口段逆反射系统侧面图

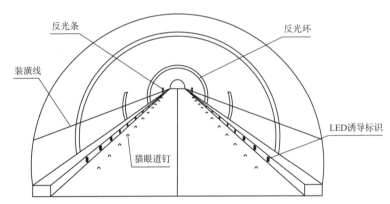

图 8-3 隧道过渡段布置示意图

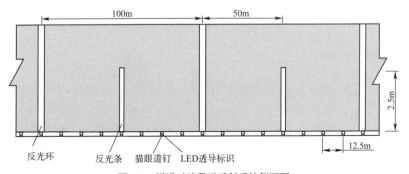

图 8-4 隧道过渡段逆反射系统侧面图

反光环可以确保驾驶员获得较好的整体方向感,反光条可以有效提升距离感,猫眼道钉和 LED 诱导灯的布设间隔及作用与进出口段保持一致,均能提升驾驶员速度感,且 LED 诱导灯能够帮助驾驶员看清检修道路缘轮廓,猫眼道钉有利于驾驶员看清车道边线轮廓。

(三)中间段逆反射系统设置方法

双山隧道属于长隧道,应设置彩色反光环区作为提醒段。受隧道长度限制,对提醒段长度进行调整,以 500m 为间隔进行设置,通过两次提醒达到唤醒驾驶员注意力的目的。反光环设置间距为 200m/道,颜色为白、绿相间,两道反光环之间以 50m 间距设置反光条,颜色与反光环一致。猫眼道钉设置 12.5m/道,在电缆沟侧壁上设置 LED 诱导灯 12.5m/道(横向上与猫眼道钉在同一断面),如图 8-5、图 8-6 所示。

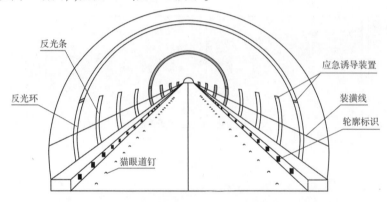

图 8-5 隧道中间段布置示意图

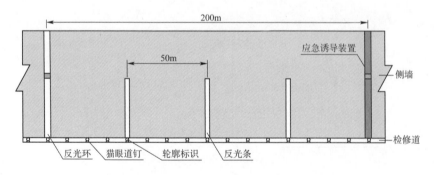

图 8-6 隧道中间段侧面图

二、方案实施效果

贵州双山高速公路隧道在隧道内设置由 LED 轮廓标、应急诱导灯和反光环、反光条组成的逆反射系统,入、出口段间隔 50m 连续设置三道白色反光环;过渡段以 50m 间距相间设置反光环与反光条;中间段以一个反光环与三个反光条为单元进行设置,间距为 50m。同时在反光环上设置中频应急诱导灯,在检修道路缘和侧墙设置高频 LED 轮廓标。方案实际应用效果如图 8-7 所示。

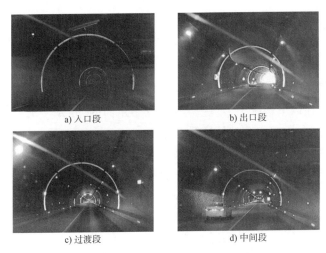

图 8-7 逆反射系统贵州双山隧道应用效果

第二节 桥梁应用实例

一、桥梁伸缩缝安全改善措施

在工程领域常采用软弱地基处理、路基处理、台背回填处理压实等措施来处理伸缩缝处的桥头跳车问题,但从交通工效学的角度还可采用以下几点措施改善伸缩缝处行车连续性问题。

(一)在伸缩装置表面覆盖防滑涂层

伸缩缝处钢铁表面的摩擦因数与路面的摩擦因数相差较大,这种差异化导致车辆容易出现纵向的动力不平衡,因此可以从改善钢铁表面的摩擦因数角度来改善行车安全。

对于已经建成的桥梁伸缩缝而言,可以考虑在其表面覆盖一层防滑涂层。这样的防滑涂层应具有高的摩擦因数、抗冲击、耐磨、耐刻蚀、抗溶剂、抗紫外线使用寿命长、维修保养方便等性质,并且在干、湿条件下都具有高度的防滑性,还能防止伸缩装置表面锈蚀。查阅相关资料发现,此类防滑涂层早已广泛应用于舰艇甲板上,根据所用材料可以分为树脂基防滑涂层和金属基防滑涂层。其中树脂基防滑涂层的主要优点是可采用辊涂方式涂敷,不需专业人员施工,维护简单,但耐高温性能较差;金属基防滑涂层的主要优点是涂敷质量轻,全寿命费用低,但它只能采用喷涂方式涂敷,需要专业人员施工及特定设备,不利于紧急状态下的维修和维护。

(二)改变伸缩装置表面构造特征

在荷载作用下,路面上较小尺寸的微凸体会在胎面的局部产生较大的应力集中。当胎面上所产生的局部应力超过了其断裂强度时,在切向力的作用下,路面上尺寸较小的微凸体就会对胎面形成微切削作用,这种微切削过程中产生的阻力就是轮胎与路面间摩擦力的一部分。因此,路面摩擦性能的形成与路面构造的状况有关。在大跨桥梁的伸缩缝表面,可以考虑通过喷砂、拉毛、刻槽等方法改变伸缩装置表面的构造特征,形成类似于沥青路面的粗构造和细构造。这样,既能提高钢制伸缩装置表面的摩擦因数,又能迅速排除表面水,减少高速行车时车辆后方的溅水和喷雾,还能使光线产生散光反射,有利于雨天、夜间行车。

(三)在伸缩缝及桥头高差处涂抹彩色反光涂料

实验研究表明,在以下情况下,驾驶员容易忽略路面的伸缩缝:雨雪天气驾驶员视线受阻的情况以及车辆沿下桥方向行驶的情况。

若未能及时发现路面的伸缩缝,驾驶员就会对驶经伸缩缝时的颠簸和噪声缺乏一定的心理准备,容易受到突然的惊吓。因此,有必要突出大跨桥梁的伸缩缝的视觉效果。可在伸缩缝处涂抹反光涂料,这样不论是白天还是晚上,都能够使驾驶员更明确、提前地观察到前方伸缩缝的存在,做好心理准备,并提前采取降速等措施。除此之外,传统的路面色彩多为黑色或灰色,驾驶员长时间地行驶会感到视觉疲劳,适宜颜色的彩色反光涂料还能够在一定程度上缓解驾驶员的疲劳和烦躁。

除反光涂料之外,还可在一些宽度较宽的伸缩缝前100m设置提醒标识以警示车辆,使其提前采取减速等措施,提前预知危险。

二、特定路段行车疲劳改善措施

避免疲劳驾驶的主体在于提升驾驶员本身的安全意识,而作为大桥管理方考虑到自身的运营成本及权力范围可从管理的角度出发制定相关措施。

(一)适时开展暖心服务

春季气温回暖以及夏季高温天气是驾驶员疲劳高发时段,大桥管理方可开展诸如"夏日送清凉"等活动,发放防暑降温用品,同时提醒驾驶员高温天气易疲劳,注意休息,保持良好的精神状态,确保行车安全。以此适时地引导驾驶员在疲劳高发时段进入南北服务区或临时停靠点休息小憩。另一方面,现有服务区多为提供餐饮、卫生等服务为主,人员混杂、吵闹,不适合驾驶员在区域内做一定时间的停留,可考虑在服务区内规划部分区域专门供给驾驶员停留休息,保障驾驶员休息质量。

(二)改善单调行车环境

大跨桥梁往往周边景色仅为河面及桥梁建筑本身,颜色为白色、黑色、土黄色几种,道路无绿化植被,颜色较为单调,且缺少缓解视觉压力的颜色,如绿色等。另一方面,由于大跨桥梁自身的特性,其线形指标较为舒缓,缺少弯道及坡度,驾驶过程连续性较强,根据以往经验,单调的行车环境极易加速驾驶员疲劳的疲劳过程。目前,改善单调行车可以考虑以下几点措施。

1. 蜂鸣器报警

蜂鸣器报警主要通过在路边以一定间隔安置制造声音的蜂鸣器,以此引起驾驶员的注意力,从而达到改善效果。按目前研究,刺激点设置间隔宜以 5~10min 设置,假设大桥按 80km/h 的行车速度,考虑到一定的冗余度可每隔 5km 设置一处蜂鸣器。

2. 彩色护栏

为调节大桥景色的单调性,越来越多的大桥开始采用彩色护栏,例如杭州湾跨海大桥,从南到北整座大桥被油漆成赤、橙、黄、绿、青、蓝、紫7种颜色,如图8-8所示,远远望去就像一条七彩长虹横卧在杭州湾的波涛上,十分壮美。而这并不仅仅是为了视觉上的美观,这也是大桥为了有效防止驾驶员出现视觉疲劳而精心设计的。此外,为了防止驾驶员的驾驶任务过于单调,一些大桥还会对彩色护栏的彩色高度进行调节,形成有节律的韵律。

图8-8 杭州湾跨海大桥彩色护栏

3. 彩色路面

彩色路面因其可以改善城市道路缺乏"个性"而被普遍采用,同时由于其防滑系数高,可用于下坡路段或急弯路段。实际上,现有的彩色路面颜色相对醒目,具有良好的视觉警示效果,其路面施工技术也相对成熟。在桥梁局部路段进行分色涂刷,有助于改善路面颜色单调的设计,形成色彩上对驾驶人的警示刺激,提升驾驶环境的安全水平;同时彩色路面还具有反射热效应的功能,对于延缓路面寿命具有积极作用。图8-9为上海浦东机场南立交弯道改善前与改善后实例,利用彩色路面视觉效果好及防滑摩阻系数高的特点,避免和减少了单车交通事故的发生。

a) 改善前

b) 改善后

图8-9 上海浦东机场南立交弯道改善前与改善后对比

三、横风影响下行车环境改善措施

在大跨径大桥气流受到主跨桥墩建筑物影响形成局部气流时,往往会产生较大的横风。在各种车辆中,面包车、厢式货车、敞篷货车等这类车型受横风的影响是最大的,因为这类车的重心偏高,侧向面积较大,容易遭到横风的袭击;经济型轿车在超车大货车、大客车时候,会有一种强大气流感觉,这也是横风的一种。

车辆在静止的情况下,横风对车辆产生的效果并没有那么明显,但是在行车的过程当中,因为车辆处于高速运动过程中,而有的驾驶员往往存在单手握方向的习惯,当突然出现横风时,车辆会受到一个突然的横向力,极易使驾驶员产生慌乱,难以掌控方向盘,导致车辆失控发生倾覆或方向失控。现阶段,国内常常采用固定风障以及"注意横风"标识提醒,如图8-10所示。

图8-10 风障及警示标识

目前对于桥梁横风的预防及危险规避主要使用风感量化警示装置。对于强风情况下进行提示,现阶段多采用电子显示板的方法显示实时风速以及利用标志牌提醒。"注意横风"的警示标志牌以及旗帜,重在给予驾驶员信息提示,让驾驶员知道前方横风常发,但由于驾驶员在车内一般在没有遭遇横风时很难感受到风力的大小。仅提示风速以及警示,难以引起驾驶员的注意,驾驶员可能并未给予足够的注意力。在遭遇到横风后,驾驶员的驾驶稳定性已经受到影响,所以应采用更为直观的横风量化标志。

更为直观的做法是根据大桥横向风具体情况提供风标设计,可用具有一定质量的直杆代替风旗的旗帜,实现不同风力条件下,风杆扬起不同高度的风力表达效果,从而对过往车辆进行警示。此外电子显示屏可以在显示风速时配以不同的颜色(红黄蓝等颜色会给驾驶员较为深刻的视觉感受)。

四、雨雾天行车诱导标志标线

相对于晴天而言,阴天、雨天、雪天和大雾天气称之为特殊天气,在这些特殊天气情况下,驾驶员的情绪、视线受到很大影响,比如雨天,路面附着系数下降,附着力明显减小,机动车的制动稳定性、转向操作稳定性都将变差,车辆容易打滑、跑偏,制动距离显著延长,再加上一些驾驶员不注意限速,超速行驶,因而发生事故的概率增大,并且很容易导致多车连续追尾相撞的恶性交通事故。

以大桥上常见的雨天及雾天为例,雨天及雾天行车时常常视线受阻,极易引发追尾等事故。另一方面在雨天及雾天情况下,由于视线原因,车辆失去外部参照,无法绝对保证跟车距离,因此从交通工效学的应用角度可以从如何给予驾驶员距离参照、车道参照及行车警示来改善雨天及雾天行车安全。

为了给经过的车辆提供距离参照及车道参照,采用普通标线、突起型结构振动反光标线以及太阳能反光道钉(突起路标)相结合的标线,增强标线的认知性,提高行车安全性。根据《雾天公路行车安全诱导装置》(JT/T 1032—2016),对于雾天、沙尘天气下需要控制行车距离的路段可设置行车诱导装置。在特殊天气下需要控制行车距离时,通过检测器检测自动触发黄灯闪烁模式,使得驾驶员易于通过视觉效果直观地掌控跟车距离。如图8-11所示,当前方发生事故时,红色灯光持续开启(不闪烁),每个安全红色警示区间以一个黄诱导灯闪烁为间隔,以此强制控制车辆等间隔行驶状态。具体需要确定灯光闪烁频率(30 次/min、60 次/min、120 次/min)、灯光强度(500cd/m² ~ 7000cd/m²)、安置距离(10m、20m)、太阳能储能电池及电控双模式,其他应根据规范酌情修改。

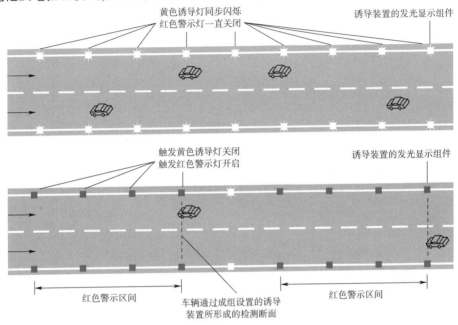

图 8-11 道路警示闪烁灯安置

五、智能发光标线

智能标线可以根据实时路况与天气状况显示不同颜色、不同形状的标线,而现有 LED 产品及技术可以实现上述功能。现在,基于 RGB - LED 及其辅助技术在主动发光型标线方面的储备技术已经成熟,能够实现在高速公路及高等级公路的应用。

为实现智能标线的显示,智能标线系统主要有 LED 照明模块、光/电控模块、NB - IoT + ZigBee 通信模块组成,供电由主系统标准电源提供 12V 直流输出。通过上述模块内部功能的实现,可以达到智能标线模块动态显示的效果。在不同情况下,结合既有研究、规范参数与实际情况,给出标线显示方案。

传统的施划标线一旦施划,若要修改,难度大且效果不佳,并且施划时所需要达到的效果和后期使用时所需效果可能不匹配,而智能标线能够实时显示的功能就解决了这些矛盾。在交通流量较大时,可以将同向可跨越车道线显示为不可跨越车道线;在事故风险较大的情况下可以显示黄色标线进行警示;在下雨、下雪路面可显示雪花标志或限速等信息等。且利用视觉干预标线约束驾驶行为,提高行车安全。这样极大提高了标线的智能性和实用性,尤其是特殊情况下的行车更加安全。具体效果,例如亮度等参数可以根据天气、能见度等情况进行调节,确保驾驶员在看清车道及车道功能的基础上安全高效地驾驶。图 8-12 为智能标线显示效果图。

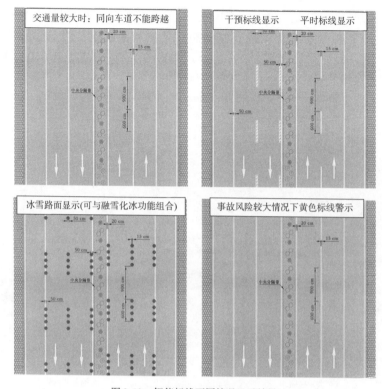

图 8-12 智能标线不同情况显示效果

第三节　桥隧连接段应用实例

一、特殊路段风环境改善措施

气流仿真试验表明,空隙式挡风板板后弱风区长度相对于实体挡风板有所降低,但基本能满足桥面宽度的要求。另外由于空隙式挡风板相对经济适用,因此推荐采用空隙式挡风板的形式,如图 8-13 所示。在不改动施工图的情况下,也可采用安装风障的方法,在高大桥梁上设置风障是最常见的防风措施。典型的风障设计为纵横相间的栏杆,如图 8-14 所示,起到分散风流、降低侧风风速的作用,从而提高大桥上的行车安全性。

图 8-13　空隙挡风板

图 8-14　风障设置实例

试验表明,风障孔隙率的大小直接决定风障效果的好坏。当孔隙率小于40%时,可以减小桥面风速的大小,且风障的挡风效率较高。但它产生的气动阻力荷载,会引起桥梁动力稳定性的下降。当孔隙率大于60%时,风障的减风效果不大,对桥塔外侧的风速突变问题改善也不明显。当孔隙率为50%左右时,这时风障不仅可有效减小桥面的风速,还可降低桥塔外侧的风速突变和稳定性的下降。因此,建议实际工程中风障的孔隙率可取50%。

二、侧风环境行车安全预警系统

侧风环境行车安全预警系统主要包括信息收集模块、信息处理模块、信息发布及预警模块。

(一)信息收集模块

收集的数据包括:道路线形数据、气象信息、路面信息、车辆参数。

(1)道路线形数据:道路平面线形数据,纵断面线形数据和横断面线形数据。

平面线形数据包括曲线的半径、缓和曲线的参数以及路线坐标。由路线坐标可计算出路线的走向和风向之间的关系;曲线半径和缓和曲线参数用来计算车辆的离心力大小。

道路纵断面数据和横断面数据可知路基的填方高度、挖方深度、超高、路基宽度和高度、路基边坡坡度以及道路和周围地形之间的关系,判断路基高度对风速场的影响。

(2)气象信息:通过设立在道路附近的气象收集系统,结合天气预报信息,获取当日的风速、风向、降雨量/降雪量、气温等信息。利用降雨量/降雪量和气温信息,预判路面湿滑情况、结冰情况,判断出路面摩擦因数;结合路基高度、风向,判断出路基风速场的变化情况。

(3)路面信息:通过定期的路面平整度检测、摩擦因数检测获取某段时间内该道路的平整度等级、路面摩擦因数。从而为计算车辆振动引发的动荷载提供基础;提供一般情况下的路面摩擦因数。

(4)车辆参数:车辆的类型、几何尺寸、载重、车辆悬挂参数、轮胎参数,结合路面平整度等级,计算出车辆动荷载,这同时也是计算车辆气动力的基础。

(二)信息处理模块

包括:动荷载计算模块;路基风速场判断模块;路面摩擦因数判断模块;车辆侧滑和侧翻临界值判断模块;侧风环境下车辆动态响应判断模块。

(三)预警模块

本部分包含道路侧滑与侧翻交通事故预警模块和基于交通安全的路面维修管理预警模块。

道路侧滑与侧翻交通事故预警指标有:摩擦因数,平整度指标,动荷载系数,侧滑临界风速,侧翻临界风速。当路面摩擦因数、平整度、车辆动荷载系数接近临界阈值或者自然界风速接近临界阈值时,就进行交通安全预警或者路面维修预警。

道路侧滑与侧翻交通事故预警模块,综合信息收集系统的各种信息,通过信息处理模块计算出该道路各位置处当日的侧滑临界风速和侧翻临界风速,以及与当日所测得自然风速、风向进行对比,从而分析出各位置处发生侧翻和侧滑的概率大小,针对具体情况发布交通预警信息。同时本模块还具备路面维修预警功能:摩擦因数和路面平整度对行车安全产生较大影响时,及时预警,通知道路养护部门及时维修。预警系统的框架组成如图 8-15 所示。

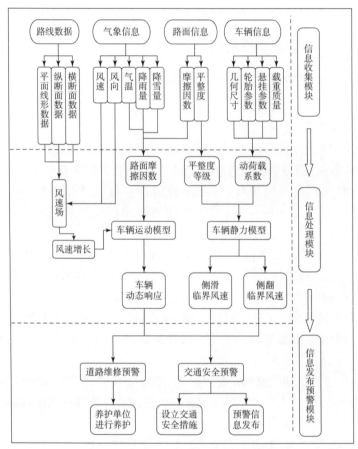

图 8-15 侧风环境下行车安全预警框架组成

研究显示,从侧风对车辆行驶安全性的影响来看,6 级以下侧风对以法定速度行驶的车辆影响较小,而随着侧风的增强和车辆行驶速度的增加,车辆的行驶安全性会受到极大的威胁。侧滑和侧翻的临界风速大致位于 7~9 级风的风速区间。因此,将侧风下交通安全预警系统分为 4 个层次:0~5 级风,无行车危险;6~7 级风,需警告驾驶员有可能发生侧滑,并限制车辆进入高速公路;8~9 级风,通过信息发布警告驾驶员有可能发生侧翻,同时进行强制限速;10 级风及以上,关闭高速公路。

三、桥隧连接段隧道出入口防滑措施

隧道出入口处往往由于摩擦因数不足和雨雪天气影响易发生车辆追尾、侧滑或侧翻等交通事故,为了提高行车安全性,从交通工效学的角度考虑,可在隧道出入口外采用增摩阻彩色薄层表面的处治措施,如图 8-16 所示。

通过局部试验段检测表明,采用增摩阻彩色薄层后,与相邻路段的水泥混凝土路面相比,宏观构造深度是水泥混凝土路面的 2 倍左右,表面抗滑值是水泥混凝土路面的 1.6 倍左右,两项指标都远高于后者。在隧道出入口铺设增摩阻彩色薄层后,制动距离在干燥和湿滑两种状态下,分别比水泥混凝土路面缩短 23% 和 31%,尤其在路面湿滑状态下,抗滑作用更加明显。上述措施能显著降低道路冰冻的影响,从而提高大桥上的行车安全性,创造良好的社会效益和经济效益。

图 8-16　增摩阻彩色薄层表面

四、低能见度路线引导改善措施

(一)路钮

太阳能突起路钮,可在雾天低能见度条件下清晰描绘车辆行驶路线轮廓。具有低能见度引导,正常情况下道路轮廓显示的作用。在道路边线设置后可有效增加道路安全预视距离及边线立体视距,安全预警效果明显。

路钮布设原则:路钮布设在外侧行车道边缘线外侧,间距为 15m;在道路出入口,配合标线,设置白色单面突起路标,间距为 6m,采用太阳能发光型。

(二)轮廓标

轮廓标具有前进方向道路轮廓显示及低能见度安全引导作用,可有效增加安全预视距离。在雾天频发、线形条件较差、事故多发桥梁地段,设置反光性能高的轮廓标,采用尺寸较大的反射器。

轮廓标布设原则:为改善夜间及雾区低能见度条件下视线诱导效果,在高速公路主线的路侧、中央分隔带及互通立交的匝道布设轮廓标。根据适用条件不同,具体布设方案要因地制宜。图 8-17 为路钮及轮廓标设置实例。

(三)路面隆声带

路面隆声带设施主要是利用路测设置凸凹不平的震动带,如图 8-18 所示,在浓雾天气下、视距严重受影响的路段效果非常明显。尤其是雾区长大下坡路段,车辆速度较快,极易驶出路基,造成交通事故。此时,在路侧设置隆声带可以有效地提醒驾驶员回到正确的行车道上,避免交通事故的发生。

图 8-17　高速公路轮廓标设置实例　　　　图 8-18　路面隆声带设置实例

五、交通预警设施

（一）可变信息标志

发布诱导交通信息的设施主要是指可变信息标志，从结构上分类，可变信息标志分为门架式、悬臂式、立柱式、隧道内可变信息标志，版面尺寸依次由大到小，发布的信息量依次由多到少。立柱式可变信息标志也通常称为可变限速标志。

门架式和悬臂式可变信息标志能够发布的信息量较多，主要功能为路况信息发布和路网较大范围内的交通诱导，该类情报板服务的范围也较大。

立柱式可变信息标志能够发布的信息量较少，主要功能为发布危险提示或警告信息以及实施可变限速控制，该类情报板服务的范围也较小，一般认为其服务范围为所在基本路段（相邻两个收费站间）。

隧道内可变信息标志安装在隧道内行车的上方，用于对隧道内车辆前方交通运行状况及相关的控制、疏导和诱导信息，见图 8-19。

图 8-19　可变信息标志

可变信息标志布设原则如下：

（1）仅重点针对恶劣气象影响严重路段进行布设考虑。

（2）悬臂式情报板通常布设在隧道入口前 1km 左右、易结冰的大型桥梁前 1km 左右位置，主要用于恶劣气象影响严重路段的危险路况提示和可变限速控制。

（3）恶劣气象影响严重路段较长时，加密悬臂式信息标志的布设。

(4)隧道内可变信息标志安装在桥隧连接段前部隧道出口前0.5~1.0km,用于提示驾驶员出口道路的危险路况。

(二)注意横风标志

在侧风较大的桥梁、山谷及隧道出入口处设置注意横风标志,可以达到事故预警的作用,见图8-20。

图8-20 注意横风标志

(三)视觉干预标线预警

通过设置视觉干预标线,可让驾驶员产生一定的紧张感,提高注意力。同时,这种标线的布设可在视觉上缩小行车宽度,也可达到降速的目的。

基于交通工效学理论,错视觉标线能让驾驶员产生空间压缩的感觉,沿行车方向看车道呈现由宽变窄及道路下凹的错视觉效果,起到有效降低车速的作用,见图8-21。

 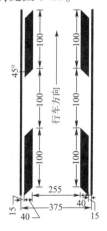

图8-21 道路标线设置形式(尺寸单位:cm)

第九章 城市道路交通工效学应用实例

第一节 城市隧道应用实例

青岛第二海底隧道定位于连接青岛东岸与西岸城区的一条全天候的跨海通道,以通行客车为主,兼顾货运交通功能。下面以青岛第二海底隧道为例,对隧道中部光环境提出优化方案。

一、青岛第二海底隧道概况

青岛第二海底隧道项目线路全长17.9km(从黄岛岸收费站至青岛岸环湾大道检查站),隧道建筑全长15.9km,封闭段长15.26km,隧道横断面采用三车道布置,车道宽2×3.5m+3.75m,高5m,车道两侧设置检修道。根据青岛第二海底隧道的初步设计方案的资料,其纵坡线形如图9-1所示。从图9-1可见,隧道主线存在诸多变坡点,受城市水下特长隧道特殊环境的影响,在隧道长大下坡路段和变坡点位置,驾驶员视距受限,同时路侧信息缺乏,无法对道路坡度信息做出准确判断,极其容易产生坡度错觉。

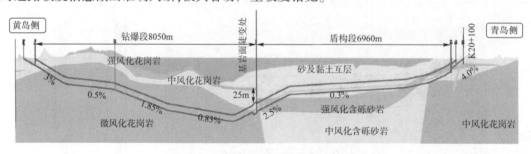

图9-1 青岛第二海底隧道纵断面设计图

二、隧道中间段普通区设置方法

(一)普通区安全段

安全段在检修道布设高频小尺度黄黑立面标记,在隧道普通路段侧壁布设安装心电图案和矩形LED灯带,心电图案为视觉参照系中的中频中尺度参照信息,矩形LED灯带为视觉参照系中的超低频大尺度参照信息,具体如图9-2、图9-3所示。

黄黑立面标记组成高频空间信息流,可提升驾驶员速度感,同时有效显示侧壁与路面分界,体现空间路权及路侧障碍物;心电图案组成中频信息流,可提升驾驶员速度感和距离感,其图案设计是在竖向条纹的基础上加上折线元素,使之与腰带线连接起伏,富于变化,折线元素在建筑空间环境设计中代表理性的元素,是秩序美与突变形态的重要来源,折线图案的衔接、起伏、高低变化,在方向上加入有规律的突变运动,线条的变化具有一定方向性,给驾驶员流动的心理感受,具有动态美感。而 LED 灯带用于强化突出隧道轮廓,提升驾驶员对隧道空间的判断力和空间感。腰带线布设全线,提升驾驶员对隧道线性走向的辨识能力,提前做好相应的转向、减速等驾驶行为,同时促使驾驶员视线维持在道路前方;腰带线下坡路段采用蓝色,上坡路段采用绿色,可以帮助驾驶员判断所处的空间位置,缓解定位错觉。

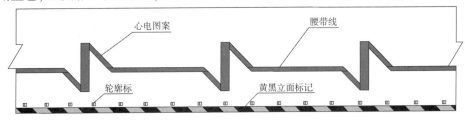

图 9-2　隧道普通区安全段侧视图(一)

注:建议心电图案设置间距为 50m,符合 100km/h 速度下,车辆安全间距的要求。

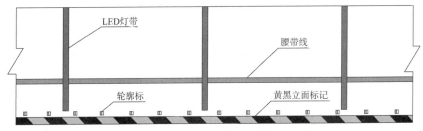

图 9-3　隧道普通区安全段侧视图(二)

注:建议 LED 灯带设置间距为 1000m,可有效提升驾驶员对隧道空间的判断力和空间感。

(二)唤醒段

贾致荣等人指出大约每 5~10min 可提供给驾驶员新的视觉刺激点,让驾驶员适当转移一下注意力来缓解视觉疲劳,故取 5min 车程(6.67km)设置一段唤醒段,考虑到隧道内主要为长下坡和长上坡路段,行车速度并不与设计速度完全一致,故最终采用每 5km 设置一段唤醒段。线元素因其圆润的特点和弧度的变化,给流动空间赋予了容纳、疏导、流畅等感性意义,人对曲线元素天然的偏爱导致人的感知能力和关注力会无意识地被曲线元素吸引。郑展骥等研究中指出,在隧道侧壁布设韵律型标线可有效缓解驾驶员驾驶疲劳现象。因此唤醒段在检修道路缘布设高频小尺度黄黑立面标记,作用与安全段相同。在隧道侧壁安装韵律型唤醒标记,赋予侧壁图案阶段性变化,可改善隧道中部行车环境单调性,延缓驾驶疲劳的生成,提高行车安全性,同时颜色与腰带线保持一致,具体如图 9-4 所示。

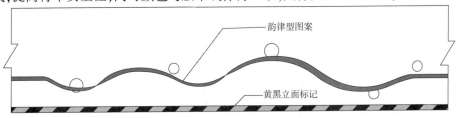

图 9-4　隧道普通区唤醒段侧视图

三、隧道纵坡变坡点区设置方法

驾驶员在行驶过程中主要通过前方道路线形变化和路侧信息来判断道路坡度。因此,考虑隧道特殊行车环境和驾驶员的视觉特性等因素,针对纵坡过渡段存在坡度错觉的特殊位置,通过在隧道侧墙设置倾斜的反光立柱的信息,提高驾驶员的坡度感知能力。同时,在隧道检修道侧面布设黄黑立面标记的基础上,在下坡变坡点前后路面布设横向视错觉标线,进一步提高该路段驾驶员的速度感知能力,同时将第一道减速标线设置为振荡减速标线,通过体感与视觉双知觉控制纵坡过渡段车速,具体设置方法如图9-5、图9-6所示。

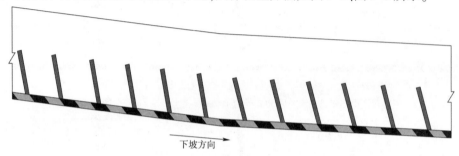

图9-5 隧道纵坡变坡点区侧视图

注:建议坡度大于3%时的变坡点前后各设置5根倾斜反光立柱。

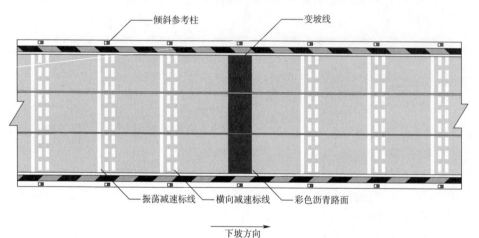

图9-6 隧道纵坡变坡点区平面图

第二节 大型停车场应用实例

近几年来,随着全国城市化进程加速发展,城市土地开发模式日新月异,一时间综合型、复合型的城市综合体在全国各大城市纷纷兴起。城市综合体多处于交通敏感地区,配套大型停车场的使用效率及安全性显得尤为重要。驾驶员在安全行车中起主导地位,大型停车场行车环境会对驾驶员的生理和心理产生很大的影响,进而影响驾驶员对车辆的控制、行驶路径的选择及由此带来的行车安全水平。将交通工效学有关理论应用于大型停车场设计中,将驾驶员需求充分与停车场交通系统设计相结合,能够实现人—机—环境的有效结合,保证大型停车场运行的安全、畅通、快捷、舒适。

一、大型停车场地面诱导系统

大型停车场大多为大型城市综合体服务,是车流和人流的聚集地,需要通过地面引导向驾驶员传递停车场方向、距离等信息,为交通参与者提供明确、直观、易懂的引导目标,从而保障众多出行者能准确、快速地到达目的地。在城市综合体停车场地面交通诱导标志设计中,根据引导的递进次序,诱导标志分为3个等级,即一级诱导标志、二级诱导标志及三级诱导标志。标志主要设置在综合体外围市政道路、内部道路及地下停车场出入口处,实现由远及近、系统引导的目的。

一级诱导标志在外围指示城市综合体的方位,引导车辆由最近的道路接近综合体,给车辆驾驶员提供综合体的方向和距离信息,引导车流以最短路径到达综合体,且保证从每个入口进入的车辆至少能遇到一个一级诱导标志。主要设在距离城市综合体500~2000m范围内的各市政道路接近交叉口的路段上游,且标志牌的下游有分流能力。标志需标明城市综合体的大概位置、方向及停车信息,使驾驶员能快速、准确地找到综合体,避免驾驶员漫无目的地寻找。一级诱导标志示意图如图9-7所示。

二级诱导标志设置于综合体周边市政道路及内部各道路的交叉口处,引导远处的车流进入综合体且到达内部正确的目的地,分流来往车辆,减小对市政道路的交通影响。主要包含的信息有前方地点名称、行驶方向及停车信息等,指示最方便的方向进入综合体,便于车辆快速地进入基地,减少车辆在外围市政道路上绕行,降低对市政道路造成的交通干扰,避免交通拥堵。二级诱导标志示意图如图9-8所示。

图9-7 一级诱导标志示意图　　图9-8 二级诱导标志示意图

三级诱导标志引导车辆进入停车场,避免车辆漫无目的地寻找停车位,减少车辆在道路上的巡游时间。设置于项目停车场入口上游位置20m,标志的设立方向及内容按照道路上车流的行驶方向及广场停车场的出入口功能定位。设置内容包括停车场文字信息及行车方向,需要区分不同停车需求的一般社会车辆和货运车辆,并配以必要的交通辅助标志,提高外围交通组织的安全性。三级诱导标志示意图及点位图如图9-9所示。

大型停车场地面诱导标志的设置,应从道路使用者的角度出发,使驾驶员能通过一级诱导标志找到综合体,然后通过二级诱导标志找到目标建筑,最后在目标建筑的周边通过三级诱导标志找到停车场的入口，充分体现"外围预告、到达引导、停车指示"的引导目标。该设计方法帮助驾驶员快速、准确地找到目的地，避免盲目地选择路线，减少巡游的时间，可为综合体引导标志设立提供参考。

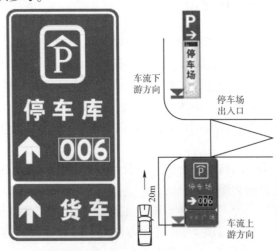

图9-9　三级诱导标志示意图及点位图

二、利用柱网的大型停车场出口信息引导

大型停车场通常位于城市较为繁华的地段，周围都是大型的商业用地。地上的高层建筑为主的地面结构决定了大型停车场内部绝大多数情况均采用钢筋混凝土柱网来加强其整体安全性。在大型停车场内的有限空间中，柱网将空间划分为一个个小区域，这些立柱会频繁地出现在驾驶员的视野中。因此，如何合理地利用柱面为驾驶员提供信息，对提高停车场内部的引导系统的效率，改善驾驶员的视认性，会起到很大的辅助作用。

停车场的出口信息是驾驶员最为关心的信息之一，而柱网的密集分布可以保证为驾驶员提供连续性的路线引导。因此，利用柱面进行出口柱标设置，利用形象的符号或简要的文字向驾驶员传达相关信息，在驾驶员不能够立即视认到悬挂标志的情况下，辅助驾驶员完成相关的方向选择，引导驾驶员寻找最近的出口，从而尽快驶离大型停车场，提高大型停车场运行效率。

柱面信息是希望通过刺激非主要视野来为驾驶员提供信息引导。因此，从这个角度来讲，出口柱标的设置应该按照通道内的车辆行驶方向，进行重复性、具有导向性的布置。目的在于通过在柱面上连续出现的统一性引导信息不断刺激驾驶员视觉，让驾驶员在大型停车场内驾车行驶时，可以通过非主要视野来不断视认、强化和汇总这些信息，从而了解柱网上的标志所要传递的总体信息。

对于出口柱标来说，驾驶员主要是在从停车位驶出及行进中对其进行视认的，因此，必须考虑到驾驶员在车内的视野范围；也就是说，必须保证驾驶员在车内、能够通过正常的视线看到标志。因此，需要将这些标志设置在与驾驶员坐在车内的水平视线持平或略高的位置。驾驶员视点高度为1.2m，为了使得驾驶员快速寻找出口方向，应将出口柱标设置高度与视点高度相同，设置位置如图9-10所示。

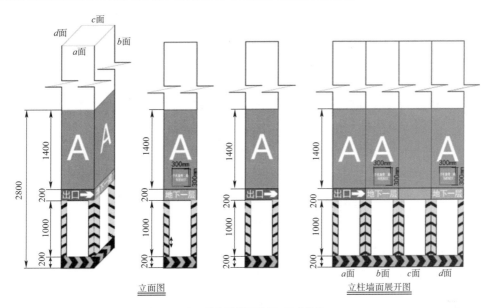

图 9-10 出口柱标及设置位置(尺寸单位:mm)

三、基于驾驶视认性的悬挂标志设置位置

大型停车场内部通过在各交叉口处设置悬挂标志引导车辆寻找车位或寻找停车场出口。驾驶员对悬挂标志的认知过程如图 9-11、图 9-12 所示。

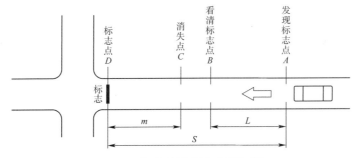

图 9-11 驾驶员认知标志过程平面图

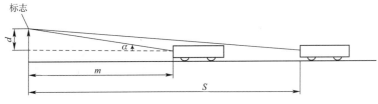

图 9-12 驾驶员认知标志过程纵断面图

车辆行驶方向如图 9-11 箭头所指。假设标志设置在靠近交叉口位置的 D 点,驾驶员从右侧行驶靠近。首先驾驶员到达发现标志 A,然后经过对悬挂标志信息内容的感知理解的过程,到达看清标志点 B,经过看清标志 B 后驾驶员无须再看标志,标志从驾驶员可看清范围内消失的位置 C 点称为消失点。

在某种照明条件下,悬挂标志的可视距离为 S,车辆行驶速度为 v,驾驶员对标志的感知理解时间为 t,消失点 C 与标志设置位置 D 点的距离为 m,则为了保证驾驶员看清标志,必须满足条件

$$m + vt \leqslant S \tag{9-1}$$

图 9-12 中 α 为驾驶员水平视线与驾驶员看向标志视线的夹角,d 为驾驶员视点高到正前方标志上边线的高度,则

$$m = d/\tan\alpha \tag{9-2}$$

因此

$$d \leqslant (S - vt)\tan\alpha \tag{9-3}$$

驾驶员视点的高度一般可取 1.2m,则挂标志高度

$$h < (S - vt)\tan\alpha + 1.2 \tag{9-4}$$

为了保证驾驶员能够看清标志,悬挂标志设置高度不得高于 h 值。

悬挂标志设置高度确定后,还应保证在驾驶员认知标志信息的过程中,视线范围内无任何障碍物,无遮挡范围如图 9-13 所示。

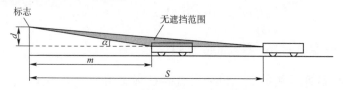

图 9-13 驾驶员视线无遮挡范围

四、城市综合体地下停车引导标志设计

为满足城市综合体停车场在引导交通和发布信息方面的需求,城市综合体机动车引导系统需能够给进出停车场车辆正确、简明、连续的诱导信息,以提高车位利用率,能够确保车辆运行的安全性和畅通性。机动车引导系统主要由地面标线、机动车引导标志等组成,而地面标线是指导向标线、停车泊位线等,可引导驾驶员行驶。机动车引导标志可进一步提供帮助驾驶员辨别方向的信息。

城市综合体大型停车场引导标志信息内容设计需要遵循以下原则。

(一)一致性原则

信息位置对驾驶员有较大影响,合适的信息位置能够缩短驾驶员的反应时间,因此,建议参考道路标志设置方式。目标信息在标志中位置应与目标所需前进方向一致,即应左转前往的目标(如出口等)信息应放置在标志左侧,需要右转目标信息放置在标志右侧,需直行到达目标信息放置在标志中间,以符合驾驶员驾驶习惯,减少失误操作。

(二)简要性原则

地下车库机动车引导标志应提供足够信息引导车辆,但过量的信息可能导致驾驶员对于复杂的状况不能做出及时、正确的评价和判断。因此,建议在机动车引导标志面向驾驶员一侧仅留下需要确认的重要信息,将次要信息布置在地下车库机动车引导标志的另一面或立柱上,方便驾驶员下车后查看。根据设计经验,重要信息和次要信息通常包含以下内容:

(1) 重要信息:地下车库出口、地下车库坡道、可供行驶方向等信息。
(2) 次要信息:电梯位置、商铺信息等。

(三) 直观性原则

机动车引导标志信息应准确、易懂,让驾驶员快速做出决断。如在一块机动车引导标志中存在两个方向的出口信息时会让驾驶员无法抉择。根据经验,此时应标识出入口的特征,例如出入口附近的路名等可以帮助驾驶员更好的做出选择。同时,当一条信息的字数超过一定值,认知时间将会显著的增加,所以应合理设计标志信息的字数,一般控制在4字以下。

应用这一设计原则,大型停车场机动车引导标志应只标有驾驶员需要注意的重要信息,信息在标志中位置与所在前行方向一致,如图9-14 所示。

版面信息内容按照左、直、右的行驶方向排列

图9-14　停车场悬挂信息版面设置

根据该设计原则设计的大型停车场机动车引导系统在实际使用中反应较好,能够引导驾驶员快速安全地到达车位及出口。

第三节　慢行交通安全应用实例

随着对出行方式转向的深层次思考,城市交通管理部门、交通规划部门及交通工具生产部门逐步将传统的交通管理、交通规划及交通工具设计上升为人性化的管理、规划和设计。逐步突出交通工效学在交通安全中所发挥的作用。本节内容结合交通工效学理念,列举一些交通工效学在城市道路非机动车安全方面的应用实例。

一、立体斑马线

近年来,多地推出3D 立体斑马线(图9-15),其用意在于用视觉上的立体斑马线模拟路障,达到减缓车速的目的。3D 斑马线远远看去像是道路中间浮着一条条长方体的路障,通过让驾驶员产生视觉上的差异,达到迫使他们减速的目的。与此同时,行人、非机动车辆也被新斑马线吸引而纷纷走斑马线过马路,各个交通参与者都更愿守规矩了。

图9-15　3D 立体斑马线

二、设自行车坡道的过街天桥

在进行城市道路设计过程中,应对人性化设计理念予以足够重视。在人行天桥两侧设置方便自行车上下的坡道(图9-16),便是交通工效学理念在城市道路设计中的重要体现。在天桥两侧设置方便自行车山下的坡道,吸引更多的自行车出行者通过天桥穿过城市道路,从而减少交叉口自行车的数量。人行天桥两侧自行车上下坡道的设置对缓解交通堵塞、保护自行车出行者安全都能起到积极的作用。

图9-16 设有自行车上下坡道的城市天桥

三、高度可调的自行车车座

现在多数自行车都安装了车座高度调节装置(图9-17),骑行者在骑自行车的时候可通过车座高度调节装置来对自行车车座高度进行调节。一般来讲适当降低车座的高度对骑行出行更有好处。一是低车座蹬车灵活,可用脚的不同部位轮流用力,这样可使脚的各种肌肉轮流休息,延长耐久性;二是车座低,人的位置相对降低,可减少空气阻力;三是车座低,微后倾,可使身体挺直,臀部受力均匀,减少疲劳感,同时又可减轻双臂的负担,保护手腕;四是车座低有利于安全,在遇到紧急情况时,双腿伸直便可着地,这样可避免造成危险。因此,出行时对车座的调整,应以低车座为最佳,这对保持体力、速度、耐力都有很大的好处。

图9-17 高度可调的自行车车座

四、醒目的自行车尾灯设计

自行车尾灯(图9-18)即安装在自行车尾部的发光的灯具,传统的尾灯是用反射器充当,它本身不会发光,而是通过光学原理,在夜里灯光照到的时候,反射光线作为提醒警示。现在的自行车尾灯通常使用干电池、锂电池或纽扣电池作为能源,在通电的情况下,由LED

作为光源,发出颜色醒目的光线。自行车尾灯反射或发出的光线一般为红色,这是因为色彩不同,引起人的注意程度不同,红色光的诱目性最强,最能引起人的注意。

 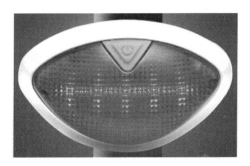

图9-18　自行车尾灯

参 考 文 献

[1] 黄河.设计人类工效学[J].家具,2016,37(03):99.

[2] 中国人类工效学学会.交通工效学专业委员会2012年年会会议纪要[C].人类工效学,2012,18(03):97.

[3] 张帅,张艳欣.汽车驾驶室的人机工程学分析[J].技术与市场,2020,27(01):155-157.

[4] 郭成杰,张媛.汽车车身内部布置方法研究——基于人机工程学[J].内燃机与配件,2019(20):238-239.

[5] 张海英,张福宁.道路交通安全的工效学分析[J].交通世界(运输.车辆),2009(09):128-130.

[6] 王德章.交通工效学中人的交通安全问题研究[J].人类工效学,1998(04):65-67.

[7] 晏志良,张志勇,李小峰.工效学原理在道路交通领域的若干应用[J].科技信息,2008(26):634-646.

[8] 张谦.基于工效学的新型城市快递交通工具设计研究[D].上海:上海交通大学,2013.

[9] 李景.国际人类工效学协会(IEA)[J].中国标准化,2017(15):134-135.

[10] 赵占西,何灿群,王小妍.人机工程学在日常生活中的应用[J].教育教学论坛,2019(24):205-206.

[11] 周美玉.工业设计应用人类工效学[M].北京:轻工业出版社,2001.

[12] 徐军,陶开山.人体工程学概论[M].北京:中国纺织出版社,2002.

[13] 刘志坚.工效学及其在管理中的应用[M].北京:科学出版社,2002.

[14] 陈毅然.人机工程学[M].北京:航空工业出版社,1990.

[15] 浅居喜代治,等.现代人机工程学概论[M].刘高送,译.北京:科学出版社,1992.

[16] 刘金秋,石金涛,李崇斌,等.人类工效学[M].北京:高等教育出版社,1994.

[17] 曹琦.人机工程[M].四川:四川科学出技术版社,1991.

[18] 孙林岩.人因工程[M].北京:中国科学技术出版社,2005.

[19] 丁玉兰.人机工程学[M].北京:北京理工大学出版社,1991.

[20] Aini M S,Fakhru'l-Razi,A,Daud M,et al.Study on Emergency Response Preparedness of Hazardous Materials Transportation[J].Disaster Prevention and Management,2001,10(3):183-188.

[21] 石建军,朱丽丽,张双红.交通行为意识的行为控制作用[J].中国安全科学学报,2009,19(5):11-17.

[22] Stanton N A,Salmon P M.Human Error Taxonomies Applied to Driving:A Generic Driver Error Taxonomy and its Implications for Intelligent Transport Systems[J].Safety Science,

2009,47(2):227-237.

[23] 范士儒.交通心理学教程[M].北京:中国人民公安大学出版社,2005.
[24] 郭忠印,方守恩.道路安全工程[M].北京:人民交通出版社,2003.
[25] 裴玉龙,严宝杰.道路交通安全[M].北京:人民交通出版社,2013.
[26] 许洪国,刘宏飞.道路交通事故分析与处理[M].3版.北京:人民交通出版社股份有限公司,2019.
[27] 刘浩学,陈克鹏.汽车运行安全心理学[M].北京:人民交通出版社,1998.
[28] 王健.交通安全心理学[M].重庆:科学技术文献出版社重庆分社,1988.
[29] 张殿业.道路交通安全管理评价体系[M].北京:人民交通出版社,2005.
[30] 交通运输部公路科学研究院.2014年中国道路交通安全蓝皮书[M].北京:人民交通出版社股份有限公司,2014.
[31] 鲁光泉,王云鹏,林庆峰.道路交通安全[M].北京:人民交通出版社股份有限公司,2018.
[32] 张卫华.道路交通安全[M].北京:人民交通出版社股份有限公司,2016.
[33] 吕杰锋,陈建新,徐进波.人机工程学[M].北京:清华大学出版社,2009.
[34] 勝浦哲夫,等.人間工学基準数値数式便覧[M].日本:枝報堂出版,1992.
[35] 勝浦哲夫,等.人間科学計測ハンドブック[M].日本:枝報堂出版,1996.
[36] 関邦博,等.人間の許容限界ハンドブック[M].日本:朝倉書店.
[37] 黄晓明.路基路面工程[M].北京:人民交通出版社,2019.
[38] 裴玉龙.道路交通安全[M].北京:人民交通出版社,2007.
[39] 过秀成.道路交通安全学[M].南京:东南大学出版社,2011.
[40] 霍正保.交通安全概论[M].北京:人民交通出版社,2010.
[41] 陆建,张国强,马永峰,等.公路交通安全设计理论与方法[M].北京:科学出版社,2011.
[42] 汪翔.道路交通安全教育效果评估及系统开发研究[D].上海:同济大学,2011.
[43] 李江.交通工程学[M].北京:人民交通出版社,2002.
[44] 许金良.道路勘测设计[M].北京:人民交通出版社,2019.
[45] 张维全.道路勘测设计[M].北京:人民交通出版社,2007.
[46] 叶志明,江见鲸.土木工程概论[M].北京:高等教育出版社,2009.
[47] 郑晓燕,胡白香.新编土木工程概论[M].北京:中国建材工业出版社,2007.
[48] 张志清.道路勘测设计[M].北京:科学出版社,2005.
[49] 张志清.道路工程概论[M].北京:北京工业大学出版社,2007.
[50] 韦勇球.论道路条件对交通安全的影响[D].北京:北京工业大学,2003.
[51] 裴玉龙,王炜.道路交通事故成因分析及预防对策[M].北京:人民交通出版社,2004.
[52] 王毅才.隧道工程[M].北京:人民交通出版社,2001.
[53] 中华人民共和国交通运输部.公路工程技术标准:JTG B01—2014[S].北京:人民交通出版社,2014.
[54] 中华人民共和国住房和城乡建设部.城市道路工程设计规范:CJJ 37—2012[S].北京:中国建筑工业出版社,2012.

[55] 中华人民共和国交通运输部.公路路线设计规范:JTG D20—2017[S].北京:人民交通出版社股份有限公司,2017.

[56] 中华人民共和国交通运输部.道路交通标志和标线:GB 5768—2009[S].北京:人民交通出版社,2009.

[57] 张雪华,肖鹏.道路工程设计导论[M].北京:中国建筑工业出版社,2000.

[58] 刘浩学.道路交通安全工程[M].北京:人民交通出版社,2014.

[59] 丁玉兰.人机工程学[M].4版.北京:北京理工大学出版社,2011.

[60] 潘晓东,郭雪斌,方守恩,等.公路交叉口安全改造设计中错视觉原理应用的探讨[J].人类工效学,2006,12(1):30-32.

[61] 大山正.视觉心理学への招待[M].东京:株式会社サイエンス社,2000.

[62] 张强,陈雨人,潘晓东.色彩心理在道路交通安全中的应用[J].华东公路,2005,156(6):65-67.

[63] 李翔,潘晓东,方守恩.公路绿化植物的工程性质分析[J].森林工程,2005,21(1):40-42.

[64] 潘晓东,蒋宏,杨轸.山区公路小半径曲线事故黑点案例分析[J].同济大学学报(自然科学版).2007,35(12):1642-1645.

[65] 林涛.山区公路曲线段车辆加速度及轨迹研究[D].上海:同济大学,2008.

[66] 贾致荣,郭忠印."555"原则及其在公路景观设计中的应用[J].公路(10):214-217.

[67] 张玉明,张璇.流动空间中的曲线心理与直线行为[J].文学与艺术,2009(9):89-89.

[68] 郑展骥.基于视错觉原理的隧道群视觉环境设计研究[D].湖北:武汉理工大学,2016.

[69] 杨理波,杜志刚,马兆有,等.高速公路隧道小半径圆曲线路段反光环有效性研究[J].中国安全科学学报,2018(8).

[70] 杜志刚,史晓花,郑展骥,等.山区高速公路桥隧连接段视觉环境改善设计方法[P]:中国,CN201510491414.3.2015.

[71] 王婷,杜志刚,郑展骥,等.高速公路隧道出口视觉环境改善方法研究[J].公路,2016(8):145-150.

[72] 杜志刚,余昕宇,向一鸣,等.基于交通事故预防的高速公路隧道光环境优化研究[J].武汉理工大学学报(交通科学与工程版),2016(05):5-9.

[73] 刘浩学.交通心理学[M].西安:陕西科技出版社 1992.

[74] 殷艳红.基于脑电波与眨眼的驾驶员疲劳模拟实验研究[D].上海:同济大学,2008.

[75] 殷艳红,郭怡桦,潘晓东.城市行道树对交通环境的影响分析[J].交通标准化,2007(08):141-143.

[76] 殷艳红,潘晓东,杨轸.道路视觉环境与安全行车的关系[J].公路与汽运,2007(03):48-50.

[77] 潘晓东,殷艳红.基于人机工程学山区公路平曲线安全视距研究[J].华东交通大学学报,2007(02):55-57.

[78] 潘晓东,殷艳红,杨轸.城镇化过程中公路交通安全问题及对策[J].黑龙江交通科技,2007(01):126-127.

[79] 潘晓东.交通环境中的礼让精神[J].南通大学学报(社会科学版),2006:69-72.

[80] 李君羡,潘晓东.基于脑电分析的连续驾驶疲劳高发时间判断[J].交通科学与工程,2012,28(04):72-79.

[81] 周美玉.人机工程学应用[M].上海:上海人民美术出版社,2004.

[82] 葛如海,刘志强,陈晓东.汽车安全工程[M].北京:化学工业出版社,2005.

[83] Shinar, D. Psychology on the road-the human factor in traffic safety.[J]. driving, 1978, 10(4):248-249.

[84] Gibson P M, Hennessy D, Wiesenthal D L. The Driving Vengeance Questionnaire (DVQ): The Development of a Scale to Measure Deviant Drivers' Attitudes[J]. Violence & Victims, 2000, 15(2):115-136.

[85] James L , Nahl D . Teaching the Analysis of Titles: Dependent and Independent Variables in Research Articles[J]. Research Strategies, 1987, 5(4):164-171.

[86] Blanchard, E B, Barton, K A, Malta, L. Psychometric properties of a measure of aggressive driving: the Larson Driver's Stress Profile[J]. Psychological Reports, 2000, 87(1):881-92.

[87] Deffenbacher J L , Oetting E R , Lynch R S . Development of a Driving Anger Scale[J]. Psychological Reports, 1994, 74(1):83-91.

[88] Akerstedt T, Gillberg M. Subjective and Objective Sleepiness in the Active Individual[J]. International Journal of Neuroscience, 1990, 52(1-2):29-37.

[89] 交通运输部公路科学研究院.2014年中国道路交通安全蓝皮书[M].北京:人民交通出版社股份有限公司,2014.

[90] 库尔特勒温.拓扑心理学原理[M].竺培梁,译,北京:人民出版社,2003.

[91] 许洪国,刘宏飞.道路交通事故分析与处理[M].3版.北京:人民交通出版社股份有限公司,2019.

[92] Griffin, Michael J. Effects of vibration on people[M]. Handbook of Noise and Vibration Control. John Wiley & Sons, Inc. 2007.

[93] Goldman, Steve. Vibration spectrum analysis: a practical approach[M]. Industrial Press, Inc. ,South Noruwalk. 1991.

[94] Fujisaki S,Taniguchi T,Sakai S,et al. Effects of Acceleration on The Human Body and Response to Physiological Permissible Limits[J]. Nippon Jibiinkoka Gakkai Kaiho, 1963, 66(7):903-908.

[95] Harland. G, Davies. G, Clayton. A,et al. Road Safety Education in The UK at The end of The 20th Century[R].[S. L.:s. n.],2003.

[96] 胡树成.英国儿童道路交通安全教育简介[J].城市道路交通,2009(01):93-95.

[97] 汶爱萍,邱惠敏.国外道路交通安全教育和宣传措施简介[J].道路交通与安全 2010(03):59-64.

[98] 廖先旺.道路安全从教育抓起——法国道路交通调查之一[J].道路交通管理 2006,43.

[99] 国际标准化组织.机械振动 人体手传振动的测量和评价 第1部分:一般要求:ISO

5349-1-2001[S/OL]. http://www.infoeach.com/ioem-176727.html.

[100] 交通运输部公路科学研究院.2014年中国道路交通安全蓝皮书[M].人民交通出版社股份有限公司,2014.

[101] 张卫华.道路交通安全[M].北京:人民交通出版社股份有限公司,2016.

[102] 葛如海,刘志强,陈晓东.汽车安全工程[M].北京:化学工业出版社,2005.

[103] Akerstedt T, Gillberg M. Subjective and Objective Sleepiness in the Active Individual[J]. International Journal of Neuroscience, 1990, 52(1-2):29-37.

[104] None. H. Henning The quality series of taste[J]. neuroscience & biobehavioral reviews, 1984, 8(1):112-117.

[105] Robert E Dewar, Paul Olson. Human Factors in Traffic Safety, Second Edition[J]. lawyers & judges publishing, 2007.

[106] Nutter F W, Esker P D. The Role of Psychophysics in Phytopathology: The Weber-Fechner Law Revisited[J]. European Journal of Plant Pathology, 2006, 114(2):199-213.

[107] 林子鉴,严伟华,陈丰,等.自动驾驶中不同变量对驾驶人接管时间和心率的影响[J].上海公路,2019(03):75-80+5.

[108] 潘晓东,梁洁馀,陈丰,等.风—车—桥耦合作用下大跨桥梁驾驶模拟实验方法[J].同济大学学报(自然科学版),2019,47(06):787-794.

[109] 浦雅添,岳川,陈丰,等.城市地下道路LED自发光指路标志视认性研究[J].公路工程,2018,43(03):6-10+56.

[110] 吴刚,覃李丽,陈丰,等.山区高速公路桥隧连接段驾驶仿真与安全评价[J].交通科技,2018(03):103-106.

[111] 石斌,喻泽文,邬芳迪,等.基于视觉心理的山区公路曲线段视觉诱导与安全评价[J].公路工程,2018,43(02):257-264.

[112] 黄晓翔,岳川,潘晓东.基于SCANeR的城市道路应激场景驾驶模拟实验[J].综合运输,2017,39(05):60-66+94.

[113] 吴刚,吕勇刚,陈丰,等.隧道口减光罩路段视觉适应性分析[J].武汉理工大学学报,2017,39(03):27-31+64.

[114] 汤沣泽,潘晓东,邓其,等.隧道烟雾环境对行车安全影响研究[J].公路工程,2015,40(05):112-114+128.

[115] 孟云伟,潘晓东,方青.高速公路交通事故威胁程度预警评价模型[J].交通科技,2015(04):134-138.

[116] 汤沣泽,潘晓东,陈丰.驾驶员心率变化率与公路横向力系数的相关性[J].交通科学与工程,2015,31(02):87-90.

[117] 詹彩娟,潘晓东.基于DIALux建模的隧道光源视觉特性的实验研究[J].山西建筑,2015,41(15):188-190.

[118] 胡朋,董强,潘晓东.考虑路面平整度影响的车辆侧滑与侧翻临界风速[J].公路交通科技,2015,32(02):134-139.

[119] 徐明,潘晓东,吴琼.视觉干预延长沥青路面使用寿命的效果[J].长安大学学报(自然

科学版),2015,35(S1):145-148+159.

[120] 徐明,潘晓东.视觉干预延长沥青路面使用寿命的方法与效果[J].公路工程,2014,39(06):96-99.

[121] 伍凯,潘晓东,邓其.基于 UC-win/Road 的城市高架路建模及应用[J].公路工程,2014,39(06):294-296+336.

[122] 陈鹏,潘晓东,付志斌,等.城市隧道出入口视觉适应性研究[J].交通标准化,2014,42(19):1-6.

[123] 诸文江,潘晓东.隧道群连接段临界安全行车速度研究[J].交通运输工程与信息学报,2014,12(01):74-78.

[124] 杜志刚,万红亮,郑展骥,等.城市路侧冗余信息对指路标志视觉干扰试验[J].公路交通科技,2014,31(03):119-124.

[125] 喻泽文,刘伟龙,陈丰,等.高桥墩桥梁路段车辆行驶风环境仿真研究[J].公路工程,2014,39(01):5-9+18.

[126] 邓其,詹华岗,肖文贵,等.隧道烟雾环境下驾驶视觉安全模拟实验研究[J].公路工程,2014,39(01):35-39.

[127] 周晋冬,潘晓东,马小翔.桥头跳车对人体心率负荷强度影响因素的研究[J].公路工程,2013,38(06):38-42.

[128] 国威,潘晓东,邓其,等.驾驶员隧道段夜间行车动视点特征模糊聚类评价[J].公路工程,2013,38(06):97-101.

[129] 潘晓东,徐明.视觉干预标线对驾驶行为的影响研究[J].武汉理工大学学报(交通科学与工程版),2013,37(06):1163-1166.

[130] 吴琼,潘晓东,杨辉,等.基于侧墙效应的隧道行车安全实验研究[J].公路工程,2013,38(05):99-102+118.

[131] 胡朋,王长中,潘晓东.基于行车安全的侧风多发区路堤风障形式研究[J].中外公路,2013,33(04):9-13.

[132] 邓其,潘晓东,方青.基于可拓理论的高速公路事故动态预警方法[J].公路工程,2013,38(04):115-119.

[133] 杜志刚,黄发明,严新平,等.基于瞳孔面积变动的公路隧道明暗适应时间[J].公路交通科技,2013,30(05):98-102.

[134] 孟繁宇,李波,赵元莹,等.烟雾对隧道灯光透过性影响的模拟实验研究[J].交通科学与工程,2013,29(01):38-41+62.

[135] 李君羡,潘晓东.基于多指标测试的驾驶疲劳高发时段[J].交通科学与工程,2013,29(01):63-70.

[136] 赵源,潘晓东.城市道路交叉口自行车速度与转弯半径实验研究[J].交通科学与工程,2013,29(01):81-85.

[137] 刘光辉,夏国栋,潘晓东.指路标志信息量评价模型研究[J].公路工程,2013,38(01):169-173.

[138] 国威,潘晓东,蒋曙豪.基于相对差异函数的隧道群交通安全评价[J].同济大学学报

(自然科学版),2013,41(01):101-105.

[139] 胡朋,潘晓东.侧风环境下考虑行车安全的路堤风速场研究[J].重庆交通大学学报(自然科学版),2013,32(01):54-57+62.

[140] 夏国栋,潘晓东.雾因素下高速公路事故致因综合分析及管理对策[J].公路工程,2012,37(06):200-203.

[141] 方青,潘晓东,喻泽文.基于关联规则挖掘技术的高速公路交通事故预警方法研究[J].公路工程,2012,37(06):113-115+121.

[142] 于立佳,潘晓东.城市综合体地下车库机动车引导系统设计方法[J].交通运输工程与信息学报,2012,10(04):94-98.

[143] 王文修,潘晓东.基于交通干预的城市救援车辆路径选择研究[J].苏州科技学院学报(工程技术版),2012,25(04):36-39.

[144] 胡朋,潘晓东,侯超群.考虑路堤影响的车辆侧滑与侧翻临界风速[J].合肥工业大学学报(自然科学版),2012,35(11):1523-1527.

[145] 王文修,潘晓东.大型交通枢纽交通参与者绿色需求研究[J].交通标准化,2012(12):53-55.

[146] 潘晓东,付志斌,喻泽文.山区高速公路桥隧段行车安全评价模型研究[J].公路工程,2012,37(03):1-5.

[147] 宋永朝,潘晓东,梁乃兴.面向应急疏散的山区特征路网通路分析[J].重庆大学学报,2012,35(06):99-104.

[148] 潘晓东,吴琼,胡朋,等.基于视觉干预的高速公路行车轨迹横向分布方法的研究[J].公路工程,2012,37(02):64-67.

[149] 潘晓东,李君羡.基于眼部行为的驾驶疲劳监测方法[J].同济大学学报(自然科学版),2011,39(02):231-235.